지긋지긋한 사람을 죽이지 않고 없애는 법

First published as "Wie du Menschen loswirst, die dir nicht guttun, ohne sie umzubringen" by Andrea Weidlich.

Korean edition is published by arrangement with Münchner Verlagsgruppe GmbH, Munich through BC Agency, Seoul

지긋지긋한 사람을 죽이지 않고 없애는 법

WIE DU MENSCHEN LOSWIRST, DIE DIR NICHTGUTTUN

안드레아 바이드리히 지음
김지현 옮김

온워드

프롤로그

그게 내 알 바야?

나는 평화를 중시하는 사람이다. 세계 평화 말고 내면의 평화 말이다. 그게 이 책에서 이야기하려는 바다. 우리는 다른 사람의 눈치를 보느라 여태까지 얼마나 많은 내면의 바람과 소망, 심지어 나 자신까지 접어두어야 했는가? 미리 말해두지만 그건 당신을 위한 최선이 아니다. 아이러니하게도 다른 사람의 행복을 위한 최선의 방법도 아니다. 그 누구에게도 보탬이 되지 않는다는 말이다.

당신이 지금 이 책을 집어 든 데에는 심적으로든 외적으로든 어떤 이유가 있을 것이다. 당신 주변에는 인생을 한층 힘겹게 만드는 사람(높은 확률로 여러 명)이 있을 것이며, 그 사람 때문에 좌절해 본 경험이 있거나 지금도 좌절 중일 것이다. 그 사람은 별로 친하지 않은 사람일 수도,

가족 중 한 명일 수도 있다. 어떤 이유로든지 가볍게 끊어낼 수 없을 것이다. 이런 진상은 도로에 굴러다니다가 신발 속으로 들어오는 자갈 같은 존재다. 하지만 자기 인생에 고통의 근원을 일부러 불러들이고 싶은 사람은 없다.

당신은 당신의 인생을 괴롭게 만드는 사람을 없애고 싶을 것이다. 하지만 죽일 생각은 없을 것이다. 일단 좋은 해결 방법이라고 볼 수 없고, 개인적으로도 반대다. 그러다 보면 우리에게 조금도 도움이 되지 않는 사람들과 함께 같은 공간 속에 갇혀 영원히 벗어날 수 없겠다는 생각에 빠지곤 한다. 여기서 할 수 있는 것은 다리가 하나밖에 없는 의자에 앉은 채 균형을 잡지 못하는 자신을 자책하는 것뿐이다. 자책의 문제는 우리가 다른 사람을 자신보다 더 위하고, 그들을 너무 중요하게 여기느라 스스로를 잃는다는 점이다. 이 마음가짐을 바꾸기 위한 결정은 오롯이 자신의 것이다. 그래서 이 책을 썼다.

나는 진짜 인생을 담은 이야기를 쓰려 한다. 그래서 열심히 자료를 조사하고, 이야기를 듣고, 실제로 있었던 이야기를 바탕으로 이 책을 썼다. 이 이야기가 당신의 마음을 어루만지고 당신에게 새로운 이야기를 열어줄 수 있기를 바라면서 말이다.

이 책에는 여덟 명의 인물이 등장한다. 아마도 이들의 이야기에서 당신은 주변 사람들을 떠올릴 것이다. 그게 지긋지긋한 사람일 수도 있겠지만 말이다. 이 책을 읽다

보면 이 모든 이야기가 어떻게 우리를 반영하고 있는지, 어떻게 우리가 지긋지긋한 행동에 대처해야 할지 알 수 있을 것이다.

"그게 내 알 바야?" 언젠가 당신에게는 이런 내면의 목소리가 들리는 순간이 찾아올 것이다. 그러면 한결 가뿐해졌음을 느끼고, 더 이상 그들을 신경 쓰지 않는 경지에 도달하고, 마침내 자유로워질 것이다. 모든 것을 던지고, 스스로를 찾게 될 당신을 기다린다.

마침내 당신 앞에 모든 가능성이 열릴 것이다.

차례

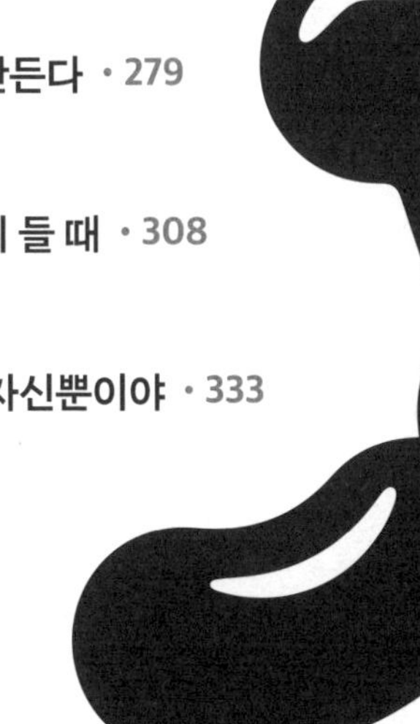

성인의 특권

“복수? 형벌? 앙갚음? 이걸 어떻게 이해해야 해?” 루카스가 트렁크에 내 가방을 실으며 물었다. 그의 눈빛은 날카로우면서 권태로워 보였다.

“어떻게 봐도 복수는 아니지. 중요한 건 그게 아냐. 우리 호수로 놀러 간다니까!”

“11월에 호수라니….”

문을 열고 차에 올라타는 바람에 제대로 볼 수는 없었지만, 나는 루카스가 눈을 굴리면서 이마를 누르고 있으리라는 것을 충분히 짐작할 수 있었다. 전두엽을 마사지하면 집중력이 올라가 내 말을 더 잘 이해할 수 있을 것이었다.

나는 그의 반응을 뒤로하고 외투를 뒷좌석에 던져놓고

는 조수석 등받이를 뒤로 젖혔다. "아, 제발. 거기 진짜 좋대. 호텔 사진은 봤어?"

"뭐 하러 봐? 어차피 4시간 반만 있으면 직접 보게 될 텐데. 그때 보면 되잖아. 기껏 고향에서 시간 좀 보내려고 특별히 빈까지 왔는데 말이야. 기억하지?"

"고향? 그러니까 오스트리아 말하는 거지? 거기도 오스트리아야. 잠깐 물어볼 거 있는데, 잠깐 이어폰 가져오게 트렁크 좀 열어주면 안 돼? 우리 아름다운 호수에서 다가오는 주말을 보낼 예정인데 4시간 반 내내 불평이나 늘어놓을 거라면 팟캐스트나 정주행하고 오디오북이나 듣게. 네가 혼자 분통 터지는 꼴을 옆에서 지켜보는 걸로 나는 만족할게. 보면서 신나게 웃어야지. 어차피 네가 뭐라고 하던 나는 못 들을 테니까. 그럴 게 아니라면 아예 다른 걸 해보는 건 어때? 흥분해서 씩씩거리지 않고, 조용히 운전을 하는 거야! 그럼 말 그대로 한 발짝 더 나아가는 거지."

루카스는 애써 웃었다. 나한테 화를 내지 않는 이상, 남아있는 선택지는 그것뿐이었다. 그는 나에게 화내는 것을 좋아하지 않았기 때문에, 사실상 할 수 있는 것은 없었다. 우리는 절친한 친구였다. 나는 그를 잘 알고 있었고, 그도 나를 잘 알고 있었다. 안타깝지만 우리는 한배를 탄 운명인 것이다. 이 경우에는 한차라고 해야 맞겠지만. 그는 내가 옳다는 것을 인정하는 대신 스웨터에 얼굴을 파묻고 웃다가 차에 시동을 걸었다. 나는 그가 내심 나와 함께 호수에서 보낼 주말을 기대하고 있음을 알고 있었다. 만약 그렇지 않더라도, 말로 구워삶으면 그만이었다.

"내가 지난번에 폴 골드바흐의 '사랑을 담은 호들갑' 세미나에 끌고 갔었잖아. 이게 그에 대한 복수라는 걸 인정하는 게 어때? 솔직히 고소하잖아. 물론 결국엔 너도 좋아하긴 했지만." 그는 기대하는 눈빛으로 나를 바라보았다.

"그래, 어쩌면 조금. 근데 너도 그렇게 될걸. 결국엔 좋아하게 될 거야. 날 믿어봐." 나는 발치에 있는 가방에 손을 뻗어 차가운 스파클링 마테차 병을 집어 들고 뚜껑을 열어 그에게 건넸다. 나는 이것이 그가 가장 좋아하는 음료라는 것을 알고 있었다. 이 특별한 주말의 시작을 받아들일 수 있도록 하는 일종의 달래기 수법이랄까. 이 수법이 제대로 먹힐 수 있도록 나는 폼베어* 봉지를 뜯어 그의 코 밑에 들이댔다. "짭짤한 운명을 받아들일 준비가 되셨나요?"

루카스는 하나를 집고 최선을 다해 반응했다. 솔직히 말해, 나는 이것만큼 행복한 성인의 특권이 없다고 생각했다. 자동차 여행에 적정량보다 훨씬 많은 간식을 들고 가는 것 말이다. 매일 아침 샤워를 하고, 옷에 잘 어울리

* 독일의 곰 모양 과자.

는 색깔의 양말을 고르고, 청구서를 모두 지불하는 것 같은 의무를 다하고 있다면, 이정도의 작은 행복은 누려도 되지 않을까. 그러니 이 작고 무해한 봉지를 하나가 아니라 창고를 털어온 만큼 가져와도 괜찮다. 비록 우리는 둘뿐이지만 말이다. 누가 우리를 나무랄 수 있겠는가? 간식 경찰이 단속하는 것도 아닌데? 당신이 스스로를 단속하는 간식 경찰이라면 진지하게 자기 자신과 이야기해 보아야 한다. 자신에게 너무 가혹할 필요는 없다. 삶은 즐길 필요가 있다. 나는 폼베어의 머리를 베어 물면서 생각했다. 곰은 더 이상 생각할 필요가 없었다. 그 무엇에 대해서도. 나는 앞으로 있을 모험에 대비해 만반의 준비를 마친 기분이었다.

네 행동에 아무 생각이 들지 않더라도
이것은 기억하렴.
업보는 언제든 돌아오기 마련이란다.

마음이 가벼웠던 적이 언제더라

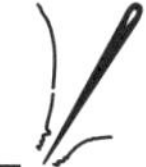

“걔는 그래서 누굴 죽이고 싶은 거래?” 루카스는 마치 일상적으로 있는 일인 것처럼 물었다.

“너한테 중요한 건 그거야?”

“응. 내 말은, 적어도 마음속으로 말이야. 인생에서 사라져 줬으면 하는 사람이 없을 수가 있어? 우아한 방법이든 극단적인 방법이든. 분명 죽이고 싶은 만큼 짜증 나는 사람들이 있잖아. 그런 사람이 사라지거나 죽어버리면 엄청나게 해방된 기분일걸. 깔끔한 제거인 거지.”

“너는 누구를 깔끔하게 제거하고 싶은데?”

“지금은 말 안 할 거야. 네 얘기를 제대로 이해한 게 맞는다면, 누구를 없애버리고 싶은지 생각해 보려고 거기에 가는 거 아냐? 그러니까 비유적으로 말이지. 나도 우리가 선량하게 살아야 한다고 생각해. 누구한테 도끼를 휘두르면 안 되잖아."

"고맙다. 덕분에 너랑 같은 차 안에 있어도 안심할 수 있겠어!"

"고맙긴. 지금부터 누구랑 시간을 보낼지 생각해 보는 게 좋을 거야." 루카스가 처키 인형처럼 웃으며 말했다. 그를 잘 알지 못하는 사람이었다면 분명 겁을 먹었을 것이다.

"너는 나를 잘 알고 있다고 생각하잖아. 그런데 사실 우리는 주변 사람들을 얼마나 알고 있을까? 생각해 봐. 살인범의 절친한 친구는 그 사람을 좋게 생각하지 않았겠어? 안 그랬다면 애초에 친해지지도 않았을 테니까."

"테드 번디*한테 절친한 친구가 있었을 것 같지는 않은데."

"얼마 전에 읽었는데 여자 친구는 있었다더라. 그 사람도 처음에는 아무것도 몰랐을걸."

"네가 나를 제대로 겁먹게 만들기 전에 주말 동안 있을 일을 한번 생각해 보자고. 내가 찰리가 보낸 편지도 가져왔단 말이지. 뭐라고 쓰여 있는지 들어볼래?" 나는 과자 봉지들 사이를 뒤져 약간 구겨진 짙은 검은색 봉투를 꺼내며 물었다. 비밀을 감춘 듯한 검은색 봉투는 적절한 인

* 미국의 연쇄 살인범.

상을 남기기 위해 고심해 고른 것 같았다.

“내 생각엔 네가 이걸 읽어주고 싶어 하는 것 같은데. 그래, 해봐! 아직 고속도로는 아니니까 다시 돌아갈 기회는 충분해.”

“진짜 지금 도망가려는 건 아니지?” 나는 옆에서 루카스를 바라보며 웃었다. “네가 저번에 나한테 그랬잖아. 기억나?”

“응, 기억나. 이거 봐. 너 지금 복수하고 있잖아!”

“복수는 어감이 너무 부정적이잖아. 이런 건 업보라고 해야지. 자 이제 들어봐. 찰리가 누군지는 알지, 그렇지?”

“응. 내가 기억하기로는… 네가 새로 사귄 친구 중 하나였던 것 같은데. 공감 능력도 없고, 자기를 푸대접하는 남자 친구가 있는데, 진짜 사랑해서 아직도 그 남자랑 사귀는 친구.”

“음… 안타깝게도 그렇지. 진짜 그랬어. 근데… 콘스탄틴과는 헤어졌어!”

“할렐루야, 마침내 차 버린 거야? 아니면, 잠깐, 멈춰봐. 혹시… 죽인 거야?”

“정확해. 우리가 같이 그놈 시체를 호수에 던졌거든….” 나는 고개를 저으면서 말했다.

“어휴… 어렵했겠어. 대체 어떤 사랑싸움을 한 거야?”

“솔직히 말하면 싸움도 아니었어. 그리고 콘스탄틴에

대한 것도 완전 반대였고. 말하자면 그 인간이 친구를 찬 거지. 당연히 콘스탄틴이 친구 인생에서 없어진 건 좋은 일이지만, 친구가 뭘 깨달아서가 아니라 그가 일방적으로 헤어지자고 했어. 그걸 헤어졌다고 말할 수 있다면 헤어진 거겠지. 사실은 어느 날 갑자기 잠수를 타버렸더라고. 그냥 사라진 거야! 아무 말도 안 남기고 말이야. 너도 찰리가 어떤 애인지 조금은 아니까 얼마나 힘들어했을지는 짐작할 수 있겠지. 이 모든 일이 있은 뒤로부터 폴한테 상담받기 시작했는데, 별로 달라지는 게 없더라고. 어떨 때는 좀 좋았다가, 어떨 때는 다시 좀 나빴다가. 갑자기 걔가 분노에 차오르기 전까지는 말이야."

"그래서 이제는 누군가를 죽여 버리고 싶어진 거야?"

"루카스, 좀! 어쨌든, 갑자기 어느 순간부터 걔가 분노로 타오르기 시작했어. 폴은 이게 좋은 거라고 하더라. 분노는 중요한 거고, 떨쳐내기 위한 첫걸음이라면서. 이때쯤부터는 새로운 남자 친구도 사귀게 되었고."

"분노에 찬 상태로 새로운 사람을 만나기 시작했다고? 시작이 멋진데!"

"음, 뭐. 그렇게 좋지만은 않았어. 어쨌거나 찰리는 지쳐버렸고, 그래서 친한 친구들에게 편지를 보낸 거야. 모두가 똑같은 편지를 받은 것 같아. 이름만 따로 적고. 여기에 '우리들'이라고 적혀 있지만, 자세히 보면 편지는 복사한 것 같단 말이지." 나는 편지를 비스듬히 들고 읽기 시작했다.

안드레아에게.

나랑 진짜 가까운 사람(축하해, 너도 여기에 포함이야)이라면 다들 이미 알고 있을 거야. 작년은 나에게 정말 쉽지 않은 한 해였어. 솔직히 말해 정확히 그 반대였지. 정말 거지 같았어. 가끔 인생이 나한테 엿을 먹여 놓고는 담뱃불을 붙여 주는 건 아닌가 하는 생각이 들 정도였거든. 아무튼, 정말 거지 같았어. 지난번에는 상담사한테 지금 당장 나한테 뭘 해주지 않으면 누굴 죽이러 갈 수도 있다고 말하기까지 했다니까! 나는 그냥 다 치워 버리고 싶어. 진짜로! 곤도 마리에*가 옷장을 깨끗하게 비워버리듯이 나도 내 인생에서 몇몇 사람들을 내다 버리고 싶어. 체계적으로 정리해 버리고 싶다고! 나한테 조금도 도움이 안 되는 사람들을 없애버리고, 나를 편하게 만들어 주고 싶어. 더 이상 어떤 쓰레기든 내 앞길을 막게 두고 싶지 않아. 폴은 이러면 업보만 쌓일 거라면서, 다른 방법을 생각해 보겠다고 하더라. 혹시 폴이 누군지 모르는 사람이 있다면, 그는 내 상담사야. 아마 내가 온 사방에 떠

* 일본의 정리 수납 전문가.

들고 다녀서 모르는 사람이 없을 것 같기는 하지만 말이야. 다음에 상담에 가니까, 그는 내가 분명 이 우주에서 자신을 좀먹는 사람하고 거리를 두고 싶어 하는 유일한 사람이 아닐 거라고 말하더라고. 그는 늘 이것과 관련해서 뭔가를 만들어 보고 싶어 했대. 우리는 주말에 잠깐 가서 그 아이디어를 실현할 장소가 없을까 이야기했는데, 마침 친구 아빠가 바이센 호수에 호텔이 있다는 게 생각난 거야! 이 망할 팬데믹 때문에 작년부터 호텔 문을 닫고 있었거든. 폴은 호수에 있는 이 호텔 이야기를 굉장히 마음에 들어 했어. 어찌저찌 좋게 거래가 이루어졌고, 그는 보답으로 나와 내 친한 친구들이 먼저 체험해 볼 수 있도록 해줬어. 그러니까 이건 일종의 실험인 셈이지! 물론 공짜로 말이야! 같이 호텔에서 주말을 보내면서 누구를 인생에서 지워버리고 싶은지 고민해 볼 기회야. 그러니까 곧 만나자. 딱히 구미가 당기지 않더라도 일단 나는 와 달라고 말하고 싶어. 나는 진짜 이런 게 필요하거든. 딱히 떠오르는 사람이 없더라도 좋은 기회가 될 거야. 폴은 삶을 끊임없이 검토하고, 정리하고, 무언가(이 경우에는 누군가)를 치우는 것이 누구에게나 도움이 된다고 했거든. 믿어봐, 분명 좋을 거라니까. 적어도 나는 그렇게 생각해. 그리고 생각해 봐. 정말로 인생에서 없애버리고 싶은 사람이 단 한 명도 없을 리가 없잖아! 좀 더 생각해 봐! 표면 아래로 들어가 보면 분명 생각만 해도 피가 쏠리고 '이 사람만 없으면 모든 게 다 쉬워질 텐데' 싶은 에너지 뱀파이어가 있을 거야! 그리고 정확히 이게 내가 너희에게 바라는 거야. 폴이 그랬어. 마음이 가벼워져야 좋은 일도 생기고, 꿈에도 더 빨리 다가갈 수 있는 거라고. 나도 예전에는 마음이 가벼운 적이 있었겠지? 너희도 마찬가지고? 그게 어떤 느낌이었는지 기억나? 나는 흐릿하게 기억나는 정도거든. 그러니까 다시 찾아내서 명확하게 만들어보자고! 튼튼한 신발과 우비 잊지 말고.

네 친구 찰리가.

추신: 11월 26일 금요일에 시작할 거고, 일요일 저녁에는 다시 집에 돌아갈 수 있을 거야. 뒷면에 주소랑 다른 상세 사항을 적어뒀어. 거절은 받지 않을게.

"그래서 그 친구는 일부러 내가 빈에 가는 주말을 고른 거지?" 루카스가 말했다. 그의 눈빛에는 많은 말이 담겨 있었다.

"응, 확실히 우연은 아닐 거야! 너는 운이 좋은 사람이잖아. 그러니까 네가 여기에 오는 것도 다 운이 따른 거지. 내가 전에 찰리한테 네가 빈에 가지 않았으면 좋겠다고 말한 적도 있고. 찰리는 너를 만난 적도 없는데도 당장 데리고 오라고 하더라. 이 이야기를 직접 들었어야 해! 찰리는 정말로 신나 보였다고! 그나저나 찰리도 네가 누구인지 알고 있어. 내가 자주 얘기했었거든."

"그런데도 내가 너랑 같이 오기를 바란다고? 희한하네. 어쨌거나, 누군가는 그 친구가 상담사를 왜 이름으로 부르는지 궁금해하지 않을까? 분명 같이 자는 사이일 거야."

"루카스, 제발! 누가 그런 생각을 해? 그 친구는 그한테 상담받는 사람이야. 만약 그런 일이 있다면 어떤 면으로 봐도 굉장히 부적절한 거지. 그리고 다들 찰리가 그 사람을 이름으로 부른다는 건 알고 있어. 편지에도 쓰여 있잖아. 심지어 우리는 이미 세미나에서 만나서 다 같이 말을 놓기로 정리도 했었다고. 다시 성으로만 부르는 것도 이상하잖아. 심지어 너는 거기에 있지도 않았지만 다 알고 있으면서!"

"그래, 알았어. 어쨌든 폴도 네가 이번 일을 책에다가 쓸 거라는 걸 알아야 할 거야. 그 사람도 유명세를 즐길까?"

나는 웃을 수밖에 없었다. "그래, 어쩌면 그럴지도. 그래야 할 거야. 어쨌거나 좋은 일이잖아! 분명 흥미진진할 거야. 그 사람으로부터 많은 걸 배울 수 있을 거고."

"그걸 원한다면 말이지?"

"원하고 말고는 자기 마음이니까."

깊이 파고드는 사람은
미처 발견하지 못했던
높은 천장을 얻기 마련이다.

생각하는 것조차 너의 선택

“그리고?” 루카스가 나에게 물었다. 우리는 몇 시간 동안 여태껏 어깨를 짓누르던 일들이나 그 비슷한 것들에 대해 까맣게 잊고 있었다. 우리는 지난 몇 달 동안 경험했던 것들과 마음을 불편하게 했던 것들, 요즘 생각하는 것들에 대해 끝도 없이 늘어놓았다. 온갖 이야기가 우리에게 밀어닥쳤다. 마치 이 모든 것들이 바이센 호수로 향하는 이 시간만을 기다렸던 것 같았다.

어린 시절로 돌아간 기분이었다. 우리는 늘 모든 것을 동시에 쏟아냈고, 엄마들은 어떻게 이렇게 둘이 잘 맞을 수 있는지 묻곤 했다. 우리는 서로를 이해하는 것을 넘어, 이를 즐겼다. 팬데믹 때문에 한동안 만나지 못했던 우리는 전화로 한 번도 얘기하지 못했거나 이미 천 번쯤 이야기했던 모든 근황을 나눌 수 있었다. 우리 사이를 갈라놓은 바이러스나 시간, 그 무엇도 존재하지 않았던 것 같은 기분이었다.

4시간 반에 걸쳐 과자를 40봉지쯤 먹고 하하 호호 웃는 동안 우리는 골짜기를 지나 호숫가 도로에 진입했다. 갑자기 햇빛에 눈부시게 빛나는 호수가 오른편에서 나타났다. 호수는 플래시 세례를 받는 것처럼 반짝거리며 믿을 수 없을 만큼 아름다운 경치를 쏟아내고 있었다. 우리는 이 완벽한 광경에 압도된 나머지 호텔에 도착할 때까지 한마디도 하지 못했다. 앞으로 벌어지게 될 흥미로운 일에도 불구하고 무한히 깊은 고요함 속에 빠져드는 것 같았다.

호텔의 주차장으로 들어가 차를 주차하고 나서야 나는 놀라움으로 가득 찬 루카스의 눈을 볼 수 있었다. 분명 마음에 들 거라고 하지 않았냐며 아까 했던 말을 굳이 상기시켜 줄 수도 있었지만, 나는 입을 다물고 멋진 호텔과 아름다운 호수의 광경 그리고 경이로움에 찬 친구의 표정을 즐기기로 했다. 내가 아는 그는 절대 쉽게 감명받는 사람이 아니었다. 이런 일은 정말 흔치 않았다.

"와! 도착했구나!" 찰리가 침묵을 깨며 입구에서 우리를 반갑게 맞아주었다. 그녀는 양손을 활짝 펼치며 다가와 나를 꽉 안았다. 루카스도 마찬가지였다.

아주 잠깐 그가 모든 일을 후회하면서 당장 집에 돌아가고 싶어 하는 건 아닐지 하는 걱정이 머리를 스쳤다. 나는 루카스가 포옹을, 특히 낯선 사람과의 포옹을 얼마나 싫어하는지 잘 알고 있었다. 찰리는 루카스와 한평생 친구였던 것처럼 굴었지만, 루카스에게 그녀는 처음 보는 사람에 불과했다. 루카스는 쉽게 마음을 여는 사람이 아니었고, 다른 사람을 잘 참아주는 사람은 더더욱 아니었다. 처음 보는 사람이어도 예외는 없었다. 그는 이런 면에서는 누구에게나 공평한 사람이었다.

"나 지금 너무 기대돼! 진짜 재밌을 거야!" 그녀는 잔뜩 들떠서 말했다. "빨리 와. 짐도 들고 오고. 내가 여기 소개시켜 줄게."

루카스는 불만에 찬 표정으로 나를 쳐다봤다. 무슨 말을 하고 싶은지는 뻔했다. 찰리는 이미 입구로 향하고 있었다. 나는 그에게 응원하는 눈빛을 보내며 고개를 두 번 살짝 저었다. '겁먹지 마. 네가 생각하는 것처럼 힘들지는 않을 거야. 그리고… 절대 안 돼. 우리가 지금 다시 돌아가는 일은 없을 거야!' 그는 나의 메시지를 이해했다는 듯 눈썹을 높이 추어올리고는 말없이 찰리의 뒤를 따랐다.

"아무 방이나 골라! 각자 하나씩! 어차피 호텔은 휴업 중이니까 객실은 마음대로 고르면 돼. 파노라마 아파트 맨 위층 방 빼고. 오늘 저녁에 거기에서 다 같이 호수를 감상하면서 와인이랑 음식을 먹을 예정이거든. 이왕이면 높은 층에 있는 객실을 고르는 걸 추천할게. 204호나 206호에서는 아름다운 호수가 한눈에 보일 거야!" 그녀는 호텔 주인인 양 객실 열쇠가 걸려 있는 선반을 보여주었다. 당장 호텔에서 일을 해도 잘 해낼 것 같았다. "여기 호텔 지배인 아델리나가 진짜 좋으신 분이거든. 지난번에 열쇠를 전달해 주시면서 호텔도 소개해 줬었어. 그분이 우리 아침, 점심, 저녁 식사도 할 수 있게 주방에 직원분들도 데려와 주셨어."

"와, 정말 대단하다!" 나는 루카스를 쳐다보며 말했다. 나는 204호 열쇠를 루카스의 손에 쥐여 주고 내 손에는 206호 열쇠를 들었다. 어쩐지 6이라는 숫자가 마음에 들었다.

"이따가 저녁 6시에 파노라마 아파트 3층에서 만나기로 했어. 다들 무슨 얘기를 할지 너무 기대되는 거 있지! 호수가 정말 얼마나 멋진지 몰라! 일단 지금은 말을 좀 아껴둘게. 어차피 조금 있으면 직접 보게 될 테니까 말이야. 나중에 봐!" 그녀는 이렇게 말하고는 모퉁이를 돌더니 갑자기 사라져 버렸다. 찰리는 늘 그랬다. 조금 전에는 저기에 있다가도 어느 순간 눈앞에 있는, 어쩐지 예측하기가 힘든 사람이었다.

"음식? 뭐가 나올 거 같아?" 루카스가 회의적인 눈빛으로 나를 바라보았다.

"어차피 지금 배고픈 것도 아니잖아! 나중에 배고프면 방으로 피자라도 배달시키든지. 알았어?"

"알았어. 어쩐지 선택권이 없는 것 같지만 기분 탓이겠지."

"선택권이 왜 없어. 네가 무슨 생각을 하던 그건 네 자유야."

"배고프다고 생각하는 것도?"

"기왕이면 흥미롭다고 생각하는 건 어때? 엄청나게 기대된다거나! 결국엔 재미있을 거라니까. 당장 네 눈에 차지 않아도, 나중에는 좋을 수도 있는 거잖아. 강박을 좀 놓고 너 자신을 믿어봐. 예상치 못했더라도 좋은 경험으로 남을 수 있잖아."

"지금 음식 얘기를 하다가 거기까지 간 거야?"

인생이 어떻게 흘러가든
당신에게는 언제나 선택의 자유가 있다.
어떤 결정을 내릴지,
어떻게 생각할지,
그것으로 무엇을 만들어 나갈지도
모두 당신의 선택이다.

어떤 행복을 택할까

"준비됐어?" 나는 파노라마 아파트의 문손잡이를 돌리고는 조심스럽게 문을 열었다. 아무도 없는 방 안에 들어서는 순간, 나는 완전히 할 말을 잃었다. 창밖에 파노라마로 펼쳐진 바이센 호수의 모습은 우아하기 그지없었다.

"그래서 여기 이름이 파노라마 아파트인가 봐. 정말 과장이 아니었네!"

밝은색의 나무와 청록색이 어우러져 숲과 호수를 연상케 하는 객실 인테리어도 충분히 인상적이었지만, 창밖의 풍경은 그 모든 것을 압도했다. 해는 거의 지려는 중이었는데도 아직 남은 햇빛은 방을 가득 채우고 있었다. 창밖 풍경에 잠겨 있자니 숲으로 둘러싸인 거대한 호수 한가운데에 서 있는 것 같은 기분이 들었다.

"정말 믿기지 않아!" 내 입에서 말이 저절로 터져 나왔다.

"그래, 멋지네. 근데 잠깐, 다른 사람들은 다 어디 있어? 다들 별로 오고 싶지 않은 거 아니야?" 루카스가 시계를 보며 물었다. 이 광경이 그에게는 눈에 차지 않았던 모양이었다.

"글쎄, 곧 오겠지. 그때까지 우리끼리 이 풍경을 즐기자고! 세상에 어떻게 이런 곳이 있을 수 있지?" 나는 여전히 놀라움에서 헤어 나오지 못하고 있었다.

"있을 수도 있겠지?" 루카스는 조금 혼란스러워 보였다. "솔직히 진짜 멋지긴 해. 하지만 음식은 도대체 어디 있는 거야…."

"아, 여기 있었구나!" 찰리가 우리를 불렀다. 그녀는 어느새 방에 들어와 우리 뒤에 서 있었다. "방을 잘못 찾아왔어! 여기는 파노라마 아파트의 일출관이고, 다른 사람들은 정상관에 있어. 빨리 와!" 그녀는 복도를 더 지나 조금 전에는 보지 못했던 다른 출입구로 우리를 안내했다.

"아, 두 군데인 거야?" 나는 여전히 감동에 젖어있었다. "어떻게 이런 곳이 있어?"

"응, 걱정하지 마! 거기도 여기만큼 좋으니까. 게다가 거기에는 음식이랑 와인도 있지!"

"신난다!" 루카스가 뒤에서 조용히 기뻐하는 소리가 들렸다. 우리는 찰리를 따라 다른 건물로 들어갔다. 이곳도 방금 있던 곳과 별반 다르지 않았다. 풍경은 여전히 숨이 막힐 정도로 아름다웠지만, 아까와는 달리 사람들이 활기차게 대화를 나누는 소리가 들렸다. 모든 사람에게는 공통점이 있었다. 찰리를 잘 알고, 그녀와 친한 친구들이라는 것이었다. 폴은 혼자 창문 가까이에 서 있었는데, 그 모습이 경치와 잘 어울렸다.

"저거 봐." 루카스가 옆에서 나에게 윙크를 날리며 말했다. "포토샵으로 만들었다고 해도 믿겠는걸! 내 말은, 저 사람 눈 좀 봐. 호수 색이랑 똑같잖아! 보기 거북할 정도야. 인스타그램에 올리면 다들 무슨 필터를 썼냐고 물어보겠지?"

눈이 마주치자 폴은 곧장 우리에게로 다가왔다. 방금 루카스가 한 이야기를 듣지 못해 다행이었다.

"안드레아! 드디어 왔구나! 반갑다. 아까 찰리가 너희를 데리러 온다고 했거든." 그가 루카스를 호의적인 눈빛으로 바라보며 말했다.

"아, 그래, 반가워. 그나저나 여기 진짜 멋지다!" 나는 루카스가 부적절한 이야기를 꺼내기 전에 급하게 말을 꺼냈다. "여기는 내 친한 친구 루카스야! 이번 주말에 오스트리아에 오는 김에 여기에 따라오고 싶다고 하더라고."

"아, 네. 정말 그랬죠." 루카스가 폴에게 손을 내밀며 말했다. 나는 폴이 루카스의 말에 숨은 빈정거림을 눈치채지 못했을 거라는 생각에 안심이 됐다.

"혹시 저희가 전에 만난 적이 있던가요?" 폴이 생각에 찬 얼굴로 물었다.

"전혀요! 제가 워낙 흔한 얼굴이어서요. 자주 듣는 얘기예요! 저는 나름대로 개성이 있다고 자부하지만요. 아마 비슷하게 생긴 사람들이 열심히 돌아다니나 봅니다." 하지만 루카스는 기억 속에서 이미 그를 떠올리고 있었다.

폴은 웃었다. 나는 루카스가 화려한 말솜씨로 사실을 덮어 버리는 것에 이미 익숙해져 있었다. 루카스는 자신이 그를 알고 있다는 사실을 밝히고 싶지 않아 하는 것이 분명했다.

"그러면 이제 말을 편하게 하는 게 어떨까요." 폴이 말했다. "다른 사람들하고는 이미 그렇게 했거든요. 앞으로 함께하는 시간을 많이 가지게 될 텐데, 그렇게 하면 좀 더 편하게 서로의 이야기에 공감할 수 있을 거라 생각합니다."

"공감이라니, 그것참 좋네요!" 루카스가 말했다. 그의 웃음에서 다시 살인 인형 처키가 스쳐 지나갔다. 나는 그가 방금 무슨 생각을 한 건지 굳이 알고 싶지 않았다.

"앞으로 며칠간 다 같이 많은 대화를 하게 될 거야." 폴이 뒤로 돌아서며 말했다. "그럼 이제 슬슬 시작해 보자!"

그가 큰 목소리로 외쳤다. "이제 다들 식탁으로 와줄래?" 그는 장엄한 풍경을 비추는 창문 앞에 놓인 커다란 나무 식탁을 가리켰다. 식탁 위에 놓인 유리잔과 물 주전자 두 개, 얼음 통 안에 든 와인 네 병이 우리를 따뜻하게 맞아주는 듯했다. "다들 먹고 싶은 걸 집고 편하게 앉아. 그다음에는 내가 잠깐 몇 마디 할까 해." 그는 다시 우리를 바라보았다. 그는 매력적인 사람이었지만, 이 점이 조금 짜증 난다는 것을 인정할 수밖에 없었다. 이 부분은 지난번에 만났을 때와 조금도 달라지지 않았다. 반면 루카스는 곧장 탁자 위에 놓인 음식으로 돌진했다. 마치 음식이 이 자리에 온 유일한 이유인 것처럼 말이다.

이미 몇몇은 예쁘게 쌓여 있던 음식을 접시에 담아 식탁으로 향했다. 이미 접시를 집은 루카스는 나에게로 다가왔다.

"스포일러! 단순한 음식이 아냐. 키슈와 타르트 플랑베도 있다고!" 그는 잭폿에 당첨되기라도 한 것처럼 웃었다.

"그러니까 미리 불평 좀 하지 마! 너는 꼭 최악을 가정해서 자기 길을 막더라?"

"난 그렇게 생각 안 해. 너는 내가 부정적인 비관주의자라고 생각하지만, 나는 그냥 현실적인 사람일 뿐이야. 그리고 현실적으로 봤을 때 그냥 음식이었다면 내가 이렇게 기뻐하지 않았을걸."

"하지만 진짜 현실에서는 그냥 음식이 아니잖아!" 나는 반박했다. 여기까지 오는 길에 먹은 수많은 간식으로 이미 배가 터질 것 같았지만 나는 시금치 라비올리를 접시 위에 담았다. 옆에는 양심의 가책을 덜기 위해 건강해 보이는 당근을 약간 얹었다. "그러니까 너의 부정적인 현실주의가 완전히 틀린 거지."

"제대로 말해준 사람이 없었으니까 그렇지!"

"이 세상이 네가 생각하는 것보다 아름답다는 걸 인정 못하는 거겠지. 네가 옳다는 얘기를 꼭 들어야겠어, 아니면 모든 게 생각했던 것보다 낫다는 사실을 얌전히 받아들이고 기뻐할래?"

"알았어. 너무 기쁘다. 행복이 작은 핑거 푸드가 아니고 퍼 담을 수 있을 만큼 커다란 조각이라서."

"작은 핑거 푸드였더라도 네 배를 채울 만큼은 있었을걸."

루카스가 다시 내 말에 반박해 영원한 소용돌이 속으로 빠져들기 전, 폴이 우리의 작은 음식 철학 토론에 끼어들었다.

"저기 뒤쪽에 자리가 두 개 남았어." 그는 식탁 끝을 가리켰다. 다른 사람들은 이미 식탁에 자리를 잡은 후였다. 폴은 유일하게 호수를 등지고 앉아있었는데, 그의 바로 맞은편 자리 또한 비어있었다.

루카스는 나를 슬쩍 보더니 식탁 끝자리를 쳐다봤다. “저 자리가 풍경이 좋네.” 그가 나에게 폴 맞은편 자리의 의자를 빼주며 말했다. “내 말은, 호수가 잘 보이잖아.” 그가 웃었으며 말했다.

“내가 널 음식 더미 속에 넣어 그대로 백조 먹이로 던져주길 바라는 게 아니라면 건방은 그만 떨고 나한테 잘해줘야 할걸.” 나는 그에게 속삭였다.

“다 잘될 거야! 이번 기회에 자잘한 행복 말고 커다란 행복을 느끼는 법을 배워봐.” 그는 나에게 속삭이며 대답했다. 그러고는 식탁 오른쪽 끝에 앉아 키슈를 크게 한입 베어 물었다.

나는 자신에게 물었다. 루카스의 말이 옳을까? 큰 행복을 찾기 위해 일생을 바치는 것이 맞을까? 그러다가 자잘한 행복을 놓치게 되는 건 아닐까? 어쩌면 이 모든 작은 행복을 모으면 다른 것 못지않게 클지도 모른다. 오히려 큰 행복을 찾기 위해 노력하는 동안 예전부터 이미 우리의 손안에서 자기를 봐주기 기다리던 작은 행복을 소중히 여기는 법을 잊어버린 것은 아닐까? 아니면 큰 것을 잡아챈 다음에는 작은 것이 볼품없이 느껴져 더 이상 소중함을 느낄 수 없게 되는 것일까?

진실은 완벽한 허구다.
좋고 나쁨과
가능과 불가능은
생각을 거친 뒤에야 생겨난다.

그림자를 보다

"좋아, 이제 다들 왔으니까…." 폴이 식탁 앞에 서서 이야기했다. 숟가락으로 유리잔을 두드려서 주의를 끌지 않았다는 점만 빼면 결혼식에서 건배사를 하는 것처럼 보이기도 했다.

"아직 다 오진 않았어…. 이제 됐다." 찰리가 말했다. 약간은 긴장한 기색이었다.

"음, 그러네." 폴의 집중력이 약간 흐트러졌다. 하지만 그는 계속 말을 이어갔다. "어쨌든, 다들 와줘서 정말 고마워. 이 분위기와 환경에 잘 따라와 준다면 아마 다 같이 정말 재미있고 멋진 주말을 보낼 수 있을 거야. 너희가 받은 편지에 대해서는 이미 찰리에게 들었어. 찰리가 최근에 있었던 일들에 관해 이야기했다고 말이야. 그게 다 같이 실험에 참여하게 된 이유이기도 하고."

"살인을 참으려고?" 루카스가 중얼거렸다. 하지만 목소리가 너무 컸던 것이 분명했다. 모두가 웃음을 터뜨렸기 때문이다.

"물론 그렇게 표현할 수도 있겠지. 그럼 찰리, 지난번 상담 때 내게 했던 이야기를 다시 한번 해줄 수 있어?" 폴이 대답했다. 그는 쉽게 동요하는 사람이 아니었다.

"어, 그래…. 솔직히 편지에 썼던 그대로야. 진짜 거지 같은 날들이었어! 이 끔찍했던 시간 내내 뭔가가 나를 옭아매는 기분이었어. 이 구렁텅이에서 빠져나오기 위해 온 힘을 다해 달리는데도 늘 같은 자리에 있는 것 같았거든. 변하는 건 아무것도 없었고, 오히려 그 반대였어. 진짜 끔찍하게 지치고 힘들어! 직장에서는 상사가 까탈스럽게 굴지, 사적으로는 콘스탄틴이랑 일이 있었지. 이미 끝난 일이지만 계속 머릿속에서 떠나질 않아. 그리고 새로운 남자 친구도 생겼는데, 걔는 나를 좋아하지만 나는 걔랑 같이 있고 싶지도 않아. 또 요한나도! 걔는 나를 절친한 친구로 생각하는데, 나는 걔한테서 벗어나고 싶어! 걔가 여기 오지 않은 것도 그 이유 중 하나야! 걔가 보기에 이 일은 하나도 중요하지가 않았나 봐. 나는 하나도 중요하지가 않은가 봐! 그 외에도 나를 돌아 버리게 하는 사람을 대자면 끝도 없어. 내 말은, 세상에 왜 이렇게 짜증 나는 사람들이 많을까? 왜 이 사람들은 종이컵보다도 좁은 시야와 생각, 행동으로 세상을 병들게 하는 걸까? 이런 사람들은 이런 생각은 눈곱만큼도 안 해. 그냥 세상이 쓰레기장이 되든 말든 하고 싶은 대로 다 저지르고 끝이지. 이런 사람들은 내가 행복해지는 걸 어떻게든 막으려고 하는 게 아닌가 싶어. 정말로! 나는 정말 마음 편하게 인생을 즐기고 행복을 느끼고 싶어! 그런데 이제는 그냥 아무것도 느낄 수가 없어. 만약에 무언가를 느낀다고 하더라도 분노나 증오 정도겠지. 왜냐하면 이런 이기적인 사람들은 세상을 행복하게 만들기 위해 조금도 노력하지 않거든. 고작해야 관심받으려고 입에 발린 말이나 하겠지. 이것도 진짜 짜증 나. 요약하자면, 난 지구상에 있는 대부분 사람들이 싫어. 물론 여기 있는 친구들은 빼고. 그런 생각이 들었다니까!" 그녀는 웃었지만, 얼마나 지쳐있는지를 충분히 느낄 수 있었다.

"너는 좋은 사람이야?" 폴이 물었다.

"뭐라고?"

"너는 좋은 사람이야? 특히 너 자신에게? 세상이 너에게 친절하지 않거나 그런 기분이 든다면 더더욱 자신에게 좋은 사람이 되어야 해. 다들 그게 어떤지 잘 알아. 세상 사람들, 적어도 대다수 사람이 우리를 골탕 먹이려고 하는 것 같은 기분 말이야. 나쁜 상사, 짜증 나는 시어머니, 불친절한 이웃, 연을 끊고 싶은 부모, 친구, 나를 배신한 사람들…. 우리가 주는 애정에 보답하지 않고, 우리를 소중히 여기는 법도 모르고, 우리가 바라는 것을 무시하고, 밀어내고, 끔찍한 행동을 하고, 배려할 줄 모르는 그런 사람들…. 이런 사람은 수도 없이 많아. 어떨 때는 일부러 그러는 건가 싶기도 해. 솔직히 실제로 그러는 경우도 많고. 꼭 모든 사람이 우리에게 선의를 가지는 건 아니야. 그런데 그런 사람들은 자기 자신에게도 착하게 행동하지 않는 경우가 많아. 확실한 건, 어떤 사람들은 우리를 힘들게 한다는 거지. 그래서 내가 너희를 이 실험에 초대한 거고. 함께 모여서 이런 사람 중에는 어떤 사람이 있고, 왜 너희들을 힘들게 하고, 어떻게 해야 여기에서 벗어날 수 있는지 알아본 다음, 최종적으로 너희를 괴롭게 하는 사람들을 떨쳐낼 수 있도록 돕기 위해서 말이야. 아, 물론 죽이지 않고 다른 방법을 통해서 말이지. 그렇게 해야만 더 나은 인생을 살고, 원하는 바를 이룰 힘을 얻을 수 있거든. 이 일은 분명 너희들에게 가치 있는 경험이 될 거야! 어쩌면 스스로 할 수 있거나 해야 하는 일이 없다고 생각할 수도 있어. 이런 사람들은 절대 변하지 않을 테니까. 하지만 완전히 옳은 말은 아냐. 이제는 스스로를 바꿀 시간이 된 걸지도 몰라. 그러면 모든 게 바뀔 거거든. 찰리 말이 맞아. 무언가가 인생을 가로막아서 내 꿈이 방해

받는다는 생각이 들면, 단순히 바꾸고 싶다는 마음에서 그치면 안 돼. 행동으로 옮겨야지!"

나는 루카스를 쳐다봤다. 절대 인정하려 하지 않겠지만, 나는 그의 흥미가 이미 동했다는 것을 알 수 있었다.

"그러니까 호수에 시체를 던지는 일은 없을 거라는 거지?" 그는 건조한 말투로 유머를 던졌다. 싹트는 감정을 감추기 위한 일종의 연막이었다. "만약 있더라도 그게 내 시체는 아니길 바라. 그나저나 나는 루카스야. 혹시 아직 나를 모르는 사람이 있다면 말이지."

"아니, 사실 그럴 예정이야! 당장은 네가 아니더라도, 조만간 배에서 시체를 던질 거거든." 폴이 진지하게 대답했다. 누구도 폴이 냉혈한 킬러라고 생각하지는 않았지만, 이 말은 모두의 관심을 끌었다.

"루카스가 여기 오는 길에 그러더라고. 우리가 정말 잘 알고 있다고 생각하는 사람이 있어도 사실 전부 알지는 못할 거라고 말이야. 그 얘기를 듣는데 얼마나 무섭던지! 아 맞아, 자기소개를 하자면, 나는 안드레아야. 스티븐 킹이 쓴 소설 『미저리』에 나오는 애니 윌크스라고 생각하면 돼. 옆에 내 친구는 사람… 아니, 『양들의 침묵』에 나오는 한니발 렉터의 쌍둥이쯤 되는 사람이고!" 나는 고역처럼 느껴지는 자기소개 시간을 잘 넘겨보려고 애썼다.

모두가 웃음을 터뜨렸다. 이것이 내가 자기소개를 자연

스럽게 시작해서인지, 아니면 내가 미친 사람 같아서였는지, 그것도 아니면 적어도 유머에 미친 사람 같아서였는지는 알 수 없었다. 어느 쪽이든 틀린 말은 아니었다.

"쌍둥이 동생? 진심이야?" 루카스가 낮은 목소리로 비꼬듯 투덜거렸다. 그는 이 자리에서 웃음을 터뜨리지 않은 유일한 사람이었다. "눈이 많이 나빠졌나 본데." 그는 덧붙였다.

"이란성 쌍둥이도 있잖아. 세포 분열할 때 네가 더 나은 외모 유전자를 선점한 거지. 이 정도면 만족해?"

"인정할 수 없어. 한니발 렉터는 적어도 아빠뻘이라고! 할아버지뻘이라 해도 이상하지 않아. 그러니까…."

"그냥 이미지야! 누가 나이를 따지겠어. 나도 내가 애니 윌크스랑 닮았기를 바라지는 않아…." 나는 학창 시절로 돌아간 것 같은 기분이었다. 서로를 지독하게 놀리고 다른 사람은 우리의 대화를 도저히 따라갈 수 없었던 시간으로 말이다. 비록 우리는 같은 학교에 다닌 적이 없었지만.

"왜 사람들은 공포 영화나 스릴러를 좋아할까?" 폴이 갑작스럽게 질문을 던졌다. 답을 모르겠다는 표정들을 마주하자 폴은 곧장 대답을 내놓았다. "심리학에서는 전율에 그 답이 있다고 생각해. 칼 구스타브 융의 말에 따르면, 우리는 전율을 통해 자신의 그림자 속에 존재하는 기묘함을 직면하게 돼. 두려움이나 분노, 복수처럼 자기 스스로가 부정하는 감정들 말이야. 우리는 타인을 관찰함으로써 이를 즐기고, 동시에 혐오하게 되지. 우리는 이러한 감정들을 스스로 부정하거든. 그렇게 이런 영화들은 우리의 마음 가장 깊은 곳에 존재하는 원초적인 공포를 보여주는 거야. 예를 들어, 우리는 영화를 보면서 공포를 느끼지만, 동시에 안도감도 느껴. 우리는 팝콘을 들고 소파에 앉아있고, 우리에게는 아무 일도 일어나지 않거든. 공포를 느끼더라도 뇌는 우리의 목숨이 전혀 위험하지 않다는 걸 알고 있는 거지. 우리는 타인의 공격적인 모습을 보면서 만족감을 얻기도 해. 종종 이런 것은 우리의 욕구를 충족시켜 주거든. 사람들은 살면서 자신의 공격성을 꺼내고 싶어도 억눌러야 하니까 말이야. 가상의 이야기 속에서 사람들은 이러한 공격성을 조금은 풀어 놓을 수 있게 돼. 인지 심리학적인 관점으로 봤을 때, 이렇게 타인의 공격적인 행동을 관찰함으로써 자신의 공격성을 표출하는 것은 카타르시스 가설에 해당해. 물론 이건 사람들이 짜증 나는 상사를 잔인하게 죽여버리고 싶어 한다는 의미가 아냐. 하지만 어쩌면 지금처럼 참는 게 신물이 났을 수는 있는 거지. 여태까지는 다들 스스로 이러한 공격성을 용납할 수 없었을 거야. 사람들은 스스로 타인의 말을 잘 듣고 남들과 원만하게 지내는 이해심 넘치는 사람이 되고 싶어 하거든."

"흥미로운 이론이네… 그러니까 우리는 어느 정도 마음 속에 한니발 렉터를 품고 산다는 이야기지?" 찰리 맞은편에 앉은 금발의 남자가 웃으며 말했다. 당장이라도 눈부신 여름 태양 아래에서 서핑을 즐길 것 같은 느낌이 드는 사람이었다. "아, 나는 아드리안이야." 그가 손을 들었다. "그나저나 나는 『양들의 침묵』을 엄청나게 좋아해. 조금은 내 이야기 같거든…."

"완전히 네 이야기 같지는 않아서 정말 다행이다." 폴이 대답했다. "어쩌면 너는 단순히 안전한 공간에서 긴장과 이완이 주는 자극을 즐기는 것일지도 몰라. 아니면 너 자신은 가져본 적 없는 어둠에서 비롯된 공격성을 관찰하는 것이 재미있는 것일 수도 있지. 이러한 영화들은 사람들이 절대 바라지 않지만, 아주 조금씩은 가지고 있는 부분을 의도적으로 보여주거든. 우리가 남들과 잘 어울릴 수 있는 좋은 사람으로서의 이미지를 구축하기 위해 자기 소외를 통해 잘라낸 부분 말이야. 자신의 공격성을 경험하는 것은 수치를 유발하기 때문에 우리는 이를 스스로 부정하곤 해. 타인의 공격성을 관찰하는 것이 해방감이나 심지어는 원초적인 두려움을 유발할 수 있는 것은 바로 이 때문이지. 하지만 동시에 우리는 안도감을 느끼게 돼. 그 순간에는 우리의 삶이 스크린 속보다 훨씬 좋아

보이거든. 특히 다른 사람 때문에 심적으로 힘들고, 자신의 문제에 직면하고 싶어 하지 않을 때는 더더욱 그래. 대부분의 영화는 악인이 벌을 받는 것으로 끝나니까 말이야. 이를 통해 우리는 정의가 승리했다는 것을 느끼게 되지. 이건 물론 좋은 감정이고. 대부분 사람은 살면서 정의가 구현되기를 바라거든. 어쩌면 살면서 스스로 정의를 실현하거나 스스로 분노의 감정을 허락하는 것이 낫지 않을까 생각해 봐야 할지도 몰라. 물론 그게 사람을 죽이는 일이어서는 안 되겠지만"

"걱정하지 마." 찰리가 말했다. "스스로 좋은 사람이 되어야겠다는 생각은 아드리안에게는 해당하지 않는다고 할 수 있거든. 수치심을 느끼는 사람도 아니고 말이야. 심지어는 그래야 하지 않나 싶을 때도! 얘는 모든 것이 조화롭게 자신이 원하는 대로 흘러가게 만드는 데 도가 텄어. 다른 건 조금도 신경 쓰지 않지." 찰리가 아드리안을 바라보며 웃었다. 정작 그는 전혀 신경 쓰지 않는 것 같았다.

"거기에도 역시 겪어 보지 않은 공격성이나 일종의 분노가 숨어있을지도 몰라. 물론 내가 너희를 판단하려고 온 건 아니지만." 폴이 말했다. 약간은 아리송했지만, 어쩐지 나의 호기심을 일깨웠다. "당연한 말이지만, 영화 속 표현은 늘 과장되어 있어. 우리가 일상에서 경험할 수 없는 수준의 공포를 보여주거나 하는 방식으로 말이야. 하지만 자신의 그림자를 직시하고 융합하는 과정은 단순히 흥미롭기만 한 일이 아니야. 이건 찰리가 말했던 행복한 삶으로 이어져. 많은 사람이 얻고 싶어 하는 것이기도 하지. 우리의 가장 큰 두려움이 묻혀 있는 곳에는 우리에게 새로운 길을 열어줄 가능성과 잠재력도 존재하기 마련이야. 그러니까 이런 걸 회피하는 건 자기의 자유와 더 큰 가능성을 회피하는 셈이야. 하지만 걱정할 필요는 없어. 나는 너희를 분석하러 온 게 아니거든. 스스로 해방되기 위해 필요한 것은 스스로 발견하게 될 거야. 그다음에는 더 많은 것을 얻게 될 거고."

스스로 빛나기 위해서는
먼저 자신의 그림자를 빛내야만 하지 않을까?

누가 우리의 날개를 부러뜨렸나

나는 그제야 제대로 주변을 둘러보았다. 우리는 모두 이곳에 앉아있었다. 총 여덟 명이 있었다. 그중 여섯 명은 찰리의 친구들이었고, 한 명은 나의 친구였다(비록 이곳에 잡혀 와 반강제로 이 모임의 행복한 일원이 되었지만 말이다). 폴은 이 실험을 연 사람으로서 순식간에 우리의 주의를 사로잡았다. 우리는 모두 그의 말에 귀를 기울이고 있었으며, 먹거나 마시기는커녕 식기를 들지도 않았다. 방 안은 쥐 죽은 듯 조용했다.

나는 폴의 왼쪽에 앉은 아드리안을 쳐다봤다. 스스로를 찰리의 절친한 친구라고 소개하기 이전부터 나는 그를 알고 있었다. 나는 그에게 서프 보드는 어디에 두고 왔냐고 묻고 싶을 지경이었다. 그는 전형적인 서퍼의 요소를 모두 갖춘 사람이었으며, 후광이 비치는 것처럼 눈부셨다. 그는 말을 하면서 거슬린다는 듯 계속 자신의 금발 머리칼을 넘겼는데, 이마저도 하나의 이야기같이 느껴졌다. 완벽하게 세팅된 머리와 함께 아름다운 모습으로 파도를 타며 걱정을 내려놓고 자유를 찾는 그런 이야기 말이다. 그의 존재는 그 자체만으로도 서프 보드 광고처럼 느껴졌다. 금방이라도 이 금발의 미남과 정식으로 관계를 맺고 싶지만 가벼운 데이트인 척 손을 내밀려고 애쓰는 여자들이 신발을 벗어 던지고 달려올 것만 같았다. 그러면 그는 수평선을 향해 빛나는 미소를 던지겠지. 그러고는 서프 보드처럼 바람과 함께 떠나 드넓은 바다에서 다음 파도를 기다리며 자유를 만끽할 것이다.

아드리안은 바람둥이의 화신이었다. 보기만 해도 충분히 알 수 있었다. 그는 누구에게도 구속되지 않는, 손가락 사이로 흘러내리는 모래 같은 사람이었다. 이 점은 찰리가 이야기하지 않았더라도 그의 짓궂은 미소로 충분히 알아챌 수 있었다. 그의 미소에서는 편안함과 매력이 묻어났고, 그는 자신의 미소에 어떤 힘이 있는지 정확히 알고 있었다. 모든 것은 자연스럽게 우러나는 것이 아니라, 철저하게 의도된 것이었다. 하지만 그 누구도 이를 나쁘게 받아들이지 않을 것이다. 이 점이 그에게 다가갈 수 있을 것 같다는 희망을 주었을 테니까. 그것이 바로 숨은 덫이었다.

시선을 돌리니 그의 반대편에 앉은 사람이 눈에 띄었다. 그녀는 찰리를 복제한 것처럼 닮아있었다. 그녀가 찰리보다 어린지 아닌지도 가늠할 수 없었다. 그만큼 둘은 서로 비슷했다. 하지만 나는 결국 그녀가 찰리의 동생일 것이라고 결론 내렸는데, 찰리가 계속 보호의 눈빛으로 그녀를 바라봤기 때문이었다. 이 둘 사이의 눈에 띄는 차이점은 단 두 가지 뿐이었다. 찰리의 머리카락은 어깨를 덮을 만큼 길었지만 동생은 아니었고, 동생은 더 말수가 없고 수줍음이 많은 것 같았다. 하지만 두 자매 모두 사랑스럽고 따뜻한 인상을 가지고 있다는 사실은 다르지 않았다.

내 바로 옆에는 커플이 앉아있었다. 적어도 내 눈에는 커플로 보였다. 남자는 자기 손을 여자의 허벅지 위에 올려놓고 있었다. 더 자세히 살펴보니 그 둘의 손에서 결혼반지를 발견할 수 있었다. 둘이 태연하게 불륜을 저지르는 중이 아니라면 아마 나의 추측이 맞으리라. 이 둘은 호감 가는 인상을 가지고 있었다. 헝클어진 밝은 갈색의 곱슬머리를 가진 남자는 단단한 마음을 가진 사람으로 보였고, 믿을 수 없을 만큼 따뜻한 미소를 머금고 있었다. 여자는 조금 더 소극적이었지만 아드리안과는 반대로 안정적인 느낌을 주었는데, 이 점은 찰리의 활발한 성격과

대조를 이루었다. 겉으로 보기에도 그녀는 찰리와 전혀 달랐다. 그녀의 윤기 나는 금발 머리와 도자기 같은 안색은 어쩐지 금방이라도 부서질 것 같은 인상을 남겼다. 믿을 수 없을 만큼 반짝이는 파란색 눈동자는 깊은 생각을 감추고 있는 것 같았다. 물론 나는 그녀나 그녀의 남편에 대해 아무것도 알지 못했지만 이 둘은 매우 잘 어울렸고, 온갖 다양한 사람들로 가득한 이곳에 약간의 평화와 안정을 주는 듯했다. 물론 이건 첫인상일 뿐이지만.

나는 마음속으로 폴이 이끌 우리의 여정에 대한 기대를 품고 있었다. 동시에 그가 우리의 마음 깊은 곳에서 어떤 그림자를 끌어내고, 어떤 상처를 치유해 줄지 궁금해졌다. 폴은 신중하게 이 짜릿한 스릴러를 감독하고, 이야기와 현실 사이를 오가며 우리에게서 숨겨진 부분을 끄집어내 결국에는 스스로를 넘어설 수 있도록 만들 것이었다. 적어도 나는 그렇게 생각했다. 그는 분명 이 작품을 명작에 반열에 올리게 될 것이다. 그 순간, 그는 검은 쓰레기봉투를 책상 위에 올려놓더니 내용물을 쏟아냈다. 쓰레기봉투는 다양한 물건들로 가득 차 있었다. 나는 놀람과 동시에 확신했다. 폴은 긴장감과 관련해서는 우리를 실망하게 하는 법이 없었다. 그는 허리를 굽혀 병과 유리잔을 치우더니, 모두가 잘 볼 수 있도록 물건들을 펼쳐 놓았다. 나는 몇 가지 물건을 알아볼 수 있었지만, 그가 이것으로 무엇을 하려는지는 도무지 알 수 없었다. 모두가 그랬다.

"너희들이 보고 있는 것은…" 그가 여전히 몸을 숙인 채로 힘겹게 말했다. "내가 가져온 도구이자 상징물이야."

"흥미롭네…." 아드리안이 말했다. 그는 유난히 이 단어를 좋아하는 것 같았다. 하지만 틀린 말은 아니었다. 폴이 우리 앞에 펼쳐놓은 물건들은 실제로도 흥미로웠다. 나는 우리가 이것들을 가지고 무엇을 해야 할지 전혀 감이 잡히지 않았다. 자세히 살펴보아도 이것들이 각기 다른 일곱 개의 물건인 것만 알아챌 수 있을 뿐, 정확한 의도는 여전히 알 수 없었다.

"찰리가 이미 편지에서 이야기했겠지만, 나는 누가 너희들의 삶을 힘들게 했는지, 아니면 여전히 힘들게 하고 있는지, 누가 너희에게 부정적인 감정들을 불어넣고, 누구를 없애야 너희의 삶이 더 나아질 수 있을 것 같은지 생각해 봤으면 좋겠어. 여기에서 모토는 '나 자신이나 내 삶에 문제점을 찾아보려고 하기 전에, 주변에 쓰레기가 있지는 않은지 확인해 보자' 야." 모두가 만장일치로 웃음을 터뜨렸다. "프로이트도 비슷한 이야기를 한 적 있어. 정확히 어떻게 이야기했는지는 알 수 없고, 이런 이야기를 했다는 기록도 없지만 말이야. 때로 우리는 스스로에게서 잘못을 찾으려고 해. 어쩌면 주변이 잘못됐을지도 모르는데 말이야. 아니면 이에 대한 우리의 대응이 잘못된 것일 수도 있고. 일단 이 이야기는 나중으로 미루자. 아무튼 아마 너희들에게는 감정의 균형을 깨뜨리고, 너희를 흔들고, 고꾸라뜨리는 사람이 있을 거야. 너희는 높이 날고 싶은데 누군가가 너희를 끌어내리고, 날개를 부러뜨리고, 행복해지는 것이 방해받는 기분이 들 거야. 물론 이런 사람이 여럿일 수도 있지. 깊이 생각하지 말고, 그냥 떠오르는 사람이 있을 거야. 지금은 굳이 이유를 생각할 필요는 없어. 그냥 여기에 해당하는 사람, 계속 너희를 괴롭히는 사람이 누구인지를 스스로 질문해 봐. 누가 머릿속을 어지럽히고 너희를 아래로 추락시키려고 하는지 말이야. 지금 당장은 이야기하지 말고 머릿속으로 떠올리기만 하자. 그다음에는 이 사람에 대한 너의 감정을 표현하는 물건을 하나 골라. 물건을 두고 싸울 필요는 없어. 한 물건을 여럿이 골라도 괜찮으니까. 한 물건을 나누어 쓰든, 다른 물건을 새로 고르든 다 괜찮아." 폴은 다시 말을 이어 나가기 전에 모두의 얼굴을 둘러보았다. "이제 눈을 감고 마음속으로 떠올려보자. 누군가 너희에게 부정적인 감정을 심어주었거나, 너희를 하찮고, 아프고, 슬프고, 화나고, 수치스럽고, 더 나아가 더 이상 그 무엇도 느낄 수 없도록 만들었던 때의 상황을 말이야. 어쩌면 당장 어제 있었던 일일 수도 있고, 아주 오래전에 있었던 일일지도 모르지. 아니면 그 사람이 고의든 아니든 계속 이런 상황을 반복해서 너희에게 나쁜 감정을 상기시킬지도 몰라. 누가 가장 먼저 떠오르니? 이제 시간을 좀 줄게. 끝나면 눈을 떠서 물건을 골라보도록 해."

나는 어떤 물건을 골라야 할지 전혀 감이 잡히지 않았다. 지금 떨쳐내고 싶은 사람을 빨리 생각해 봐야 할까, 아니면 이를 연상시킬 만한 물건을 하나 골라놔야 할까? 어찌 보면 나는 스스로를 방해한 셈이다. 이미 딴 길로 새어떠한 성과도 없이 애먼 곳을 돌고 있었으니 말이다. 나는 한 발짝도 더 나아갈 수 없었다. 시간이 너무 느리게 흘러가는 것 같았다. 이런 식으로 하다가는 그 누구도 떠오르지 않을 것이 분명했다. 결국에는 아무도 원하지 않았던 남은 물건을 잡게 되겠지. 그런 물건이 있기는 할까? 나는 숨을 들이쉬었다. 예전에 배웠던 대로 반만 들이쉬고, 내쉬고. 그건 마음을 다스리기 위한 호흡법이었다. 나는 다시 숨을 깊게 내뱉으면서 내 옆에 앉은, 심적으로 단단해 보이던 그 남자에게서 보았던 마음속 평온을 찾아보려고 애썼다.

그 남자에 대해 생각하고 나니 갑자기 아드리안을 포함해 이 자리에 모인 다른 사람들이 계속 생각났다. 그 생각은 오래된 기억으로 이어졌고 곧 눈앞에 한 장면이 떠올랐다. 동시에 내 안에서 감정이 솟구쳤고, 누군가가 선명하게 나타났다. 나는 그 장면에서 빨리 벗어나기 위해 곧장 눈을 떴다. 그래도 나쁜 일은 아니었다. 내가 누구를 떨쳐내고 싶은지 확실히 알게 되었으니까. 나는 누가 나를 조종하기라도 한 것처럼 책상 위를 쳐다봤다. 작고 하얀 토끼 모양의 도자기 장식품이 눈에 띄었다. 나는 놀랄 수밖에 없었다. 내가 떠올렸던 장면을 이것보다 더 잘 표현할 방법은 없었다. 나는 속으로 물었다. 폴에게 사실 초능력이 있어서 모든 것을 미리 알고 준비한 걸까? 아니면 운명이 나를 위해 일부러 여기에 이 물건을 놓아둔 걸까? 나는 생각을 끊고는 빨리 작고 하얀 도자기 토끼를 낚아챘다. 이상한 나라의 앨리스가 된 것 같은 기분이었다.

나는 자신에게 물었다. 우리의 날개가 부러졌다면, 누가 우리의 비상을 막았을까? 하얀 토끼와 검은 가죽 장갑이 여기에 답을 줄 수 있을까? 이 모든 것이 우리가 해결해야 할 미궁에 빠진 사건처럼 느껴졌다. 어쩌면 우리의 비상을 막는 것은 나 자신이었을지도 모른다. 우리가 날아오르려면, 누구를 떨쳐내야 할까?

네 날개가 꺾이게 두지 마.
네가 날고자 한다면
너는 날게 될 거야.
누군가 이를 막아선다면
그냥 떨쳐버리렴.

수수께끼가 열리다

손에 쥐고 있던 도자기 토끼는 어느새 따뜻해져 있었다. 반질반질한 토끼는 부드럽고 편안하게 나를 안정시켜 주는 것 같았다. 토끼를 따라 굴에 들어갔다가 이상한 나라에 도착한 앨리스가 떠올랐다. 깨달음으로 향하는 입구가 멀지 않은 것처럼 느껴졌다.

내 옆의 루카스는 이 모든 상황이 벅찬 것 같았다. 그는 영문을 알 수 없다는 듯한 얼굴로 나를 쳐다보더니 어깨를 으쓱하고는 플레이모빌 인형을 집었다. 갑옷을 입은 플라스틱 기사 인형은 손에 방패를 쥐고 있었다. 만약 내가 대신 상징물을 골라주어야 했더라도 같은 선택을 했을 것이었다. 이유에 대해서는 나중에 폴과 함께 더 자세히 이야기하게 되겠지만 말이다.

찰리는 침묵을 깨고 "하!" 하고 외치고는 몸통에 바늘이 여러 개 꽂혀 있는 작은 분홍색 부두 인형을 집었다. 충분히 일리 있는 선택 같았다. 비록 아직 내가 모든 이야기를 알지 못했지만 말이다. 편지 속에서도 그녀가 떨쳐내고, 가슴에 바늘을 꽂아버리고 싶은 사람이 정확히 몇 명인지는 쓰여 있지 않았다. 물론 이것 또한 곧 알게 될 터였다.

찰리의 동생은 미심쩍은 표정으로 가운데를 응시하더니, 마침내 돋보기를 집었다. 나는 이에 대해 아직 어떠한 말도 할 수 없었다. 하지만 조만간 이에 대해 샅샅이 살펴볼 수 있으리라.

"이사?" 옆에 앉은 남자의 목소리가 들렸다. 그는 아내에게 순서를 양보하고 싶어 하는 것 같았는데, 이는 내가 가졌던 그의 첫인상에 정확히 부합했다. 그는 신사 같은 행동과 함께 여자 친구의 이름을 발설했다. 우리는 이런 식으로 서로에 대해 조금씩 알아가기 시작했다.

"어…." 여자가 머뭇거리며 말했다. 그러고는 식탁으로 몸을 숙여 매듭지어진 두꺼운 밧줄을 집었다. 괜찮은 선택이라고 생각했다.

이제 식탁 위에 남은 물건은 배의 키 하나뿐이었다. 아마 플레이모빌 부속품인 것 같았는데, 기사 인형에게 딸려 온 것은 아닌 것 같았다. 기사 인형은 이미 방패를 쥐고 있었고, 한 인형이 소품이 두 개나 가지고 있을 것 같지는 않았기 때문이었다. 이사가 묶인 밧줄을 자기 앞에 내려놓자, 남편은 키를 집어 들었다. 나는 이 두 사람이 집은 소품들이 연관이 있는지, 혹시 결국에는 한 이야기로 이어지는 것은 아닐지 문득 궁금해졌다. 풀어야 할 퍼즐 조각이 책상 위에 펼쳐진 것만 같았다. 어쩌면 여기에는 더 많은 연결 고리가 있을지도 모른다. 하지만 나는 십자말풀이에도 쩔쩔매는 사람으로서 폴에게 모든 것을 맡기기로 했다. 그가 모든 것을 계획했으니, 다 생각이 있겠거니 싶었다. 지금 당장은 혼란스러울지언정 결국에는 모든 것이 완벽하게 흘러가게 되리라.

이제 폴이 열쇠를 꺼내 보이겠지. 나는 생각했다. 나는 그가 뒤에 무엇을 숨기고 있는지 궁금했다. 이 모든 것은 흥미진진함 그 이상이었다.

“이제 풀어보자!” 아드리안이 말했다. 모두가 그를 향해 고개를 돌렸다. “농담이야….” 그가 웃으며 덧붙였다. “이거 정말 이상하다!” 그가 손바닥으로 가죽장갑을 쓸어내리며 다시 말했다. “이 모든 게 결국 어디로 향하게 될지 궁금하네.” 이번에는 웬일로 흥미롭다고 말하지 않았다. 이 모든 게 실제로 정말 흥미롭고 짜릿하게 느껴졌음에도 말이다. 이 점에서는 아드리안의 말에 동의하지 않을 수 없었다.

"좋아." 폴이 말했다. 아드리안의 농담에는 굳이 반응하지 않았다. "다들 상징물을 하나씩 골랐구나. 겹치는 것 없이 딱 맞아떨어져서 다행이야." 모두가 만족스럽게 웃었다. 정확히 뭘 해냈는지는 알 수 없었지만, 다 같이 무언가를 이루어낸 것만 같았다. "그러면 내일 다 같이 더 자세하게 이야기하도록 하자. 오늘은 여기까지 오느라 힘들었을 테니까 일단 상징물을 가져가는 걸로 끝낼 거야. 이제 다들 쉬고, 아직 인사하지 못한 사람이 있다면 지금이 딱 좋은 기회일 거야. 내일은 다들 아침을 먹은 다음에 물건을 가지고 호수 쪽으로 오면 돼. 다리 아래쪽에 객실이 있는데, 거기에서 10시에 만나 실험을 계속 진행할 생각이야. 다들 괜찮지?"

"실험이라니! 다시 공포 영화가 시작되겠구나. 아주 좋아!" 찰리가 신나 하며 말했다.

"네 편지가 완벽한 시작점이었어. 영화 〈블레어 위치〉 속에 들어온 줄 알았다니까." 아드리안이 대답했다.

"그 누구도 사라지지 않았다는 점을 빼면 말이지… 적어도 아직은 말이야!" 찰리는 이 말이 마음에 든 것 같았다. "영화 속에서도 여러 가지 퍼즐이랑 오컬트 상징 같은 게 나오잖아. 모든 일이 숲속에서 일어나고 말이지. 우리에게도 상징물이 있고, 문밖에는 숲도 있어."

"하지만 거기에서는 다들 텐트에서 야영하던걸. 우리는

그에 비하면 사치를 누리고 있지… 그것도 최고급 호텔에서 말이야!"

"갑자기 위층에서 비명 들리고 그러는 거 아니야?" 내가 말했다.

"그럴 수도 있겠지. 그래… 나는 문 앞에서 잘린 손가락을 발견하게 되면 그때부터 걱정하기 시작하려고." 아드리안이 웃음기를 뺀 눈으로 주변을 둘러보며 말했다.

"손가락이 잘리는 일은 없을 거야, 안심해." 폴이 우리를 진정시켰다. "누구를 떨쳐내는 것도 맞고, 끊어내는 것도 맞는데, 아무튼 손가락은 안전해!"

폴은 정중하게 우리의 안전을 다시 한번 확인시켜 주었다. 정말 우리가 안전할 수 있을지, 무엇이, 그리고 누가 이번 주말에 우리를 기다리고 있을지는 차차 알게 될 것이었다.

시간은 이미 밤이었다. 밖은 깜깜했고, 호수에는 안개가 자욱하게 깔려 있었다. 풍경을 보니 정말 우리가 〈블레어 위치〉 속에 들어온 것 같았다. 물론 우리는 맛있는 음식과 와인을 먹고, 고급 호텔 건물 속에서 따뜻함을 누리고 있었지만 말이다. 덕분에 우리는 편안하게 쉴 수 있었다. 하지만 나는 앞으로 풀게 될 수수께끼에서 오는 긴장감이 느껴졌다.

해답은 언제나 존재한단다.

너는 이걸 찾기만 하면 돼.

가려진 시야 사이로

그날 밤, 나는 아기처럼 깊은 잠을 잤다. 이것이 이사와 다니엘과 좋은 이야기를 나누었기 때문인지, 마침내 부부와 찰리 동생의 이름을 알아내서였는지, 루카스가 회의적인 시선으로 이 실험의 결과에 대해 여러 예측을 하는 것을 들으며 배에 쥐가 나도록 웃어서인지는 알 수 없었다. 루카스의 예측은 두렵기 짝이 없었다. 그는 이 실험에서 우리는 절대 살아남지 못할 것이라고 말했는데 우리가 누구를 떨쳐내고 싶은지 겨우 막 알아내기 시작했다는 것을 생각하면 정말 안타깝기 그지없는 상상이었다. 그런데도(어쩌면 정확히 그것 때문에) 저녁 시간은 매우 즐거웠다. 물론 잡음이 아예 없는 것은 아니었다. 찰리는 동생 마리가 다른 사람들과 이야기하는 것보다 핸드폰

하는 것을 더 좋아한다며 불평했다. 이 이야기를 들은 아드리안은 콘스탄틴과 사귀는 동안에는 그녀도 별반 다를 바 없었다며 찰리를 놀리기 시작했다. 어쨌든 여동생의 행동은 그녀를 자극하는 것처럼 보였으며, 그녀는 이런 행동을 불편하게 여기는 것 같았다. 내가 보기에도 이 관계는 순탄히 흘러가는 것 같지 않았다. 스마트폰 속에 있는 사람과의 관계도 마찬가지였다. 마리는 오지 않는 답장을 내내 불편한 표정으로 기다리고 있었다.

나는 분명 그 어느 때보다 편안했다. 나는 저녁 시간을 더없이 안락하게 보냈다. 방에서 바로 보이는 호수는 내 마음을 잔잔하게 만들어 주는 것 같았다. 침구는 얼마나 뽀송하던지, 나는 밤새 그곳에 빨려 들어가 한 발짝도 나올 수 없었다. 나는 이를 닦은 뒤 호수가 보이는 테라스에 서서 심호흡을 했다. 그러고는 루카스의 방문을 두드리고, 그를 데리고 나와 아름다운 식당에서 편안하게 아침을 먹었다. 세상이 아름다웠다. 누군가를 어떻게든 떨쳐내고 싶어서 이곳에 왔다는 사실을 잊어버릴 정도였다. 나에게 더 이상 조급함이란 없었다. 하얀 토끼 도자기를 꺼내기 전까지는. 가방에서 토끼 도자기를 꺼냈을 때, 모든 것이 갑자기 되살아났다. 기사 인형도 어느새 내 옆에서 있었다.

"랜슬롯 경*, 이제 들어가시죠…." 루카스와 호텔 테라스를 넘어 나무 오두막으로 들어가기 직전, 내가 웃으며 말했다. 오두막의 데크는 그대로 호수 중앙으로 이어졌는데, 이 풍경을 보는 것만으로도 행복해지는 것 같았다.

"그래 내가 잘생기고, 용감하고, 품격이 넘치긴 하지…. 뭐 다른 건 더 없고?"

"이게 네가 아니라 네가 떨쳐내고 싶은 사람을 상징하는 물건인 건 알지?"

루카스는 소금 동굴 앞에 서서 나를 쳐다보며 말했다. "물론 알지! 하지만 내가 기사도가 넘치는 사람인 것도 사실인걸. 게다가 너는 아직 이게 무슨 이야기랑 얽혀있는지도 모르잖아. 아무리 네가 호기심이 많은 사람이어도 쉽게 예상할 수는 없을걸. 아냐?"

"맞아." 나는 하얀 토끼를 손에 쥐며 말했다. "어쩌면 이 물건이 결국은 우리에 대한 이야기로 이어질지도 모르지."

"거 봐. 그리고 내가 흰 강아지랑 네가 무슨 연관이 있는지 물어봤어? 아니, 그러지 않았지. 난 이 엄청난 짜릿함을 유지하기 위해 최선을 다하고 있다고!"

"토끼… 이건 토끼야. 어쨌든 알았어. 너는 전혀 신경 안 쓴다 그거지."

* 아서왕 전설에 나오는 기사.

"아니, 오히려 흥분돼서 미칠 지경이야! 내가 대체 어쩌다 소중한 휴일을 바쳐 기사 모형을 들고 호수 위의 오두막에서 일면식도 없는 사람들과 떠들게 되었는지 밝혀지는 시간을 얼마나 고대하고 있는데. 세상에 이보다 행복할 수는 없을걸." 그가 삐딱하게 고개를 옆으로 기울이며 대답했다.

나는 그에게 따가운 눈빛을 보냈지만 가볍게 무시당했다. 하지만 더 화를 낼 시간은 없었다. 우리는 곧장 호수실 안으로 들어갔다. 나무로 지어진 건물의 유리창은 호수 전체를 담아냈고, 가운데에는 나무 탁자가 놓여있었다. "진짜 멋지다… 이 멋진 풍경이 네 마음을 좀 더 열어주면 좋으련만." 내가 루카스에게 속삭였다.

"물론이지! 나는 딱 기사 모형이 쓴 헬멧의 눈구멍만큼 열려있거든." 그의 대답을 들은 나는 웃을 수밖에 없었다.

폴은 이미 가죽으로 된 파일을 가지고 탁자에 앉아있었다. 이사와 다니엘은 그의 옆자리를 이미 차지하고 있었다. 이미 우리 중 절반이나 이곳에 도착한 것이다. 나는 루카스와 함께 방구석에 있는 옷걸이에 외투를 걸며, 시간 약속을 잘 지키는 것을 넘어 약속 시간보다 3분쯤 일찍 도착했다는 것에 우쭐함을 느꼈다. 곧 찰리와 마리도 이곳에 등장했다. 찰리는 문 너머로 나무 오두막과 바깥까지 쩌렁쩌렁 울리도록 큰 소리로 내내 "아드리안! 여기야!"하고 외쳤다. 이 주변에 건물은 이곳뿐이고, 여러모로 못 보고 지나치기 쉽지 않을 텐데도 말이다.

얼마 지나지 않아 아드리안이 느긋하게 안으로 들어왔다. 그는 다니엘 옆에 있는 의자를 슬쩍 바라보더니, 외투를 벗어 그 위에 걸쳐놓았다. 나는 그에게서 무언가를 알아챌 수 있었다. 그는 검은 가죽 장갑을 이미 끼고 있었는데, 방 안에 들어온 뒤에도 이를 벗지 않았다. 그는 생각에 잠긴 듯 책상 위로 자기 손을 맞댔다. 그를 마지막으로 모든 사람이 이 방에 도착했다. 나는 그가 마지막으로 도착했다는 사실이 조금도 놀랍지 않았다. 덕분에 모두의 이목을 끌었고, 자연스럽게 중심이 되지 않았는가. 그는 이런 상황에서 편안함을 느끼는 사람이었다.

"추워?" 찰리가 빈정대며 물었다.

"그렇지는 않은데. 하지만 지금 누군가를 차갑게 만들어야 한다면, 나는 준비 됐어."

"그렇겠지." 그녀가 대답했다. 그의 이야기를 제대로 듣기는 한 건지는 알 수 없었다. "마리, 너 저기 옆에…" 그녀는 문장을 끝마치지 못하고 말을 흐렸다. 마리는 누가 봐도 폴 옆에 앉고 싶지 않은 눈치였다. 그녀는 찰리가 최면을 걸려고 시도라도 했던 것처럼 경악스러운 눈빛으로 언니를 쳐다봤다. 나는 그녀의 마음을 십분 이해할 수 있었다. 그리고 그의 존재에서 불안감을 느끼는 것이 나뿐만은 아닌 것 같아 마음이 놓였다. 폴은 친절하게도 가죽 파일을 바라보면서 아무것도 보지 못한 척했다.

"음, 그래…. 그럼 내가 네 옆에 앉지 뭐, 폴." 찰리가 말을 더듬었다. "어쨌든 나는 상관없어. 이런 자리 배치는 이미 우리에게는 익숙하잖아." 그녀는 말했다. 아마 몇 달 간의 상담을 의도한 것 같았다.

루카스가 웃었다. 그는 여기에서 무언가 더 읽어냈다고 생각하는 것 같았다. 그는 곧장 마리의 옆자리로 가 앉았다. 나에게 남은 자리는 루카스의 맞은편이자 아드리안 옆의 의자 단 한 곳뿐이었다. 내가 한발 늦어서 전혀 호감이 아닌 사람들과 함께 앉게 된 것 역시 놀라운 일은 아니었다. 대체 무엇이 문제였는지는 알 수 없었지만 검은 가죽 장갑이나 서퍼 이미지는 서로에게 좋은 인상을 심어 주지는 못한 것 같았다. 어쩌면 그 두 가지가 문제였을지도 모르겠다. 이런 자리 배치는 그런 면에서 이번 주말 모임의 주제에 완벽하게 부합했다. 어쩌면 조만간 그를 떨쳐낼 기회가 찾아올지도 몰랐다. 아드리안과 나 사이에 흐르는 분위기는 조금 냉랭했다. 적어도 내 쪽에서는 그랬다. 어쨌거나 나는 이와 관련해 단 한마디도 꺼내지 않았다.

"정말 좋은 아침이지!" 폴이 말했다. 늘 그렇듯 햇볕 같은 느낌이었다. 바깥에는 다시 호수 위로 두꺼운 안개가 자욱하게 내려앉아 둘러싼 숲의 실루엣만을 겨우 알아볼 수 있었다. 이 신비한 분위기는 어쩐지 지금 상황과 잘 어울렸다. "모두 잘 자고 충분히 기운을 차렸기를 바라. 이제 이 '실험'을 시작해야 하니까 말이야." 그는 '실험'이라는 단어를 장난스럽게 강조했다. 약간은 안심되었다. "아드리안, 너는 이 실험에 아주 깊게 몰입한 것 같다." 폴이 장갑을 보며 말했다.

아드리안은 지루하다는 듯 고개를 끄덕였다. 선생님의 훈계를 대충 흘려들으면서 대답도 하지 않는 학생 같았다. "이 장갑이 나랑 잘 맞아서 다행이지." 아드리안이 말장난으로 대답했다. 덕분에 그는 스포트라이트를 받는 것에 성공했다. 적어도 폴이 다시 채가기 전까지는 말이다. "아무튼 나는 찰리가 시작이 되어 주었으면 좋겠어. 일단 네가 이 주말의 주최자니까 말이야. 이렇게 이곳에 모이게 된 건 다 찰리 덕분이지. 그런 점에서 다들 고마워해야 하는 부분도 있고. 다시 한번 고마워, 찰리."

"감사합니다. 너무 감사해요." 루카스가 맞은편에서 조용히 중얼거렸다. 어휴, 나는 냉소적인 두 사람에게 둘러싸여 있었다. 이 두 사람을 잠시나마 무시하고 싶어지기에는 충분한 이유였다.

우리는 누구를, 무엇을
우리의 눈앞에 둘지 고민해 볼 필요가 있다.
우리는 정확히 그곳으로
주의를 쏟기 마련이므로.

저주하고 싶은 인간들

“너는 이미 네 인생 속 몇몇 사람들의 행동이 너를 아프게 하고, 그것 때문에 부두 인형을 상징으로 골랐다고 말했지.” 폴이 찰리를 바라보며 요약했다. 그러고는 고개를 돌려 우리 모두를 쳐다봤다. “이 자리에서 강조하고 싶은 게 있는데…. 걱정 하지 마. 우리가 지금 여기에서 흑마법을 부려서 누군가를 저주하거나 축복하는 일은 없으니까. 부두 인형의 원래 의미도 이런 것과는 거리가 멀고.”

“솔직히 아쉽네.” 찰리가 중얼거렸다.

폴은 웃으며 차분하게 설명을 이어 나갔다. “부두 인형은 원래 영혼을 의미하고, 힘을 통해 생각을 연결해 주는 역할이거든.”

“119 구급대원님…. 급하게 구급차 한 대를 보내주실 수 있으신가요? 가능하면 좋은 차량으로요!" 이 이야기를 들은 루카스가 가만히 있지 못하고 속삭였다.

"무슨 의미야?" 폴이 물었다. 다행히도 그는 이 말을 정확하게 이해하지 못한 것 같았다.

"생각을 한번 연결해봤어" 루카스가 대답했다.

두 사람 모두 내 신경을 조금씩 건드리기 시작했다. 상상으로나마 헬멧을 쓰고, 옆에서 일어나는 일을 무시할 시간이었다.

"음, 나쁜 접근은 아냐!" 폴이 조금도 동요하지 않고 답했다. "이미 말했듯이, 너희는 물론 누군가를 저주하기 위해 의식을 치르거나 원을 돌면서 춤을 추고 노래를 부를 필요가 없어. 부두 인형은 단순한 상징이야. 우리가 주술적인 무언가를 전혀 할 수 없다는 건 아니지만." 폴이 모두를 둘러보며 말했다. 무슨 비밀을 품고 있을 것 같은 이 이야기는 그가 이미 우리의 생각을 조종하고 있는 것은 아닐까 하는 나의 의심을 일깨웠다. 우리는 아무것도 알지 못하지만, 그는 우리를 어디로 이끌어야 하는지 정확히 아는 것이 분명했다.

"이제 조금 더 설명해 줬으면 해." 그가 찰리에게로 다시 고개를 돌리며 말을 이어갔다. "눈을 감았을 때 누가 생각났고, 어떤 장면이 떠올랐어? 부두 인형을 잡았을 때는 무슨 생각을 했고, 너에게는 어떤 의미가 있었는지 말해줬으면 해. 이건 모두에게 말하는 건데, 아무 장면이 떠오르지 않았더라도 괜찮아. 단순히 어떤 감정이나 소망이 생각났을 수도 있고, 그냥 그 순간을 빨리 빠져나오고 싶었을 수도 있어. 어떤 것이 느껴졌더라도 다 괜찮아. 너희 자신도 마찬가지고. 내가 지금 이 말을 하는 건, 우리가 종종 스스로를 의심하고, 절망하기 때문이야. 다들 그 무엇도 제대로 해내지 못하고, 스스로가 잘못되었다고 생각하곤 하니까. 세상에 틀리고 잘못된 것은 없어. 그건 너희도 마찬가지야." 폴은 동기 부여 강연가가 되었어도 충분히 성공했을 것이다.

"맞아." 찰리가 말했다. "하지만 어쨌든 나는 몇몇 사람들을 저주하고 싶어. 만약 내가 그래도 된다면 말이지. 꼭 저주여야 하는 건 아니긴 해. 내게 능력이 없기 때문에 이런 말을 하는 거겠지. 그래도 그냥 저주하고 싶어! 그냥 이 인간들이 하는 짓이 다 짜증 나. 내 인생에서 이 사람들의 존재를 없애버리고 싶은데, 대체 어떻게 해야 하는지를 모르겠어! 결국 상처받는 건 항상 나지! 잠깐 그러고 끝나는 것도 아니고 매 순간 반복해서 말이야! 그러고는 꼭 나중에 와서 아무 일도 없었다는 것처럼 굴어. 그냥 그렇게 쉽게 만회할 수 있는 것처럼! 하지만 절대 그렇지 않다고! 잔디깎이로 꽃을 밀어 놓고 왜 꽃이 피지 않냐고 원망하는 거랑 똑같아! 이미 꽃은 꺾였는데! 그래. 꽃은 절대 피지 않겠지. 한 번도 핀 적 없었을 테고 말이야! 내 마음도 마찬가지야. 눈앞에 보이진 않아도, 똑같은 기분이라고! 내가 막 무언가를 피워 내려고 하면, 누군가가 늘 나를 밀어버려. 항상! 이젠 이 모든 걸 정당화하려는 핑계를 받아주는 것도 질렸어. '정말 미안해, 진짜…', 아니면 '에이, 내가 그러려고 했던 게 아니잖아!', 이것도 아니면 '뭘 그렇게 반응하고 그래…. 너 진짜 예민하다!' 그거 알아? 나 진짜 예민해! 내가 그렇게 반응하겠다는데 뭐, 어쩌라고! 나는 계속 그렇게 생각할 거고, 나 스스로를 지킬 거야. 다시는 누가 나를 밀거나, 밑바닥으로 추락시키거나, 누가 밟고 지나가도 아무 감정도 느끼지 못하는 지경에 이르지 않도록 말이야. 왜냐면 지금 나는 딱 그렇거든. 필립은 내가 예전에 그랬듯이 어떻게든 해보려고 노력했지만, 잘되지 않았어. 난 다시 회복될 수가 없었지…. 왜냐하면 난 더 이상 아무것도 느낄 수 없게 되었으니까! 난 죽은 거나 다름없어. 내 마음은…. 나는 완전히 고장 났는지도 몰라! 그러니까 젠장, 어떻게 해야 내 마음을, 내 세상을 고칠 수 있을까? 나를 어떻게 해야 하지? 너희는 내가 부두 인형을 고른 게 다른 사람에게 바늘을 꽂고 싶어서라고 생각하겠지만, 슬프게도 내가 이걸 고른 이유는 나 자신이 이 인형과 다를 바 없기 때문이야. 잔뜩 바늘로 쑤셔진 이 부두 인형은 내가 어떻게 쓰러졌고, 모든 사람이 내 심장에 드릴질할 때 내가 어떤 기분이었고, 어쩌다가 이렇게 일어설 수도 없는 지경에 이르게 되었는지 떠올리게 하거든. 이 모든 바늘은 사람들이 나에게 준 상처인 거야. 그 결과가 지금의 나고." 찰리의 눈에 눈물이 고였다. 그녀는 분노에 찬 동시에 믿을 수 없을 만큼 슬퍼 보였다.

"거 봐. 그래서 내가 장갑을 끼고 있는 거야. 나 스스로를 지키기 위해 말이지…." 아드리안은 한껏 자신의 공감 능력을 뽐내며 웃었다. 하지만 그의 농담은 상황에 조금도 적절하지 않았다. 언뜻 보기에도 나만 그렇게 생각하는 것은 아닌 것 같았다.

"그래서 네가 하고 싶은 말이 뭔데?" 찰리가 쏘아붙였다. "너는 장갑 속에 바늘이 꽂혀 있어도 전혀 느끼지 못하잖아! 네가 장갑을 끼는 건 다른 사람의 목을 조르면서 증거를 남기지 않기 위해서지. 이게 바로 네가 다른 여자들에게 하는 짓이고! 네 여자 친구들은 그렇게 쓰러져 나갔지. 매정하게! 네가 진짜로 목숨을 끊어 버리는 게 아니어도 말이야. 너는 콘스탄틴이나 내 이기적인 상사랑 똑같아. 온 사방에 피해자를 남기고 자기만 멀쩡하지. 나 같은 여자들은 상처만 입고! 알겠어, 아드리안? 네가 보는 것처럼 한가한 일이 아냐! 단 한 순간만이라도 개자식에서 벗어나서 친절을 베풀고 다른 사람의 감정을 읽는 법을 좀 배워봐! 특히 네 오만함을 뽐내기 위해 이용당한 여자들에게 말이야. 다들 빛을 잃어버렸잖아. 근데 고작 너 때문에? 너는 전혀 신경 쓰지 않겠지. 전혀!" 아드리안은 찰리가 살포한 융단 폭격의 첫 번째 표적이었다.

"신경 안 쓴다고…. 진심이야?" 아드리안도 찰리에게 쏘아붙였다. "무슨 뜻이야? 나는 그냥 내가 살고 싶은 대로 살면서 내 행동을 제멋대로 규정하는 규칙에 얽매이지 않을 뿐이야! 솔직히, 부모님은 내가 그렇게 살기를 바랐지. 사회도 마찬가지고. 아니면 너희 잘난 그 여성들이나! 우리의 차이점은 단순히 내가 이런 것들을 끼고 살지 않는다는 것뿐이야. 그리고 나는 그렇게 잘살고 있고. 삶을 즐기는 게 뭐 어때서! 뭐 잘못된 거라도 있어?" 아드리안은 쉽게 상대의 말에 넘어가지 않았다.

"너와 네 그 행동들이 다른 사람들의 인생을 망치고 있잖아! 내가 본 게 몇 번인데. 넌 매달 여자를 갈아치우고, 동시에 여러 명을 만나기도 하지. 그러다가 네가 지루해지면 네 오랜 동반자에게 돌아가 버려. 이게 네 인생의 전부면 안 되지!"

"동반자라…. 그래, 좋아." 아드리안이 웃었다. "그래, 그게 왜 안 되는데? 걔네들이 자진해서 따라 오는 거잖아? 난 한 번도 강요한 적 없어! 네 인생에 뭐 그렇게 대단한 게 있는지는 모르겠지만, 나한테까지 그걸 적용하려고 하지 마. 난 잘살고 있어. 이게 정확히 내가 바라는 거야! 누가 더 잘살고 있는지 생각해 봐. 나잖아. 난 내가 원하는 대로 사는데, 너는 여기서 신경 쇠약으로 발작을 일으키기 직전이니까. 사람들이 네가 바라는 대로 행동해 주지 않는다는 이유로 말이야!"

"그 말은, 네가 이렇게 개자식처럼 행동하는 게 괜찮다는 거야? 잘됐네. 됐어?"

"그건 개자식을 어떻게 정의하느냐의 문제지. 다른 사람들이 원하는 대로 행동하지 않으면 개자식이 되는 거야? 다른 사람이 네가 원하는 대로 행동하길 바라는 게 더 개자식 같은 건 아니고? 그것도 자기가 옳다고 생각하는 방식만 고집하면서!"

"그러니까 지금 내가 개자식이라는 거야, 아드리안? 좋아, 멋져! 넌 늘 그렇게 논점을 흐리고 혓바닥을 놀리지! 계속 그렇게 살아. 너 스스로한테 아주, 아주 멀리 도망쳐 봐! 도착하면 연락하고!" 찰리는 화를 냈다. 그리고 우리가 이미 보고 있다시피, 폴은 분노를 좋은 것으로 여겼다. 대체 누구에게, 왜 좋은지에 대해서는 아직 알 수 없었지만, 어쨌거나 분노는 눈앞에 있었다. 찰리는 어찌 되었든 잘게 조각낸 비난을 밑반찬으로 곁들여 거대한 솥에 끓어오르는 분노를 내놓았고, 아드리안은 태평하게 부글거리는 솥에 불을 붙여 끓어 넘치게 만드는 데 일조했다. 하지만 결국 그가 얻게 된 것은 데인 입술뿐이었다.

"개자식 이야기를 꺼낸 건 너야." 그는 계속 말하는 쪽을 택했다. "아주 여주인공 납셨어. 여우주연상도 타겠다. 그러니까 그 대단한 드라마 한번 꺼내 보라고, 찰리. 잘 먹고 잘살아라!"

"뭐? 내가 쇼하고 있다 이거야? 나는 네 전 여자 친구들이 무슨 드라마를 겪어야 했는지 알고 싶지도 않아. 너는 또 허황된 약속을 잔뜩 늘어놓으면서 원하는 걸 얻어내려고 했겠지. 그… 아, 관둬! 자세하게 파고들고 싶지도 않아. 하지만 네 여자 친구들이 겪은 드라마 장르를 알려줄게. 호러! 다시 누군가가 자신을 다치게 할 수도 있다는 생각에 엄습하는 공포감! 너한테는 번호표를 뽑는 것처럼 단순한 일이겠지. 다 너 때문이야, 아드리안! 네가 그 사람들을 의도적으로 다치게 한 건 절대 괜찮지 않아."

"내가 그랬다고?" 그는 믿을 수 없다는 듯이 그녀를 바라봤다. "걔네들이 진실을 듣지 않으려고 하다가 스스로 자초한 건 아니고?"

찰리와 아드리안이 서로에게 퍼부은 공격은 우리 모두에게 타격을 입혔다. 나는 다른 사람들의 얼굴에서 이를 충분히 읽어낼 수 있었다. 찰리의 말은 가슴 한가운데에 그대로 꽂히는 것 같았다.

화살에 맞게 될지는
우리가 어디에 서 있는지,
어디를 향하고 있는지에 달렸다.

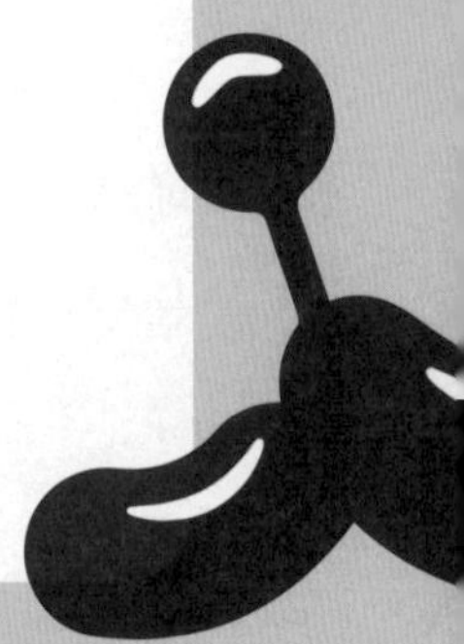

이제는 자기에게 돌을 던질 때

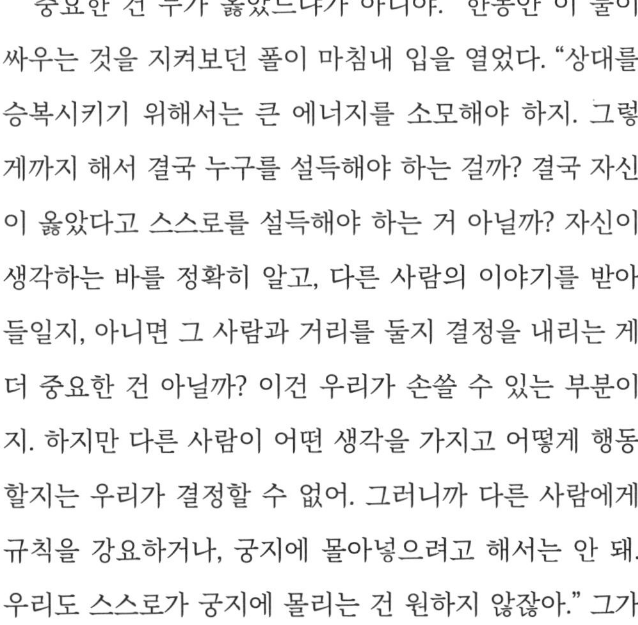

“중요한 건 누가 옳았느냐가 아니야.” 한동안 이 둘이 싸우는 것을 지켜보던 폴이 마침내 입을 열었다. “상대를 승복시키기 위해서는 큰 에너지를 소모해야 하지. 그렇게까지 해서 결국 누구를 설득해야 하는 걸까? 결국 자신이 옳았다고 스스로를 설득해야 하는 거 아닐까? 자신이 생각하는 바를 정확히 알고, 다른 사람의 이야기를 받아들일지, 아니면 그 사람과 거리를 둘지 결정을 내리는 게 더 중요한 건 아닐까? 이건 우리가 손쓸 수 있는 부분이지. 하지만 다른 사람이 어떤 생각을 가지고 어떻게 행동할지는 우리가 결정할 수 없어. 그러니까 다른 사람에게 규칙을 강요하거나, 궁지에 몰아넣으려고 해서는 안 돼. 우리도 스스로가 궁지에 몰리는 건 원하지 않잖아.” 그가 아드리안을 바라보며 말했다. "진짜 문제는 이거지. 네가 늘 그렇듯 다른 사람들이 좋게 생각하거나 해야 한다고 말하는 것과 정반대로 행동하는 게 정말 너를 위한 일일 수도 있어. 하지만 어쩌면 너는 그저 반항심에, 너 자신과 다른 사람들이 너를 얕잡아 볼까 봐 일부러 이런 행동을 하는 건 아닐까? 그렇다면 그것만으로도 충분히 고역일 거고, 쓸데없는 일일 거야. 너를 하찮다고 여기는 사람은 없거든. 만약 그렇다 해도, 너 스스로 네 가치를 알고 있다면 소용없을 테고. 물론 이건 너에게도 똑같이 적용돼, 찰리." 그는 찰리에게로 눈을 돌리며 말했다. "인생은 결정의 연속이고, 결정은 결과로 이어지지. 넌 이미 내가 어떤 관점으로 세상을 보는지 알잖아. 나는 옳고 그름을 판단하지 않아. 완벽한 진실은 존재하지 않거든. 내가 더 중요하게 생각하는 것은 우리가 그걸 어떻게 느끼는가야. 찰리, 계속 바늘에 찔려야 했을 때 너는 어떤 기분이었니? 상처가 아물려면 무엇을 해야 할까? 네 전 남자 친구가 그런 사람이었다고 치자. 결국 나오는 결론은 하나일 테니까. 그 사람이 너에게 계속 상처를 준다면, 그 사람을 계속 곁에 두어서도, 계속 과거를 곱씹어서도 안 돼. 이 관계는 네가 놓아야만 비로소 끝이 나는 거야. 너는 계속 그 속에 갇혀있어. 이게 진짜로 벌어지는 일인지, 아니면 기억 속의 일인지는 중요하지 않아. 네가 느끼는 고통은 진짜일 테니까. 네가 그에 대한 생각을 멈추지 않는 한 너는 이 관계를 이어 나가는 거랑 마찬가지야. 이건 분명 너에게는 좋지 않은 일이지. 이제는 그 부정적인 감정에 매몰되지 말고, 네가 무엇을 느끼고 싶은지에 대해 생각해 볼 때야. 그것을 이뤄내기 위해 행동하는 건 그다음이고. 하지만 네가 원하는 것을 스스로 알지 못하면, 네가 무엇을 필요로 하는지도 알 수 없지. 이에 대해 더 자세히 얘기하기 전에, 내가 너희들을 위해 준비한 게 있어." 그는 일어서서 구석으로 가더니, 커다란 두 개의 검은 가방을 바닥에서 들어 올렸다. 가방은 아주 무거워 보였다. 그가 가방을 책상 위로 올려놓고 중앙으로 옮기기 위해 안간힘을 썼기 때문이었다. "이 안에는 벽돌이 들어있어. 너희들을 위한 마커도 여기에 있고," 그는 마커를 옆에 내려놓으며 말했다.

"오, 선물이다!" 아드리안이 외쳤다. "그래서 이걸 가지고 뭘 할 건데? 성벽이라도 쌓게?"

"벽을 쌓는데 굳이 벽돌이 필요하지 않은 사람들도 있지. 특히 다른 사람이 다가오는 것에 두려움을 가지고 있거나, 자신의 고통을 애써 외면하는 사람들이 그래." 폴이 덧붙였다. 그는 아무 의미도 없다는 듯 가벼운 어조로 말했지만, 그가 말하고자 하는 것은 아드리안이 입을 떡 벌리기 충분할 정도로 명확했다. "아무튼, 우리는 이걸로 다른 걸 해볼까 해. 자세한 건 조금 이따가 이야기할게. 일단은 벽돌을 하나씩 집어 줬으면 해. 내가 너희 인생을 힘들게 했던 사람이나 사람들에 대해 떠올려보라고 했을 때 떠올랐던 사람을 다시 기억해 봐. 그 사람들의 이름을 벽돌에 쓰면 돼. 총 6면이 있으니 자리는 충분할 거야.” 그는 웃었다. 몬티 파이튼의 영화 〈라이프 오브 브라이언〉의 한 장면이 떠올랐다. “십자가에 못 박히려고? 그래. 저 문으로 가서 왼쪽으로 꺾어. 십자가는 한 명당 하나씩이야!” 이 경우에는 벽돌이었지만 말이다. 이제는 자기에게 돌을 던질 때였다.

“떠오르는 사람이 없으면?” 아드리안이 물었다.

“그럼 조금 더 생각해 봐! 정말로 살면서 짜증 났던 사람이 없다면, 축하해. 아마 그런 사람은 역사상 네가 처음일 거야.” 폴은 그를 믿을 수 없다는 듯이 바라봤다.

“아, 벽돌이 충분히 큰지 보자고,” 찰리가 농담을 던지더니 가운데에 있는 가방에서 처음으로 벽돌을 꺼냈다.

“형태가 아주 멋지네. 좋아.” 그녀는 음울하게 벽돌을 자기 앞자리에 내려놓으며 말했다.

“정말로 자리가 부족해지면 하나를 더 가져가도 돼, 찰리. 벽돌은 충분히 있으니까.” 폴이 진지하게 말했다.

나는 그가 벽돌을 가져온 이유를 알 것 같았다. 모두 벽돌처럼 무거운 무언가에 짓눌려 왔을 것이다. 결국 문제는 우리가 살면서 마주친 이 벽돌을 집어 들지도, 짊어지지도 않고 유유히 지나갈 수 있는가였다.

"이건 모두에게 해당하는 말이야. 다들 벽돌에 쓰고 싶은 만큼 쓰면 돼." 폴이 모두를 바라봤다.

찰리는 곧장 하나를 더 집어 들었다. 나도 벽돌을 집기 위해 탁자 가운데로 몸을 숙였다. 처음에는 한 손으로 옆에 놓인 벽돌을 잡으려고 했지만, 어찌나 무겁던지 결국에는 두 손을 다 사용해야 했다. 벽돌은 족히 4킬로그램은 되는 것 같았다. 벽돌 하나를 집는 것도 꽤 고된 일이었기 때문에, 나는 하나로 끝내겠다고 스스로 다짐했다.

문득 정말로 폴이 이 모든 벽돌을 캐리어에 담아서 이 호수까지 가져온 건지 궁금해졌다. 물론 이게 불법은 아니었다. 적어도 시체와 함께 자루에 넣는 것이 아니라면 말이다. 하지만 재미있는 발상이기는 했다. 나는 아시아에서 긴 배낭여행을 마치고 공항에 도착했을 때가 생각났다. 나는 거대한 배낭을 체크인 카운터에 내려놓고 무게를 쟀다. 캄보디아인은 웃으면서 나를 한동안 쳐다보더니 물었다. "혹시 안에 사람이 들어있는 건 아니죠?" 나는 크게 웃을 수밖에 없었다. 지금의 나는 어떤 사람을 짊어지고 삶 속을 여행 하는 걸까. 내가 지고 있는 사람들의 무게는 얼마나 무거울까. 나는 자신에게 물었다.

모든 사람이 벽돌과 마커를 집어 들자 방 안은 고요해

졌다. 누군가는 여전히 고민 중이었고, 누군가는 이미 무언가를 써 내려가고 있었다. 나는 벽돌에 누구의 이름을 써야 할지, 이 사람들이 지금은 변했을지, 어쩌다 이런 사람들이 내가 그은 선 너머로 넘어올 수 있었는지 생각하기 시작했다. 어쩌면 이 사람들이 문제가 아니라, 때가 적절하지 않았거나 내 감정이 잘못된 것은 아니었을까? 나는 이 문제를 도저히 쉽게 바라볼 수가 없었다. 나는 그대로 생각 속에 얽히고설켰고, 생각의 매듭은 벽돌만큼이나 무거운 무게로 나를 짓눌렀다. 루카스는 이미 세 면을 이름으로 채우고는 만족스럽게 마커를 내려놓고 있었다. 나는 다시 한번 이것이 떨쳐내고 싶은 사람의 숫자를 자랑하는 경쟁이 아니라는 사실을 스스로 일깨워야 했다. 결국 이 시간은 내가 잃어버린 무언가를 찾아내기 위한 것이었다. 그러니 마커를 들기 전에 이미 확실히 생각해 내야 했다. 나는 문득 이 모든 것이 오래전부터 내 속에 존재했다는 것을 깨달았다. 나를 안고 있던 모든 짐들이.

폴은 내가 생각에 늪에 빠져 있다는 것을 눈치채고는 마침내 내가 마음속 러닝머신에서 내릴 수 있게 도와주었다.

"시간은 충분히 가지되, 무언가를 쓰거나 쓰지 말아야 하는 이유에 대해서는 고민하지 마. 이건 스스로나 다른 사람에게 납득 시켜야 하는 것이 아냐. 우리는 종종 누군가와의 기억을 서랍장 안에 쑤셔 넣고 닫아버리고는 가능한 한 빨리 잊어버리기 위해 애쓰지. 하지만 서랍을 닫았다고 해서, 이것이 너희를 막아서지 않는 건 아니야. 마음이 정리가 되고, 한 번 더 생각해 보는 시간을 가져야만 그다음으로 넘어갈 수 있어. 일단은 이름을 대는 걸로 시작하자. 갑자기 떠오르는 게 있을 거야. 이미 너희는 지난번에 다른 사람이 너희에게 부정적인 감정을 심어주었던 순간을 떠올렸지. 그게 누구였니? 누구였든 무엇이었든 다 괜찮아. 그래도 돼. 하지만 애써 이유를 찾으려고 노력하거나 혹은 누군가를 섣불리 판단하면 안 된다고 생각해서 멈춰버리면 안 돼. 그게 너희와 가까운 사람이어도 마찬가지야. 그 사람의 이름을 벽돌 위에 쓴다고 해서 그 사람을 함부로 판단한다는 게 아니야. 너희 자신을 판단하는 것도 아니고. 이건 그냥 너희를 힘들게 한 사건이 있었다는 것을 자각하는 과정일 뿐이야."

이 말은 정말로 도움이 되었다. 나는 고개를 끄덕이고는 무언가를 써 내려가기 시작했다. '서랍을 닫았다고 해서 이것이 나의 앞길을 막지 않는 것은 아니다.'

이미 끝난 관계를
억지로 이어 나가기를
멈춰야 한다.

짐을 놓아버리면
짐도 너를 놓을 거야

내가 다시 고개를 들어보니, 아직도 벽돌 위에 무언가를 쓰고 있는 사람은 나 한 명뿐인 것 같았다. 아드리안이 옆에서 "하, 나 때문이지 뭐."라고 중얼거리는 소리가 들렸다. 그는 마침내 자신의 반항적인 행동을 극복하고 실험에 적극적으로 참여하기로 마음먹은 것 같았다. 내가 마커를 내려놓자, 폴은 더 자세한 설명을 시작했다.

"이제 다들 벽돌 위에 누군가의 이름을 적었을 거야. 사람들은 무언가를 정리하고 써 내려가는 것만으로도 해방감을 느끼지. 물론 너희는 모든 이야기를 벽돌 위에 설명했거나 마음속에 새기지는 않았을 거야. 하지만 나는 이런 시간을 종종 갖는 것을 추천할게. 좀 더 단순한 방식이어도 상관없어. 생각을 정리하고, 자신을 위해 무언가를 하기 시작했다는 것만으로도 이미 수레바퀴는 굴러가기 시작한 거야. 이 각진 벽돌에서부터 말이야. 무언가가 우리의 마음을 짓누르고 있는 한, 우리는 자유로워질 수 없어. 물론 처음에는 힘들겠지만, 결국에는 좋은 방향으로 흘러가게 될 거야." 그는 용기를 북돋아 주었다.

폴은 이야기꾼 같았다. 그의 목소리는 듣기 좋고 차분하면서도 마음을 편안하게 만들어 주었다. 듣는 것만으로도 기분이 좋아졌다. 그의 지혜는 두꺼운 털실로 짜인 담요처럼 우리를 편안하게 감싸주었고, 마음속에 난 구멍을 어루만져주고, 가슴 깊숙한 곳에 온기를 심어주었다. 물론 그가 나를 간파했다고 느껴지는 순간에는 이 온기에 데일 것처럼 느껴졌지만, 이마저도 내면의 소란이 가라앉은 후에는 포옹처럼 따뜻한 지혜가 되었다. 팬데믹 이후로 우리는 모두 이러한 온기가 얼마나 소중한지 깨닫고 있었다. 물론 아드리안과 루카스에게는 해당하지 않겠지만 말이다. 루카스가 포옹에 인색하다는 것은 이미 익히 알고 있었고, 아드리안 또한 체액을 나누는 행동을 제외하면 별반 다르지 않을 것 같았다. 물론 이는 추측에 불과했고, 직접 경험해본 적은 없었었다. 나에게는 다행이 아닐 수 없었다.

"하지만 그런 사람이 하필 내 엄마여서 쉽게 떨쳐낼 수 없다면 나는 어떻게 해야 해방될 수 있을까?" 이사가 갑자기 외쳤다. "이건 간단한 문제가 아니야! 그 사람은 그냥 아무나가 아니니까! 단순히 직장을 옮기거나, 다른 사람으로 갈아타거나, 자리에서 일어나 뒤돌아서 떠나버릴 수가 없다고. 결국 그 사람이 내 엄마라는 사실은 변하지 않으니까! 정말 슬픈 건, 내가 자기 자신 이외에는 그 누구도 사랑할 수 없는 어떤 사람의 배 속에서 태어났다는 거야. 마치 내가 콕 집어서 그런 사람을 고르기라도 한 것처럼 말이야. 정작 나에게는 선택권이 없었는데 말이지! 하지만 결국 나는 엄마한테 묶여있지. 엄마는 조금의 부끄러움도 없이 모든 것을 이용해 그물처럼 나를 옭아매. 나는 거기에서 절대 빠져나올 수 없어! 십계명에는 '거짓 증언을 하지 말라'는 말도 있고, '살인하지 말라'는 말도 있는데, 어떻게 '사랑할 자신이 없으면 아이를 낳지 말라'는 말은 없을 수가 있지? 엄마는 할 수만 있었다면 내가 성인이 되는 것도 막았을 거야. 내가 자기보다 나은 사람이 될까 봐 두려워서. 엄마는 늘 나를 멸시하고, 어디를 가나 그 차가운 눈빛이 느껴져. 심지어는 내가 엄마랑 같은 공간에 있지 않더라도 말이야. 이미 나는 오래전에 집을 나왔지만, 여전히 엄마와 같이 있는 기분이야. 내 머릿속에, 한평생을! 피가 물보다 진하다고들 말하잖아. 그런데 나는 이 말에 침이라도 뱉고 싶어! 내가 이 모든 걸 쉽게 씻어낼 수 없다고 말하는 것 같단 말이야. 엄마의 피가 나에게도 흐르고, 내가 만지는 모든 것에 끈적하게 달라붙어서 결국에는 나를, 내 삶이 흘러갈 수조차 없게 만들지! 모든 게 꽉 막혀버린 기분이야. 엄마는 늘 내가 자유롭게 날아가는 걸 막으니까. 엄마는 내가 태어나는 그 순간부터 그 더러운 피를 내 혈관에 집어넣었고, 나는 심장이 뛰는 순간마다 엄마가 나에게 했던 말을 떠올릴 수밖에 없어. '더 잘해야 한다. 더 크고, 중요하고, 대단한 사람이 되어야 한다.'"

엄마에 대한 그녀의 말은 하나도 틀린 게 없었다. 자신을 좀먹는 사람이 친척 중에 있다면 쉽게 쫓아내거나 연을 끊을 수 없을 것이다. 당장 생판 남이라도 쉽지 않은 일이지 않은가. 가족의 일원이라면 이는 더 복잡한 문제였다. 그 누구도 이런 것을 선택하지는 않는다. 그저 그런 곳에 태어났을 뿐이다. 운이 좋으면 복권 당첨이지만, 그렇지 않으면 주차 딱지에 불과하다. 그것도 정말 어쩔 수 없어서 잠깐 차를 댄 사이에 유리창에 붙은 그런 딱지 말이다. 다른 점이 있다면 이쪽은 훨씬 오랫동안 고통받을 수밖에 없다는 부분일 것이다. 어린 시절에는 운전면허가 있는 것도 아니고, 그대로 도망쳐버릴 수도 없으니까.

"엄마는 그냥 떨쳐낼 수가 없어! 아무리 그래도 내 엄마라는 사실은 변하지 않으니까. 내가 원하든 원치 않든 말이야." 이사는 나의 생각을 다시 한번 확인해 주었다. "하지만 난 알고 싶어. 내가 엄마를 떨쳐낼 수 없다면, 적어도 이 감정만이라도 떨쳐낼 수는 없을까? 내가 엄마의 성에 절대 차지 않을 것이라는 이 거지 같은 패배감을?" 그녀의 말은 상처에서 터져 나오는 것 같았다. 그 순간 그녀는 벽돌을 앞으로 밀었다.

벽돌에는 검은 마커로 '오직 자신만을 사랑하는 엄마'라고 쓰여 있었다. 이는 그녀 마음속 어린아이의 가슴에 남은 검은 얼룩이 틀림없었다. 그 아이는 왜 자신이 이 모든 일을 겪어야 하는지 알 수 없었을 것이다. 그 누구도 대답할 수 없는 문제였으니까. 고통은 말 그대로 그녀의 눈을 파고들었다. 여전히 벽돌을 향하고 있는 그녀의 눈꺼풀이 파르르 떨렸다. 그녀가 '우리 엄마'가 아닌 '엄마'라고 쓴 것에서도 이 점을 충분히 느낄 수 있었다. 말 그대로였다. 물론 그녀가 의미한 것은 분명 자신의 엄마였다. 이는 자세에서도 알 수 있었다. 웅크린 등과, 떨궈진 어깨. 몸의 모든 부분에서 감당조차 할 수 없는 슬픔이 느껴졌다.

이사가 결국 참지 못하고 눈물을 터뜨리자, 다니엘이 위로하듯 이사의 손 위에 자기 손을 포개 놓았다. 그녀의 눈물은 이미 책상 위로 떨어지고 있었지만, 벽돌에는 한 방울도 닿지 않았다.

"내가 살면서 겪은 일을 조금이라도 담아내야 한다면

벽돌 하나로는 턱도 없어!" 그녀가 한참 뒤에 잠긴 목소리로 말을 이어 나갔다. 그녀의 입술이 떨리고 있었다. "엄마가 내 다리에 자루를 묶어 놓은 것 같아. 나는 호수 밖으로 나오려고 애쓰지만, 물에 떠 있는 것조차 버거워. 벽돌로 가득 찬 자루가 나를 끌어 내리니까! 자루는 나를 아래로 잡아당기는데, 엄마는 내 머리 위로 벽돌을 던지면서 왜 빨리 헤엄칠 생각은 안 하고 거기 가만히 있냐고 나를 질책하지! 내가 그러지 못할 이유가 전혀 없다면서 말이야! 아니면 아무 말도 하지 않고 눈빛으로 이 모든 말을 전하겠지. 늘 그렇듯이!" 그녀의 목소리는 갈라졌고, 더 많은 눈물이 뺨을 타고 흘러내렸다. 그녀의 엄마가 오로지 자신의 욕심을 채우기 위해 목소리를 빼어간 것 같았다. 그녀가 그렇게 슬퍼하는 것도 당연한 일이었다. 그녀가 겪어야 했고 여전히 그녀를 따라오고 있는 고통도 물론 중요했지만, 그녀는 엄마가 한 말이 모두 사실이라고 믿고 있었다. 그녀의 눈에 담긴 슬픔이 어디에서 왔는지 알 것 같았다. 엄마의 말은 그 안에서 메아리처럼 울리고 있었고, 그녀는 이것이 진실이라고 생각하고 있었다.

"분명 어린 이사에게는 정말 힘든 일이었을 거야." 폴이 부드럽게 말했다.

이사는 끄덕였다. 그녀는 이곳이 아니라 과거 자신의 침실에 앉아있는 것 같았다. 다시 엄마의 손아귀에 갇혀 있는 어린아이가 된 것처럼.

"하지만 정말 그렇게 생각해?"

이사는 고개를 들더니 의아한 듯이 폴을 쳐다봤다.

"내 말은, 너는 자리에서 일어나 뒤돌아 떠나버릴 수가 없다고 했잖아. 그게 정말일까? 물론 비유적으로 말이야. 너는 더 이상 어머니 옆에 머무를 이유가 없어. 어머니도 네 옆에 머무를 이유가 없고. 하지만 너는 머릿속에서 어머니를 치워버릴 수가 없다고 했지. 어머니가 네 머릿속에서조차 너를 놓아주지 않고 한평생 너를 괴롭힌다면, 지금이라도 자리에서 일어나 뒤돌아 너 자신에게로 가버려야 하지 않을까? 지금은 어머니의 무게가 너를 바닥으로 끌어 내리고 있잖아. 너는 어머니가 무거운 자루를 다리에 매단 것 같다고, 그래서 물 위에 뜨는 것조차 버겁고, 당장이라도 익사할 것 같은 기분이 든다고 했지. 그럼 네가 이 자루를 풀고 물 밖으로 나오려면 뭘 해야 할까?" 폴이 모두를 바라보았다. "이건 물론 우리에게 짐이 되고, 평생 우리를 짓누를 것처럼 느껴지는 모든 사람에게 해당하는 말이야."

"그걸 풀어낸다고? 하지만 어떻게…?"

"짐은 어느 날 갑자기 사라지지 않아. 어떻게든 떨어지지 않고 네 진을 빼놓겠지. 이 짐은 지금 너와 네 삶의 통제권을 쥐고 있어. 그래서 그렇게 떨쳐내기 힘든 것일지도 모르지. 하지만 네가 이 짐을 내려놓았을 때, 이것이 어떻게 될지는 네가 신경 써야 할 부분이 아니야. 중요한 건 너 자신이지. 네가 스스로를 챙기지 않으면 너를 위한 변화가 일어날 수 없거든. 너는 아마 오랜 시간 동안 이 짐의 무게에만 신경을 써왔을 거야. 정확히는 네 어머니에게 말이야. 항상 어머니가 무슨 말을 했고, 왜 그런 말을 했고, 어떻게 해야 마침내 어머니의 성에 차는 딸이 될 수 있는지 고민했겠지. 하지만 결국 이건 짐에만 집중하는 거고, 이건 너를 밑으로 끌어내릴 뿐이야. 찰리가 말한 것처럼 마음이 가벼워지면 그제야 삶을 즐길 수 있게 돼. 하지만 이건 다른 사람에게서 찾아오거나 빼어올 수 있는 게 아니야. 가벼움을 얻는 방식은 사람에 따라 다르고, 그렇기 때문에 자기 자신에게서만 찾을 수 있거든."

"내가 마지막으로 마음이 가벼웠던 게 언제였는지 기억도 나지 않아. 만약 그런 적이 있었다 해도, 곧장 엄마에게 뺏기고 짓밟혔겠지. 엄마는 절대 변하지 않을 거야!"

"하지만 그게 전혀 중요한 문제가 아니라면? 물론 어머니가 변할 수 있다면 좋겠지. 하지만 이 희망을 붙들고 있는 건 너를 불행하게 만들 뿐이야. 왜냐하면 어쩌면, 아니 아마도, 이런 일은 절대 일어나지 않을 거거든. 다른 사람을 바꾸거나 '씻어내는' 건 불가능할 뿐만 아니라, 완벽한 시간 낭비에 불과해. 우리가 벽돌을 변하게 할 수 없는 것과 마찬가지야. 벽돌을 씻으면 물만 더러워질 뿐 벽돌의 색깔이나 모양은 바뀌지 않지. 다른 사람의 성격이나 행동을 바꾸려고 하는 노력도 마찬가지로 무의미해. 누군가의 행동이 우리를 아프게 하더라도, 이것이 옳지 않다는 걸 이해시키거나 막으려고 노력하는 것은 헛된 노력에 지나지 않아. 우리가 아무리 벽돌을 씻어내도 벽돌은 붉은색일 거고, 얼룩도 사라지지 않겠지. 그러니까 다른 사람들이 우리의 행복을 방해할 수 없게 만들려면 이들을 바꾸려고 노력하기보다는 우리가 할 수 있는 것에 초점을 맞춰야 해. 짐은 우리를 짓누르지만, 우리의 일부는 아냐. 그러니까 불평만 하지 말고, 결단을 내리고 떨쳐버려야 해. 무거운 짐은 우리를 아래로 끌어당길 뿐이니까. 어떻게 해야 이게 가능할 수 있냐고 물었지? 네가 놓아버리면, 짐도 너를 놓을 거야. 말도 안 되는 이야기처럼 들릴 수도 있겠지만, 결국 결정권을 가진 건 우리 자신이야. 다른 사람보다 스스로를 더 중요하게 여길 수 있게 되면, 너도 자연스럽게 짐을 붙들고 있는 손을 놓게 될 거야."

타인을 바꿀 수 없다는 사실을 깨닫는 순간,
더 이상 인정을 받기 위해
애쓸 필요가 없다는 것을 알게 될 것이다.
이를 통해 당신은
타인이 원하는 모습이 되어야 한다는
부담감에서 벗어날 수 있다.
더 이상 인정이나 사랑을 받기 위해
구걸할 필요가 없을 것이다.
당신이 세상의 사랑을 받을 가치가 있고,
타인을 사랑할 수 있는 사람이라는 것을
스스로 알게 될 테니까.
스스로를 사랑하면 더 이상 두려워할 것이 없다.

“엄마는 나에게 상처만 주고, 그런 엄마가 절대 변하지 않을 거라는 건 예전부터 알고 있었어. 하지만 사람을 떨쳐낸다는 게 말처럼 쉽지 않잖아. 요즘에는 떨쳐낸다는 말이 유행처럼 퍼지는 것 같아. ‘이 사람도 떨쳐내고, 저 사람도 떨쳐내면 자유로워질 수 있습니다’ 이런 거. 하지만 정확히 어떻게 해야 하는 건데?” 이사가 물었다. 그녀는 조금은 평온을 되찾은 것 같았지만, 여전히 실마리를 잡지 못하고 있었다. 이미 자신이 해결법에 대해 언급했고, 열쇠를 손에 쥐고 있었음에도 말이다. 해답은 고개만 돌리면 발견할 수 있었다.

“결국 곤도 마리에의 말대로야. 물건이 아니라 사람을 정리할 뿐이지. 체계적으로 정리하면 될 거야. 설레지 않으면 버려라!" 찰리가 용기를 북돋아 주듯 웃으며 말했다. "우리를 불행하게 만드는 사람들을 가능한 한 많이 떨쳐 낸다면 마음도 가벼워질 거야! 정확히 어떻게 해야 하는지는 나도 아직 잘 모르겠지만 말이야. 그것 때문에 우리가 여기에 있는 거지!"

"그래. 하지만 이건 유통기한이 지난 우유를 쓰레기통에 던져 버리는 거랑은 전혀 다른 문제인걸!"

"장담컨대, 이사의 어머니는 이 일을 난장판으로 만들 방법을 어떻게든 찾아낼 거야." 다니엘이 중간에 끼어들었다.

나는 이사가 우유를 예시로 든 것이 의도적이었던 건지 문득 궁금해졌다. 엄마는 모유를 통해 자식에게 양분을 공급해 주지 않던가? 하지만 그녀의 엄마는 그녀에게 온갖 유해 물질로 가득 찬 모유를 주는 것보다 더 큰 피해를 주고 있었다.

"어쩌면 모든 고통에도 유통기한이 있는 걸지도 몰라." 폴이 말했다. "기한이 지나면 고통을 끌어안고 사는 것에서 벗어나, 결단을 내리고 다른 사람이 감히 막아설 수 없도록 자기만의 길을 가야 해. 어머니가 어떤 분인지는 잘 알겠어. 네가 그어놓은 선을 존중하지 않고, 늘 위에서 군림하고 싶어 하고, 통제권을 놓지 않으려고 하는 분인 것 같은데, 맞니?"

"맞아, 정확해! 우리 엄마는 늘 내가 그은 선을 넘고, 어디에나 끼어들어! 엄마는 늘 모든 걸 다 알고, 그 누구도 자기만큼 잘할 수 없다고 생각하지. 나도 마찬가지고 말이야. 엄마가 다른 사람들에게 나에 대한 이야기할 때면 늘 나를 우리 벨라, 예쁜 우리 벨라라고 불러. 이미 이름을 지을 때부터 내가 대단한 존재가 되길 바랐던 거지!* 하지만 나는 절대 그 기대에 부응할 수 없었어. 난 엄마가 바라는 만큼 완벽해지기는커녕, 그 근처에도 갈 수 없어. 엄마는 나에게 늘 눈치를 줬지. 나는 제대로 할 수 있는 것도 없었고, 늘 엄마의 기분을 살펴야 했어. 엄마는 기분이 좋아지면 온갖 지인들에게 나에 대한 이야기를 떠벌리고, 비싼 원피스를 사주고는 나를 인형처럼 가지고 놀곤 했지. 솔직히 너희한테만 말하는 건데 이럴 때의 엄마는 말도 안 되게 행복과 사랑이 넘쳐흘러! 자기도 감정을 주체하지 못할 정도로 말이야. 엄마는 말 그대로 이걸 나에게 쏟아내. 하지만 이런 시간은 오래가지 않지. 난 아직도 스스로 묻곤 해. 이렇게 찰나에 지나가는 엄마의 마음이 정말 사랑이 맞기는 한 걸까? 그냥 순간의 열정을 엄마가 사랑이라고 착각하는 건 아닐까? 이 짧은 시간이 지나면 엄마의 기분은 다시 가라앉고, 짜증을 내. 이럴 때

* 이사는 이사벨라의 애칭으로, 신의 전지전능함과 영원한 아름다움이라는 의미를 담은 이름이다.

는 아무 말 없이 엄마를 피하는 게 상책이지. 엄마 근처에 가거나 그냥 내가 살아있는 것조차도 잘못처럼 느껴지거든. 하지만 엄마는 이런 것을 용납하지 않아. 엄마는 나를 끊임없이 비판하지. 요즘도 마찬가지야! 게다가 엄마는 다른 의견을 절대 인정하지 않아. 엄마는 타협의 왕이지만… 있는 그대로 받아들인다? 그런 일은 절대 있을 수 없어! 엄마는 늘 이겨야지만 직성이 풀려…. 엄마는 뭐든 할 수 있고, 뭐든지 알고 있고, 언제나 옳은 말만 하니까!"

"자기애가 넘치는 내 상사도 마찬가지야. 누구에게도 사랑을 쏟지 않는다는 점만 빼면 말이야. 참 이상하지…."

찰리가 웃으며 말했다.

"우리 엄마도 나한테는 상사나 마찬가지야! 항상 그래 왔고 지금도 그래. 나는 한 번도 내가 원하는 것을 말할 수 없었어. 엄마는 나에게 늘 명령조로 말하지. '안 하겠다고? 내가 말했지! 나중에 가서 딴소리나 하지 마.' 엄마는 자기가 없으면 내가 아무것도 해낼 수 없다고 생각한다니까!"

"누군가를 신뢰하는 것에 대해서는 어떻게 생각하니?" 폴이 물었다. "혹시 전반적으로 다른 사람이나 너 스스로를 믿는 게 어렵지는 않니?"

다니엘은 큰 눈으로 폴을 쳐다보더니 이사에게로 눈을 돌렸다. 폴이 이번에도 핵심을 관통한 게 분명했다. 이 둘은 어안이 벙벙해 보였다.

"맞아. 나는 누구를 잘 믿지 못하는 것 같아." 이사가 결국 말했다. 다니엘은 옆에서 고개를 끄덕였다. 둘 다 이 말에 동의한 것을 보니 의심할 여지가 없는 사실인 것 같았다.

"놀라운 일은 아니야. 너는 네 가족을 믿을 수 없었고, 어떻게 처신해야 할지를 늘 생각해야 했을 테니까." 폴이 말을 이어갔다. "너는 언제 터질지 모르는 지뢰밭을 통과하는 기분이었을 거야. 다른 사람은커녕, 스스로에게도 기댈 수 없었겠지. 걸음을 옮기는 것조차 힘든 일이었을 거야. 어떻게 사람이 지뢰밭을 제대로 통과할 수 있겠어? 불가능한 일이지. 지뢰밭은 안전한 곳이 아니니까. 남을 믿는 법을 배울만한 곳은 더더욱 아니고. 사랑받고 싶다는 너의 생각은 무슨 일이 생기게 되면 네가 어떻게 행동했는지는 상관없이 몇 번이고 흔들릴 수밖에 없었을 거야. 아주 오래전에 잃어버렸겠지만, 이건 나중에 다른 사람들과 자기 자신을 믿을 수 있게 되기 위해서라도 중요한 문제야. 아마 너는 지뢰밭에서 어머니가 바라는 게 뭔지 생각하느라 이걸 잃어버릴 수밖에 없었을 거야. 너는 한평생을 네 어머니가 원하는 것이 뭔지 고민하는데 보내야 했겠지. 하지만 네가 정말로 바라는 것은 뭘까?"

이사는 마른침을 삼켰다. "음, 나는 내가 원하는 것을 떠올리는 법조차도 까먹은 것 같아.”

“그럼 다른 사람들은 네가 원하는 것이 뭔지 신경 써주니?” 폴이 물었다.

그녀는 고민했다. “다니엘은…? 나머진 아니야. 특히 회사 사람들을 생각해 보면, 그런 사람은 거의 없는 것 같아! 다들 자기만 생각하고, 언제든 내 등 뒤에 칼을 꽂을 준비가 된 사람들이거든. 나는 다른 사람을 못 믿겠어. 한평생 그래왔지…. 내 믿음은 언제나 배신당했거든.”

“하지만 다니엘은 믿잖아! 나도 한 명이라도 기댈 수 있는 사람이 있었으면 좋겠어.” 앞에서 마리가 중얼거렸다.

“어쩌면 이미 그런 사람이 있는데 본인이 걷어차고 있는 걸 수도 있지!” 찰리가 덧붙였다. 그녀의 목소리는 동생만큼이나 불행하게 들렸다.

“아니면 네가 여태껏 남을 배려하기만 하다가 스스로를 챙기는 법을 완전히 잊어버린 것은 아닐까?” 폴이 이사를 바라보며 말을 이어갔다. “너 자신이 비어있으면 다른 사람에게 줄 것도 남아있을 수 없어.” 나는 그의 말에 전적으로 동의했다. 있는 것을 계속 빼서 쓰기만 하는 것은 현명하지 않고, 결국에는 제로섬 게임이 될 수밖에 없었다. 자신이 누구인지를 잊어버리고 공허함과 번아웃에 사로잡히게 된다면, 어떻게 다른 사람을 위할 수 있겠는가?

“내가 느끼는 게 바로 그거야. 공허함. 동시에 죽을 것처럼 힘들기도 해. 아무리 노력해도 엄마의 손아귀에서 벗어날 수가 없으니까!" 이사는 큰 매듭이 있는 밧줄을 집더니 벽돌 옆에 내던졌다. "딱 이 모양이야! 풀 수 없는 거대한 매듭에 묶여서 버둥대는 꼴이지! 도저히 엄마나 직장 동료, 짜증 나는 상사, 그 누구에게도 벗어날 수가 없어. 내가 아무리 애써도 다른 사람의 기대에 부응할 수 없을 것만 같아! 난 이런 죄책감과 좌절, 모든 것을 망치게 될 거라는 두려움에서 헤어 나올 수가 없어. 난 정말 이걸 놓아버리고 싶어. 이 매듭을 다 풀어버리고 싶다고…."

"고르디우스의 매듭처럼 말이지?" 폴이 물었다. "잠깐만 줘 볼래?"

폴은 이사가 던진 밧줄을 잡았다. "누구 고르디우스의 매듭에 대한 이야기나 의미를 아는 사람 있어?" 그가 두꺼운 밧줄 매듭을 만지면서 말했다.

"고르디우스의 매듭은 해결할 수 없을 것처럼 보이는 문제를 의미해." 루카스가 모범생이라도 된 것처럼 탁자 앞에서 해박한 고대 지식을 뽐냈다.

"정확해. 이 문제에 잘 어울리는 예시라고 할 수 있지. 그렇지 않니, 이사?"

"어, 그럴 수도 있을 거 같네…. 내 삶 속에 존재하는 역경의 매듭은 절대 풀 수가 없을 것 같거든. 이 묶인 밧줄을 고르게 된 것도 그런 이유고. 이 매듭들은 물론… 엄마가 아니었으면 이런 매듭이 존재하지도 않았겠지! 그러니까 해결책이 있으면 빨리 말해봐!"

"다행히도 해결책은 존재해. 대부분의 다른 삶 속 문제들과 마찬가지로 말이지." 폴은 이사를 안심시켰다. "이게 복잡하게 느껴지는 건 결국 관점의 문제야. 어쩌면 매듭 때문일지도 모르지. 이런 매듭은 우리가 해결책을 발견하지 못하도록 방해하기도 하거든. 그리스 신화에 나오는 고르디우스의 매듭은 프리지아의 왕이었던 고르디우스의 전차를 연결하는 매듭이었는데, 예술의 경지에 오를 정도로 복잡했다고 해. 그는 이 매듭을 푸는 방법이 존재하지 않는다고 생각했고, 그래서 매듭을 푸는 것이 불가능해 보이는 문제를 해결한다는 의미로 사용되기 시작됐어."

"전차라니…. 멋져, 정말 어울리는 예시네!" 이사가 끼어들었다.

폴은 끄덕였다. "매듭은 멍에, 즉 마구와 전차를 연결하는 역할이었어. 예언에 따르면 이 매듭을 푸는 사람이 이 동양의 제국을 손에 넣게 될 것이었지. 고르디우스 왕은 그 누구도 매듭을 풀 수 없을 거라고 자신했어. 1000여 년 동안 내로라하는 천재들이 왕의 매듭을 풀어보려고 도전했지만 그 누구도 성공하지 못했으니까. 이 불가능해 보이는 문제를 알렉산더 대왕이 풀어버리기 전까지는 말이야. 여기에는 두 가지 전승이 존재해. 첫 번째는 그가 매듭을 칼로 잘라버렸다는 이야기고, 두 번째는 그가 지혜를 발휘해 인장봉의 못을 뽑아서 밧줄을 풀었다는 이야기지. 두 가지 전승에는 공통점이 있는데, 아무도 생각하지 못했던 행동으로 전차를 멍에로부터 풀어냈다는 거야. 우리도 마찬가지야. 삶의 굴레를 손에 쥐려면 오랫동안 우리를 끌어내리던 짐으로부터 우리를 분리해야 해. 당장 이 매듭을 풀어내는 게 불가능할 거라고 생각하더라도 말이야. 급진적인 방법이든, 연결된 부분에서 못을 뽑는 것처럼 비교적 부드러운 방법이든 스스로에 대해 생각할 수만 있다면 상관없어. 물론 이게 신화에서 말하려는 교훈은 아니겠지만, 난 나쁘지 않다고 생각해. 그래서 이 고르디우스 매듭 이야기가 삶에 어떤 긍정적인 영향을 미칠 수 있을지 너희도 조금 더 생각해 봤으면 좋겠어. 너희가 벽돌로 가득 찬 무거운 짐수레를 버리고 가는 건 그 사람과 인연을 끊고 다시는 연락하지 않는다는 의미가 아니야. 수레를 끌지 않는 게 나쁜 짓을 하는 것도 아니고. 오히려 반대야. 너희가 이러한 사람들과 거리를 둠으로써 두 사람 모두 조금 더 독립적으로 살 수 있게 될 거고, 다시 건강한 관계를 맺는 것도 가능해 질 거야. 수레도 고민을 거듭해 누군가가 자신의 무게를 감당하지 않아도 되는 자동차가 될 수 있을 거고, 수레에서 벗어난 말도 마침내 짐으로부터 해방되어서 자유롭게 뛰놀고, 자신의 힘과 가능성을 발견하게 되겠지. 혼자 남겨지는 경험은 수레에도 도움이 될 거야. 누군가에게 의존한다면 스스로가 가벼워지는 방법도 찾을 수 없으니까."

"그 수레 이야기가 콘스탄틴을 의미하는 거라면 나는 찬성할 수밖에 없네." 아드리안이 말했다.

"웃겨 정말." 찰리가 대답했다. "이게 너와의 해로운 관계로부터 자유로워지고 싶은 여성들에게 해당하는 이야기일 수도 있지. 안 그래?"

"글쎄다. 여자들이 나한테 집착하는 건 사실이지만, 반대의 경우는 없거든. 나는 혼자 사는 게 충분히 행복하고 누굴 필요로 하는 그런 사람은 아니라서."

"그럼 혹시 스스로 잘못된 방향으로 가고 있는 건 아닌지 고민해 본 적은 없어?" 마리가 물었다.

마리의 질문은 내 속에서 무언가를 끌어냈다. 애초에 옳은 방향이라는 것이 존재하는지 문득 궁금해졌다. 우리가 모든 순간을 즐긴다면 어디로 가는지는 중요하지 않다고 하지 않는가. 그럼 반대로 거대하고 무거운 짐이 우리를 가로막는다면, 발걸음을 떼는 것이 가능하기는 할까? 결국 이 짐의 무게는 곧 우리의 무게일 수밖에 없다. 결국 문제는 우리가 자신을 힘들게 하는 사람을 놓아버릴 수가 없다는 거니까. 그렇다면, 우리를 힘들게 하는 것은 우리 자신이 아닐까? 우리는 끊임없이 다른 사람들과 엮일 수밖에 없다. 이렇게 맺어진 관계는 좋을 수도 있지만, 숨통을 조이는 올가미가 될 수도 있다. 어쩌면 우리는 다시 숨을 쉬기 위해 매듭을 쥔 손을 풀어야 할지도 모른다. 우리가 당기면 매듭은 풀어지지 않을 테니까. 때로는 기억을 더듬어 매듭진 부분을 섬세하게 찾아봐야 할지도 모른다. 분명한 건, 매듭으로부터 도망가는 것은 정답이 아니라는 사실이다. 우리가 도망치려고 애쓸수록, 매듭은 더 우리를 조여 올 것이다. 매듭이 정말로 존재하는지 끊임없이 의심하는 것도 마찬가지이다. 매듭은 쉽게 풀어지지 않는다. 하지만 스스로 매듭의 존재를 인정하고, 엉킨 감정의 실타래 속에서 스스로를 찾으려고 노력한다면 언젠가는 문제를 해결할 수 있을지도 모른다.

“그 말은, 내가 엄마와의 관계를 덮고 넘어가야 한다는 거야?” 이사가 물었다.

“중요한 건, 이 매듭 속에서 스스로를 다시 찾아내는 거야.” 폴이 내 생각을 읽기라도 한 것처럼 말했다. 그는 이미 내 머릿속을 읽고 있는 것 같았다. 아니면 내가 폴의 입을 빌려 내 삶이 뱉어내는 외계어를 조금씩 통역하고 있는 것일지도 모른다.

“이해가 안 돼.” 이사가 말했다. “이 난장판 속에서 어떻게 나를 찾을 수가 있어?"

"네가 찾기 시작하면 스스로를 발견하는 길에 닿게 될 거야. 그러다 보면 네가 무엇을 원하고 바라는지, 네가 가진 소망이 뭔지 알게 되겠지. 너는 너무 오래 매듭과 묶인 곳만, 다른 사람이 뭘 바라는지만 생각해 왔어. 그렇게 너는 누구이고 무엇을 바라는지, 너 자신은 누구인지 까맣게 잊어버렸고"

"하지만 대체 그걸 어떻게 찾아야 하는데…?"

"앞으로 일어나는 모든 일에 네가 어떤 감정을 느끼는지 생각해 보고, 네가 바라는 대로 행동해 봐. 다른 사람들의 기대에 맞추려고 노력하지 말고, 진짜 너 자신이 되는 거야. 다른 사람들의 눈은 신경 쓰지 마. 너의 행복을 좇으며 살아."

이사는 아무 말도 없이 폴을 쳐다봤다. 그녀의 삶이 변하는 순간이었다. 이제는 마음속 깊은 곳에서 바랐던 삶을, 엄마의 기대에 부응하기 위해 급급했던 것보다 더 많은 것을 얻게 될 삶을 시작할 때였다. 폴의 이야기는 이사를 위한 것이었지만, 이 이야기를 들은 마리는 갑자기 눈물을 터뜨렸다. 다른 사람을 위해 스스로를 잃은 사람은 이사뿐만이 아닌 것 같았다.

매듭을 쥐고 있으면

매듭은 풀리지 않는다.

개자식에게 빠져드는 이유

"지금 내가 딱 그래! 나는 남자 친구와의 관계 속에서 나를 완전히 잊어버린 것 같아…." 마리가 갈라진 목소리로 말했다.

"그런 것 '같다'고?" 찰리가 대놓고 눈을 굴리며 말했다.

친자매처럼 잔인한 사람은 없다. 자매들은 서로의 머리에 진실의 화살을 그대로 쏴버린다. 마리는 짜증 난다는 듯 찰리를 훑어보더니 다시 폴에게로 눈을 돌렸다. "나는 항상 행복하다고 말해. 믿을 수 없을 만큼 행복하다고! 가끔은 나 스스로 이렇게 믿기도 하고. 하지만 나는 이미 오래전에 나 자신을 잃어버렸어. 나는 정말 다시없을 사랑을 찾고 싶었어. 그리고…. 그렇게 율리우스를 만났지! 나는 미치도록 행복했어…. 적어도 나는 그랬어. 하지만 정말, 처음에는 모든 것이 다 아름답게 보였다고. 그는 내가 꿈꿔 오던 사람이었고, 나는 한눈에 반해 버렸어! 어느 날 친구랑 브런치 약속이 있었는데, 그 자리에서 친구의 지인이었던 율리우스를 만났어. 걔가 내 맞은편에 앉았는데, 나는 도저히 믿을 수가 없었어. 걔는 정말 잘생겼었고, 지금도 마찬가지야! 내 말은, 어떻게 사람이 그렇게 생길 수가 있지…?"

"좀… 대체 어떻게 봐야 그런 건데? 너는 항상 율리우스가 아도니스*의 현신이거나, 현실에서 볼 수 없을 정도로 잘생겼다고 얘기하고 다니더라! 걔를 아직 만나본 적이 없고, 얘처럼 눈이 멀지 않은 사람들을 위해 말해두자면, 그래, 나쁘게 생기지는 않았어. 어쩌면 잘생긴 축에 속할지도 모르지… 하지만 그냥 그 정도야. 확실한 건, 걔가 좀 잘 생겼을지는 모르지만, 좋은 사람은 절대 아니라는 거지!"

"찰리, 제발! 내가 이야기하는 중이잖아! 어쨌든… 이 말도 안 되게 잘생긴 남자가 내 맞은편에 앉았어. 나는 도저히 다른 것에는 집중할 수가 없었어. 더 이상 뭘 먹을 수도 없었지. 마치 걔가 나의…"

"정신을 훔쳐 간 것처럼?" 아드리안이 웃었다.

"음… 입맛을 훔쳐 가기라도 한 것처럼." 마리가 정정했

* 그리스 신화에 등장하는 최고의 미남.

다.

찰리는 아드리안을 째려보았다. 그녀는 여동생에게 함부로 말할 수 있었지만, 다른 사람이 그러는 것은 용납하지 않았다.

"그래, 어쩌면 정말 정신을 훔쳐 간 걸지도 모르지." 마리가 고민 끝에 덧붙였다. "하지만 시작은 정말 완벽했어. 걔는 내 번호를 받아 갔고, 내가 하는 말에 늘 관심을 기울이면서 나를 칭찬했어…. 걔는 똑똑하고, 유쾌하고, 사려 깊었어! 그렇게 우리는 사귀게 됐어. 처음 만난 순간부터 우리는 마음이 통했던 거지! 적어도 나는 그렇게 느꼈거든. 그다음부터는 모든 게 빠르게 진행됐어. 우리는 자주 데이트하면서 같이 시간을 보냈고, 얼마 지나지 않아서는 동거를 시작했어. 어쩌면 그게 율리우스에게는 조금 버거웠나 봐. 처음부터 그랬던 건 아니지만, 얼마 지나지 않아서 그런 기색을 보였거든. 처음에는 모든 게 행복했어. 처음으로 집에서 함께 보낸 주말에는 같이 소파에 앉아 영화를 봤어. 내가 요리하는 날에는 같이 로맨틱한 저녁 식사를 하기도 했지… 걔는 나와 함께 있는 걸 좋아했고, 같이 즐겁게 보냈어. 세상에 우리 둘만 존재하는 것 같은 날들이었지! 나는 걔에게 정말 푹 빠져버렸어…. 지금도 마찬가지지만! 하지만 몇 달 지나지 않아 모든 것이 삐걱거리기 시작했어. 걔는 더 이상 나에게 관심을 기울이지 않았어. 어느 순간부터는 친구를 만나거나 '일 때문에' 어디에 가느라 늘 밤늦게야 집으로 돌아왔지. 율리우스가 말한 게 전부 사실이라면 말이야. 하지만 나는 의구심이 들어. 사람이 외근이나 출장을 이렇게까지 다니는 게 가능한 거야? 아무리 생각해도 이상하단 말이지. 언젠가부터는 둘이 오붓하게 보내던 저녁 식사 자리에 갑자기 자기 친구들을 초대했어. 식사 자리에서는 친구들을 웃기기 위해 나를 깎아내리고, 놀리는 일도 서슴지 않았지. 내가 무슨 말만 하면 눈을 부라리면서 나에게 화를 냈어. 내가 상처를 받아서 울어도 신경 쓰지 않았고. 나중에는 내가 너무 편집증적이라고 비난하기 시작했어. 그는 자꾸 자기 합리화를 하면서 자기가 원하는 것을 과하게 요구했고, 뭔가 수틀리는 일이 생기면 하루 종일 헤어지겠다고 협박하거나 나를 완전히 무시했어. 나를 공기 취급했다고! 나에게 중요한 일이 생기면 자기는 갑자기 사라졌지. 나는 같이 가족 모임에 가자고 몇 번이나 말했는데, 늘 전날에 친구를 만나서 노느라 피곤하다는 핑계로 절대 오려고 하지 않았어. 내가 그날 무슨 일이 있었고, 친구들이랑 어디서 놀았는지 물어보면, 그는 눈을 부릅뜨면서 내가 스파이처럼 자기를 감시하려고 든다면서 화를 냈어. 진짜로 그랬다니까! 제일 싫은 건, 마지막까지 자기 말이 틀리냐면서 성을 낸다는 거야. 나는 그냥 어디에 있고, 언제쯤 집에 올 건지 물어봤을 뿐인데 말이야. 여자 친구면 이 정도는 궁금해할 수 있는 거 아냐?"

"당연히 그럴 수 있지. 걔는 그냥 네가 잘못했다고 우기는 거라니까." 찰리가 말했다. 이야기를 듣는 내내, 율리우스에 대한 나의 호감도는 끝을 모르고 떨어졌다.

마리는 끄덕였다. "율리우스에게는 차마 털어놓을 수가 없었어." 그녀가 말을 이었다. "걔가 친구들과 늦은 밤까지 노는 날이면, 나는 몇 시간이고 창가에 앉아 랜턴으로 길거리를 비춰보면서 끔찍한 일을 상상하곤 해. 같이 영화를 보기로 한 날 말도 없이 밖으로 나가버리면 몰래 다른 여자를 만나거나, 심지어는 그 여자와 침실까지 간 건 아닐지 생각해. 나는 눈덩이처럼 불어난 불안 속에 완전히 갇혀 버렸어. 사실 걔가 오래전부터 다른 여자와 바람을 피우고 있는 건 아닐까 하는 피 말리는 상상 밑에 깔려서 말이야. 나는 이미 이렇게까지 불안한데, 나중에 정말 내 생각이 사실이 되면 어디까지 추락하게 될지 모르겠어. 나는 오래전에 이런 생각 속에서 나 자신을 잃었고, 쥐 죽은 듯이 조용한 시간에는 끊임없는 고통에 시달려야 했어. 하지만 걔랑은 싸우고 싶지 않아. 걔는 내가 무슨 얘기를 꺼내기만 하면 예민하게 반응하거든. 아마 내가 예전에 얘기한 걸 기억하는 사람들도 있을 거야. 율리우스는 내가 취조라도 하는 것처럼 얘기해. 나랑 사는 게 독재자와 사는 것과 다를 바가 없다면서 말이야! 걔는 자꾸 스토커처럼 군다면서 나를 비난했고, 언젠가부터는 나조차도 이런 말을 믿게 될 수밖에 없었어. 난 정말 미쳐버릴 것 같아."

"누가 들으면 걔는 전혀 잘못이 없는 줄 알겠어! 걔가 결백하다고 생각하는 사람은 아무도 없을걸!"

"진짜로. 어느 날은 내가 정말로 그것 때문에 미쳐버리기 직전이었어. 그러다가 갑자기 그의 물건을 뒤지기 시작했지. 솔직히 당연히 그럴 수 있었다고 생각해. 핸드폰에는 손도 댈 수 없었어. 걔는 늘 핸드폰을 쥐고 있었으니까. 이것도 나한테는 아주 의심스럽게 보였지만. 어쨌거나, 나는 걔의 모든 인스타그램 속 친구들을 뒤지기 시작했어. 그를 팔로우하거나, 그가 팔로우하는 모든 여자를! 진짜야! 프로필이 의심스럽거나 낯이 익은 여자들이 백 명은 있었다니까. 나는 답을 찾기 위해 첩보 활동을 하는 스파이가 된 것 같았어. 그가 늘 의심하던 짓을 그대로 하고 있었지. 그것도 진지하게 말이야. 율리우스는 늘 온갖 비밀을 감추고 있었기 때문에, 나는 정말로 그가 숨기는 게 있을 거라 믿어 의심치 않았어. 이게 바로 그렇게 무엇이든 찾아내고야 말겠다는 나의 집착과, 이것이 정말 사실이면 어쩌냐 하는 두려움 뒤섞인 결과물이었고. 그러고 난 다음에는 나 자신이 정말 수치스럽더라. 아직도 그래. 내가 얼마나 절박했는지를 여과 없이 보여주잖아. 하지만 나는 멈출 수가 없었어. 나는 온갖 여자들의 사진을 보면서 이 여자가 율리우스의 취향인지 아닌지, 율리우스와 바람을 피울 기미는 없는지 스스로 묻고 또 물었어. 내 머릿속에서는 끔찍한 장면으로 가득한 공포영화가 돌아가기 시작했고, 걔가 한참 전부터 바람을 피우고 있는 모습이 그려졌어. 이 모든 건 정말 재미와는 거리가 먼 일이었어! 나는 그 여자들이 올린 게시물을 전부 뒤져서 다른 남자를 발견하고, 이미 남자 친구가 있다는 것을 보여주는 온갖 해시태그를 발견한 다음에야 겨우 여기에서 손을 뗄 수 있었어. 미친 사람처럼 보인다는 거 나도 알아. 스스로도 그렇게 생각하고! 나는 병적인 악순환 한복판에 있고, 율리우스가 나와 거실 소파에서 저녁 시간을 보내거나 평화롭게 내 옆자리에 누워야만 겨우 숨을 쉴 수 있어. 아니, 사실 그런 순간에도 나는 그의 몸에서 평소와 다른 향수 냄새가 나지는 않는지, 그가 여기 오기 전에는 어디에 있었을지 끊임없이 고민하겠지. 진짜 미쳐버릴 것 같아. 한번은 아이패드를 몰래 열어본 적도 있다니까…."

"말도 안 돼. 진짜로…?" 나는 찰리가 이런 행동을 반대하는 건지 재미있어하는 건지 알 수 없었다. 어쨌거나 놀란 것은 확실했다.

"진짜로. 그러고 나서 얼마나 나 자신이 부끄러웠는지 몰라. 지금 이 얘기를 듣고 나를 나쁘게 생각하게 되었다면 이거 하나만 알아줘. 지금 나를 가장 혐오하는 사람은 다름 아닌 나 자신일 거야!"

"아무도 너를 판단하지 않아, 마리." 찰리가 사랑을 담아 동생에게 고개를 끄덕였다.

"하지만 나는 이게 얼마나 나쁜 일인지도 알고, 결국 다치게 되는 건 나 자신밖에 없다는 것도 알아! 그렇지만 도저히 그러지 않을 수 없었어. 나를 고문하는 이 씁쓸한 감정은 말 그대로 나를 안에서부터 산산조각 내는 것 같아. 나는 정말로 내 생각이 맞는 건지 아니면 그냥 이 모든 게 망상해 불과했던 건지 알고 싶어. 결국 고통스러운 건 나 혼자겠지만, 도저히 멈출 수가 없어. 정확한 증거는 하나도 없었지만, 적어도 걔가 모르는 여자들하고 주고받은 채팅은 찾았어. 나랑 사귀고 있으면서 왜 여자들에게 문자를 보낸 건지는 모르겠지만. 내용은 거의 비슷했어. 걔가 농담을 던지면, 여자는 멋지다고 얘기하는 식이야. 이 문자를 다 읽은 다음에는 여기에서 가장 나쁜 사람이 누구일까 싶더라. 율리우스는 나를 다치게 하고, 여자들을 다치게 하지만, 나도 나를 다치게 하는 건 마찬가지야. 그냥 이 모든 게 옳지도, 괜찮지도 않은 것 같아! 애인에게 그런 짓은 하면 안 되는 거잖아! 그러다가 나는 우리가 사귀기 한참 전에 있었던 채팅까지 거슬러 올라갔는데, 이걸 읽는 내내 당장이라도 토가 올라올 것 같은 기분이었어! 정말 모든 게 있더라. 브런치 자리에서 처음 만났을 때 했던 말들, 이야기 패턴. 복사 붙여넣기 하고 이름만 바꿨대도 믿을 수 있을 정도였어! 그냥 이 모든 게 그에게는 장난이었던 거야. 완전히 사람을 돌아버리게 하는 나쁜 장난말이야. 분명 이게 처음이지도, 마지막이지도 않겠지. 다 거짓말이었어. 걔는 처음에 이 모든 게 특별하다고 말했지만, 그런 건 존재하지 않았어. 이걸 보고 나니까 사람 자체가 거짓말처럼 느껴졌어. 그 어떤 것도 더 이상 진심으로 느껴지지 않았지. 하지만 차마 이런 얘기를 할 수는 없었어. 걔는 자기 사생활을 지키는 걸 무엇보다 중요하게 여겼으니까. 걔가 하는 행동이나 말이 아무리 거짓말처럼 느껴져도, 나는 걔에게 거짓말을 하거나, 아무것도 모른다는 듯이 행동할 수는 없었어. 확실히 해두는데, 율리우스는 정직이 중요하다고 생각하는 부류의 사람은 절대 아냐. 항상 어떻게든 빠져나갔지만, 이미 걔가 거짓말을 하거나 사실의 일부분만 이야기하는 걸 내가 몇 번이나 잡아내기도 했고. 하지만 진짜, 걔도 똑같이 당해봐야 해! 그것만큼 걔한테 끔찍한 일은 없을 거야. 물론 걔는 나를 영원히 헐뜯겠지. 분명 그럴 거야. 나를 절대 용서하지 않을걸! 하지만 중요한 건 이거야. 한 번이라도 걔가 나에게 믿음을 줬다면, 나도 걔를 염탐하지 않았을 거야! 걔가 이 관계를 나만큼이나 소중하게 여겼다면, 나는 이미 이런 일을 그만뒀겠지! 하지만 이런 일은 일어나지 않았어. 그러다 갑자기 팬데믹이 시작됐지. 물론 이건 나한테도 끔찍한 일이었지만, 그래도 내심 이게 관계 회복에 도움이 될지도 모른다고 생각했어. 하지만 아니었지. 율리우스는 나랑 다시 가까워지는 걸 원하지 않았어. 정말로, 전혀. 락다운이 길어질수록, 나는 그의 사랑이 식어 가는 걸 느꼈어. 걔는 내 근처에 있는 것조차 견디지 못하는 것 같았거든."

"어쩔 수 없어, 마리. 걔는 자기 멋대로 행동하고, 남을 생각해 주지도 않지만 너는 걔를 사랑하니까!" 찰리가 다시 입을 열었다. "이 얘기를 하다가도 율리우스, 저 얘기를 하더라도 율리우스. 걔가 너를 구원해 줄 수 있는 사람이라도 되는 것처럼 말이야. 사실은 그런 사람과는 거리가 먼데도 말이지!"

"네가 할 말은 아니지! 네가 '하지만 콘스탄틴이….'라고 말할 때마다 1센트씩 받았으면 난 지금쯤 본다이 비치*에 마련한 별장에서 우산 장식 꽂힌 칵테일을 마시고 있었을걸. 우산 장식에는 '제공: 콘스탄틴'이라고 인쇄도 했을 거야." 아드리안은 자신만의 확고한 철학을 가지고 있는

* 오스트레일리아에 위치한 해변으로, 관광지로 유명하다.

것 같았다.

"그래, 그렇겠지, 아드리안! 사실은 너도 콘스탄틴이나 율리우스랑 다를 바가 없으니까! 이 우산 꽂힌 칵테일을 가져다줄 사람도 눈앞에 선해. 분명 누군가에게 사랑받아 마땅한 어린 여자애겠지. 반쯤 부서진 마음을 안고 언젠간 네가 자기를 선택해 주길 바라는 그런 애 말이야…."

"하지만 율리우스는 이미 나를 선택했는걸! 어쨌거나 우리는 아직 사귀는 중이라고!" 마리가 말을 끊었다.

"확실해? 걔가 언제든지 다른 사람에게 갈아탈까 봐 무섭다고 했잖아."

"궁금해서 그러는데, 너희들은 왜 자꾸 그러는 거야?" 아드리안이 고개를 저으며 말했다. "일단, 물론 나는 누가 은쟁반에 뭘 갖다주면 일단 잡고 봐. 너네 남자 친구들처럼 말이야. 그러지 않을 이유가 없잖아? 너희가 은쟁반 위에 알아서 올라가서 자신을 내어주는데, 굳이 거절해야 할 이유가 있어? 결국 상처를 준 건 너희 자신이야. 아니면 찰리 너는 왜 몇 달씩이나 콘스탄틴의 이런 장난에 놀아난 건데? 네가 다른 결정을 내릴 마음의 준비가 안 돼서 그랬던 거잖아! 너는 네가 그런 대접을 받을 이유가 없다고 생각만 했지. 그러고 나서 걔 말고 자기 자신을 더 챙겨야겠다고 다짐할 수도 있었겠지만, 그러지 않았어. 대신에 사랑을 구걸하고, 걔가 너를 더 원하기를 바라면서 별의별 짓을 다 했지! 하지만 자기 자신도 원하지 않는 사람을 누가 원해 주겠어? 너는 걔를 사랑했다고 그랬지. 아마 지금도 그렇게 생각할 거야. 하지만 이건 사랑이 아냐. 기껏해야 방종이지! 너는 누군가의 마음에 들려고 끝없이 애쓰고, 유혹한 다음에 상대를 자기가 원하는 대로 주무르려고 하잖아. 넌 걔를 치켜세우면서 마침내 네 마음을 알아주길 바랐지만, 그거 알아? 넌 애써 흐린 눈을 하고 있어! 걔는 너에게 어떤 감정도 없어. 페니스만 있지! 걔가 네 행동에 주도권을 잡고 있는 것 같다고? 당연하지! 안 그러는 게 바보짓인 거야! 너 초콜릿 좋아하지? 세상에 초콜릿을 싫어하는 사람은 없으니까, 그렇지? 누가 계속 초콜릿을 코앞에서 흔든다고 생각해 봐. 당연히 잡아채겠지! 걔가 한 건 딱 그거야. 사랑해서 그런 게 아냐. 그냥 거기에 네가 있었고, 계속 코앞에서 얼쩡대니까 잡아챈 거지. 걔가 끝내면 그렇게 끝인 거야. 언젠가는 걔도 그냥 질리겠지. 너무 많이 먹는 것도 안 좋으니까! 위에도 문제가 생길 테고. 계속 단 걸 먹는 건 고문일뿐더러, 결국에는 토해버리게 될걸. 건강에 안 좋은 건 당연한 거고!"

아드리안은 마리를 향해 고개를 돌렸다. "그리고 너, 미스 마플.* 너는 너무 자신감이 없어. 그래서 네가 아무도

* 아가사 크리스티의 소설에 등장하는 탐정.

못 믿는 거야! 걔보다 네가 더 문제야. 사실 네가 믿지 못하는 건 너 자신이니까! 넌 네가 사랑받을 수 있다고 믿지 않아. 그러니까 애초에 다 들쑤시기 시작한 거고! 네가 걔랑 사귀기 시작한 것도 그래서야. 너는 스스로를 믿지 못할뿐더러, 처음부터 걔가 믿을 수 없는 사람인 걸 알고 있었으니까. 율리우스를 만나본 사람이면 누구든 한눈에 알 수 있어. 너도 마찬가지였고! 애초부터 그걸 알고 있었기 때문에, 네가 걔한테 관심이 생긴 거야! 너는 사실 걔의 전부를 가질 수 없다는 걸 알고 있었어. 처음부터 너무 뻔해서, 굳이 미스 마플처럼 굴지 않아도 알 수 있는 사실이었다고! 걔는 앞으로도 자기가 하고 싶은 대로 할 거야. 그래도 네가 계속 사귈 생각이라면 그러든가. 아니어도 마찬가지야. 어쨌든, 내가 묻고 싶은 건 이거야. 네가 자신감이 없고, 걔가 너를 버리고 떠날 수도 있다는 불안 속에 사는 게 정말 온전히 걔 때문인 거야? 그냥 네가 너 자신을 저버려서 그렇게 된 건 아니고? 그것도 아니면 그냥 너희 둘 다 남자 보는 눈을 좀 높여 보는 걸 진지하게 생각해 봐야 하는 거 아냐? 너희 눈에는 내가 개자식인 거 알아. 틀린 말도 아니지. 걔네랑 나, 우린 다 나쁜 놈들이야! 근데 봐. 찰리 넌 지금 좋은 남자랑 사귀고 있지. 그리고 지금 어떻게 됐지? 찰리 네가 그 남자를 밀어내잖아! 왜냐하면 자기가 개자식한테나 어울린다고 생각하니까.

어떤 남자가 갑자기 나타나서 이런 생각을 바꿔줄 수 있을 거 같아? 그런 사람은 없어! 이런 생각을 고치는 건 자기 자신만 가능한 거야. 너희는 그 누구도 아닌 자기 자신만이 스스로를 행복하게 만들 수 있다는 걸 좀 깨달아야 해! 너희가 남자나 다른 사람과의 관계 때문에 힘든 건 다른 사람의 잘못이 아니야. 너희가 바꿀 수 있는 유일한 사람은 자기 자신밖에 없으니까! 너, 마리. 그러니까 율리우스랑 그냥 헤어지고, 자기 파괴적인 범죄 스릴러는 그만둬. 절대 해피 엔딩은 아닐 테니까. 그리고 너, 찰리. 다른 사람의 사랑을 받아들일 수 있게 된 건 좋아. 근데 이제는 스스로를 사랑하는 법을 좀 배워봐!"

네 마음을 조각내는 것을 멈추고
자신을 위한 결정을 내려야 한다.

아무나가 아닌 바로 그 사람

"언제나 다른 사람의 관점으로 세상을 보는 건 전체를 이해하는 데 도움이 돼." 이들의 이야기를 경청하던 폴이 말했다. "그러니까 아드리안, 너의 관점을 우리에게 얘기해 줘서 고마워. 명확하면서도 꽤 흥미로웠어…. 그리고 마리, 정직하게 말해줘서 고마워. 이 모든 것을 우리에게 허심탄회하게 털어놓으면서도 너의 모습을 있는 그대로 인정하는 건 분명 쉽지 않은 일이야. 강인하지 않으면 해낼 수 없는 일이지. 너 자신은 믿지 않겠지만, 네 안에는 이미 이런 강인함이 존재하는 거야. 율리우스가 정말로 너를 사랑하는지 확인하기 위해 했던 모든 일들은 네 안에 얼마나 많은 힘이 숨어있었는지를 보여주지. 문제는 어떻게 해야 이걸 더 좋은 일에 쓸 수 있는지야. 스파

이 노릇은 분명 힘든 일이야. 이 비밀스러운 첩보 활동을 하는 동안 너는 어떤 걸 느꼈니?"

"내 스스로가 하찮았어…. 절망도 많이 했고…. 또 정말 두려웠어!"

"왜?"

"이런 건 걔가 원하는 게 아니라는 걸 잘 알고 있었으니까."

"그럼 걔가 너에게 원하는 건 뭘까?"

"잘 모르겠어. 알아내려고 노력 중이야."

"그럼 너는 뭘 원하는데?"

"당연히 걔지!" 마리가 온 세상이 알고 있는 것을 폴만 알지 못한다는 듯이 그를 바라봤다.

"그렇구나. 그러면 네가 걔를 염탐했을 때 찾고 싶었던 건 정확히 뭐야?"

"나도 잘 모르겠어. 다른 여자랑 만나고 있다는 걸 보여주거나, 걔가 나를 사랑하는지 증명해 줄 수 있는 증거인 것 같아."

"정말로 걔가 다른 여자랑 바람을 피우고 있다고 생각해? 혹시 내심으로는 네가 문제일 수도 있다는 두려움에 원인이 네가 아닌 다른 곳에 있다는 증거를 찾으려고 하는 건 아닐까? 네가 가장 두려워하는 것이 걔가 너를 떠나는 것이어서 이를 보여주는 증거를 잡으려고 애쓴 건 아니니?"

마리는 촉촉해진 눈으로 폴을 쳐다봤다. 눈 아래쪽은 이미 눈물로 가득 차 있었다. 마리의 마음속을 막고 있던 무언가가 부서진 것 같았다. "어쩌면 나는 늘 내심 걔가 거짓말하는 걸 바랐는지도 몰라. 나는 내가 가장 나쁜 거짓말쟁이라고 생각해 왔거든. 난 항상 다 괜찮다고 하지만 사실은 그렇지 않아. 그래, 어쩌면 나한테 잘못이 있을지도 몰라! 내가 문제인 거야! 그게 아니면 왜 모든 남자가 내 옆에 있는 걸 견디지 못하고 떠나버리겠어. 다들 나를 떠나…. 원인은 물론 나고! 그게 아니면 뭐겠어? 뭐라도 찾으려고 애쓰는 것도 이젠 지긋지긋해! 만약 율리우스가 그런 짓을 하지 않는다면? 그러니까, 걔가 원인이 아니라면? 그다음은 어떻게 될까? 난 확실히 알아. 모든 걸 처음부터 다시 시작하겠지! 앞으로는 어떻게 될지 모르는 거라고 불안해하면서! 내가 누군가에게 정말로 사랑받고, 행복한 관계를 꾸리는 게 가능하긴 한 걸까 생각할 때도 있어. 다른 모든 사람은 이미 그렇게 사는 것 같거든. 나만 빼고! 너무 힘들어. 이제는 정말로 어딘가에 정착하고 싶어! 영원히 반복되는 생각의 고리 속에서 남의 뒤를, 내가 사랑하는 단 한 사람의 뒤를 캐는 건 그만두고 싶다고! 그래서 내가 벽돌에 율리우스의 이름 대신 '그 사람'이라고 적은 거야. 이런 생각을 하면 할수록, 떨쳐내고 싶어지는 건 나 자신이거든. 그러니까 내 전부 말고, 늘 불안해하면서 사랑받을 자격이 없다고 생각하는 나의 이런 일부분을 말이야! 이 끝도 없이 이어지는 생각은 내가 부족하다고, 세상 모든 사람은 사랑받을 자격이 있지만 나는 아니라고 속삭이는 것 같아! 말도 안 되는 거 알지만, 나한테는 그렇게 느껴진다고! 나는 한평생을 나 자신을 의심하면서 살아왔어. 그러면서 나를 사랑하고 영원히 곁에 있어 줄 누군가를 바라왔지! 나를 언제까지고 사랑해 줄 그 사람 말이야. 만약 그런 사람이 생긴다고 하더라도, 나는 그 사람을 절대 믿지 못하겠지. 그렇지만 나는 늘 그런 사람을 꿈꿔왔어. 세상에 나를 사랑해 줄 수 있는 사람이 한 명은 있을 거라 생각하면서! 하지만 이 소망은 이루어지지 않았지. 이 망할 벽돌은 계속 나를 끌어 내리고, 밑바닥에는 가벼움이라고는 흔적도 찾아볼 수 없어! 여기에는 온통 불편한….”

“이 모임의 회원이 된 걸 환영해.” 이사가 말했다.

이런 감정을 가진 사람은 혼자가 아니었다.

“뭐라고?” 다니엘이 경고하는 듯한 눈빛을 보냈다. “나는 네가 그런 사람을 이미 찾았다고 생각하길 바라는데…?” 그는 애교를 담아 미소 지었다. 진심으로 화를 낸 것은 아닌 것 같았다.

“아냐. 난 스스로가 부족하다고 느끼는 기분을 얘기한

거야! 안타깝지만 이런 기분은 다른 사람이나 그런 사람이 해결해 줄 수 없거든…"

마리는 놀란 눈으로 이사를 바라봤다. 이사가 스스로 이런 이야기를 한 것으로 보아, 동화 속 기사 같은 누군가가 자신을 절망의 성에서 구해줄 것이라는 환상 속에서 스스로 빠져나오는 날이 얼마 남지 않은 것 같았다.

"결국 이런 건 다 너희 스스로 자초하는 거잖아!" 아드리안이 음식 위에 겨자를 퍼붓듯이 말했다. 그런 음식을 좋아할 사람은 아무도 없었다.

"그래, 너 잘났다… 어쩌면 그럴지도 모르지!" 찰리가 날을 세웠다. "근데 난 네가 늘 말한 것처럼 마음 편하게 살고 있다고 생각 안 해! 마리는 내가 그랬던, 아니 지금도 그러는 것처럼 누군가를 바라지. 아마 다른 사람들도 크게 다르지 않을 거라 생각해. 물론 말도 안 되게 지치는 일이야. 마리도 나도 잘 알고 있어. 하지만 마리는 적어도 정면으로 맞서기라도 하잖아! 자기 자신을 속이거나, 마치 자기가 모든 것을 깨달은 현자라도 되는 것처럼 말하지는 않지. 그러니까 잘난 서퍼 양반! 너는 옛날부터 스스로에게서 멀어지기 위해 파도 위에 올라탔지. 너는 모든 게 바라던 대로 흘러가고 있다고 생각하지만, 아니야! 사실 너는 한 곳에 가만히 있지도 못하면서 모든 사람에게 거리를 두고 스스로를 꼭꼭 감추지. 넌 숨어 사는 거나 다름없어! 누군가에게 진심이 될까 봐 두려워서 정말로 감정이 생기기 전에 도망가는 거지! 마음속으로는 상대방이 너를 버릴까 봐 무서워하면서! 너는 네가 말하는 것처럼 편하지 않아. 이제는 해변에서 너무 멀리 도망가 버린 나머지, 네가 얼마나 멀리 도망쳐 왔고, 어디로 가야 하는지도 모르는 지경에 이르렀잖아. 너한테 중요했던 건 어떻게든 빨리 도망치는 거였으니까!"

두 사람의 대화를 듣다 보면, 이 둘은 서로를 증오하거나, 최소한 서로의 존재를 견딜 수 없어 보였다. 하지만 이 둘의 성격 차이는 우정의 깊이로 이어졌다. 이들은 서로 대립하면서 상대의 시선으로 세상을 볼 수 있었다. 폴이 전에 말했듯, 말싸움에서 이기는 것은 중요하지 않았다. 중요한 것은 자신이 어디에 존재하고, 어디를 향하고 있으며, 누가 함께 갈 것인지였다. 이 둘은 전혀 다른 어딘가에, 큰소리로 아무리 불러도 듣지 못할 만큼 먼 곳에 있는 것일지도 몰랐다.

"우리는 다른 사람을 통해 자기 자신을 찾을 수 있어." 폴이 설명을 시작했다. "이 과정은 때로는 고통스러울지도 몰라. 특히 자기 자신이 얼마나 미성숙한지 깨달을 때가 그래. 하지만 다른 사람의 말에 발끈하는 그 지점에는 사실 우리를 크게 성장시킬 수 있는 가능성이 숨어있어. 우리가 친구나 애인을 고르는 과정은 절대 우연이 아니야. 찰리가 콘스탄틴에게, 마리가 율리우스에게 빠진 데에는 분명 이유가 있을 거야. 보통은 이 사람이 자신이 경험해 본 적이 없는 무언가를 보여주고, 이런 경험을 나의 일부로 만들어줄 사람이기 때문이지. 우정도 마찬가지야. 찰리가 아드리안이 훌쩍 떠나는 모습에 화를 내는 건 자기도 독립적으로 살고 싶기 때문일지도 몰라. 반대로 아드리안이 찰리나 마리가 누군가를 곁에 두려고 한다는 것 때문에 마찰을 빚는다면, 자기는 그렇게 할 수 없기 때문일지도 모르지." 폴은 이 모든 것을 다시 마리의 이야기와 연결했다. "내가 보기에, 네가 율리우스에게 매력을 느낀 것도 걔가 자신감 넘치고, 자유롭고, 즉흥적이었기 때문일 거야. 그 친구는 규칙을 따르지 않고, 다른 사람이 자신에 대해 어떻게 생각하는지도 신경 쓰지 않으니까. 자기가 원하는 대로 행동하면서 자신만의 길을 가면서도 다른 사람은 생각하지 않지."

"둘이 이미 만나본 거 아니야?" 마리는 웃음을 터뜨렸다.

"내 얘기를 한 건 아니지?" 아드리안이 다시 대화의 중심으로 비집고 들어왔다.

"어느 정도는 그래." 폴이 말했다. "그 사람하고 너는 공통점이 꽤 있는 것 같거든."

"전형적인 개자식이라는 거…?" 아드리안이 웃었다.

"그건 네가 생각하는 거고." 폴이 당차게 반박했다. "내가 보기에, 너는 논쟁을 좋아해. 그래서 일부러 논쟁을 불러오고 다른 사람을 도발하기 위해 날 선 말을 하지. 너는 여기에서 재미를 느끼거든. 그런 방면으로 보면 너는 어느 정도 스스로에 대해 잘 알고 있어. 아마 너는 다른 사람들의 말을 반박할 때 네가 남들과는 다르고 특별하다고 느낄 거야. 이게 바로 네가 증명하려고 하는 부분이지. 평범하다는 것은 너에게는 모욕이나 다름없으니까. 이게 바로 네가 멋지다고 생각하고, 다른 사람들이 너를 봤을 때 느꼈으면 하는 특별한 부분일 거야."

"맞아, 사실이야! 세상에 특별해지고 싶지 않은 사람이 어디 있어? 평범하다는 건 말 그대로 평균이라는 거잖아! 평균만 해서는 이길 수 없어. 다른 사람들 사이에서 눈에 띄는 특출난 사람만이 살아남는 거야!"

"특별해지고 싶다는 바람이 어디에서 왔는지, 이런 모습을 유지하는 게 힘들지는 않은지 생각해 봤어? 어쩌면 그 뒤에 스스로를 충분히 가치 있다고 여기지 못하고, 자신의 가치를 계속해서 증명해야 한다는 부담이 숨어있는 건 아닐까? 어쩌면 네가 특별하다는 걸 끊임없이 내보여야 하는 건 아닐지도 몰라. 모든 사람은 특별하기 마련이니까. 결국 세상에 완전히 같은 사람은 없어. 우리는 모두 다르고, 그렇기 때문에 모두가 특별한 거야."

"그러니까, 다들 똑같이 지루하다고?"

"아니면 그 반대를 증명해야 한다는 생각에 애쓰는 걸지도 모르지. 자주적인 것과 반항적인 것에는 큰 차이가 있거든. 자주적인 사람은 강압을 따르지 않아. 그러니까 너는 누군가가 정해둔 형식을 따르는 것에 저항하려고 해. 하지만 너의 이상향에 너를 끼워 맞추기 위해 너무 발버둥 치고 있어."

"그 이상향이 정확히 뭔데?"

"독립적인 자아. 너는 어떻게든지 이런 모습으로 보이려고 부단히 노력하는 것 같거든."

"하지만 독립적인 건 좋은 거 아냐?"

"다른 사람과의 관계를 의도적으로 배제하고 독립성을 논한다면 오히려 종속적인 편이 나아. 특히 늘 어딘가로 도망쳐야 한다면 더더욱. 이건 자유로운 게 아니야. 오히려 구속된 거지. 마음을 여는 대신 회피에 묶인 거나 다름없으니까."

"봤지!" 찰리는 승리를 거머쥔 듯 말했다.

"그래. 그리고 이게 바로 너희를 묶어주는 공통점이야." 폴이 설명했다. "아드리안, 마리, 너. 너희 셋은 감옥에 갇혀 있는 것과 같아. 아드리안은 통제력을, 마리는 율리우스를, 너는 스스로를 잃을까 봐 두려워하지. 이러한 두려움은 결국 버려지거나, 기대를 충족하지 못할 수도 있다는 생각에서 생겨난 거야. 너희가 여기에서 도망치거나, 무언가를 찾으려고 애쓴다고 하더라도 결과는 달라지지 않아. 이런 행동들은 너희를 두려움으로부터 자유롭게 해줄 수 없어. 도망치는 것도 무언가를 찾아 헤매는 것만큼이나 외로운 일이야. 너희들은 고통을 피하려고 노력하지만, 그럴수록 고통은 너희를 포위해 올 뿐이지. 아드리안, 너는 감옥에서 탈출하려고 애쓰지만, 오히려 더 깊숙이 들어가고 있어. 마리와 찰리, 너희는 감방에 앉아서 열쇠를 쥔 누군가가 찾아와 너희를 풀어주기를 꿈꾸지. 하지만 자기 모습을 인정하고, 다른 사람에게 자신의 가치를 증명할 필요가 없다는 사실을 받아들일 때 우리는 비로소 진정한 자유를 얻을 수 있어. 그렇게 되면 더 이상 누군가로부터 달아날 필요가 없게 될 거야. 그 누구도 너희에게 위해를 가하지 못할 테니까. 자신의 경계선을 알고 있다면, 누가 너희를 위험에 빠뜨릴 수 있겠어? 스스로 사랑받을 가치가 있다는 것을 안다면, 왜 굳이 누군가에게 이걸 증명하겠어? 스스로를 사랑할 수 있으면, 자신의 가치를 누군가에게 납득시킬 필요가 없어. 너희를 통제하는 것도, 너희가 도망치거나 찾아야 하는 것도 없을 테니까."

탁자에 앉은 모든 사람이 폴이 한 말을 곱씹고 있었다. 누구든 멈추지 않고 한참을 달리느라 기진맥진해진 순간이 있지 않은가? 자신으로부터 도망치든, 다른 사람의 손아귀에서 달아나든 결과는 마찬가지이다. 이런 방식으로는 더 나아갈 수 없다.

"만약 그 사람이 존재한다면, 네가 그 사람에게 바라는 건 무엇이니?" 폴이 마리를 쳐다보며 물었다.

"마침내 사랑받고 있다는 기분을 느끼게 해줬으면 좋겠어." 마리가 총알처럼 대답했다. 이 문장을 입 밖으로 말하는 순간만을 한평생 기다리기라도 한 것 같았다.

"그럼 그 기분은 어디에 있게 될까?"

"뭐라고?"

"네가 마침내 사랑받고 있다고 느끼게 된다면, 넌 그걸 어디에서 느낄 수 있을까?"

"아마 내 마음속이겠지."

"그럼 그건 어디에서 찾아볼 수 있을까?"

**도망치는 것은 무언가를
찾아 헤매는 것만큼이나
외롭기 마련이다.**

내가 멘 가방의 무게

폴이 시계를 쳐다봤다. "너희가 고른 상징물의 의미와 벽돌에 대한 이야기를 계속하기 전에 잠깐 점심시간을 가질까 해. 호수에 있는 레스토랑으로 가서 먹고 싶은 걸 고르면 돼. 이곳의 셰프인 한네스 씨가 우리를 위해 특별히 호텔까지 와주셨거든."

핸드폰을 슬쩍 보니, 시간은 이미 12시 반이었다. 내 배는 이 중대한 소식을 듣고 작게 꼬르륵거리는 소리로 화답했다. 루카스는 나를 쳐다보더니 문 쪽으로 살짝 고개를 까딱했다. 휴식 시간과 음식 중 무엇이 그를 더 신나게 했는지는 알 수 없었다. 어쨌거나 루카스는 반대편에 앉은 사람을 날 선 말로 도발하는 대신 꽤 오랫동안 침묵을 지키고 있었다. 이건 좋은 신호임이 틀림없었다.

나는 모든 것이 전반적으로 잘 흘러가는 것 같아 기뻤다. 적어도 폴이 꺾어버리기 전까지는. "레스토랑에 갈 때 벽돌은 가져가. 정확히는 레스토랑뿐만 아니라 다른 어딘가를 가더라도 계속 벽돌을 소지해 줬으면 좋겠어." 마치 세상 어디에서나 일어나는 일이라는 듯한 어투였다. 그는 약간 신이 난 것 같기도 했다.

"그럼 나는 두 개 다 가지고 다녀야 해?" 찰리는 거의 화를 내듯이 말했다.

"응. 벽돌을 두 개 골랐으니까 두 개 다 들고 다녀줬으면 해."

"알았어…. 가볍다고는 못하겠지만…."

"맞아." 폴이 말했다. 하지만 불평으로는 이를 철회하거나 바꿀 수 없었다.

이사와 다니엘을 자신들의 벽돌을 들고 첫 번째로 방을 나섰다. 이 둘은 전혀 불평하지 않았는데, 여기에서 의무감을 느꼈거나, 인생에서 짊어지게 되는 무거운 과제들을 깊이 생각하지 않고 받아들이는 게 익숙한 것 같았다. 이게 정말 좋은 일인지는 두고 볼 일이었다. 확실히 이사는 다른 사람의 말을 반박하지 않고 수긍하는 법을 충분히 잘 알고 있었다. 다니엘은 아직 여유로웠는데, 이 정도로는 자신의 하루를 망칠 수 없다고 말하는 것 같았다. 물론 이건 좋은 의미였다. 찰리는 이미 살짝 머뭇거리고 있었다. 그녀는 자신의 두 벽돌을 어찌할지 모르다가 결국에는 마리에게 떠넘겼다. 자신의 벽돌을 이미 가방에 넣고 있던 마리는 여전히 혼란스러워 보였다. 폴이 한 말이 그녀의 마음을 움직인 게 틀림없었다. 아드리안은 고개를 흔들며 겨드랑이에 벽돌을 끼워 넣었다. 마치 이 바보 같은 벽돌은 아무것도 아니라고 말하는 것 같았다. 루카스는 뭘 해야 할지 모르겠다는 표정으로 나를 쳐다봤다. 나는 내심 이 벽돌이 루카스로부터 점심 식사가 가져다줄 행복을 앗아가는 것은 아닐지 걱정했다. 하지만 루카스가 조용히 있는 것은 자주 있는 일이 아니었다. 그러다가 문득 내가 벽돌을 가지고 방을 나서지도 않으면서 다른 사람들이 벽돌을 가지고 뭘 하고 있는지 지나치게 관찰하고 있다는 사실을 깨달았다.

"좋아. 그럼 이 멍청한 벽돌을 가지고 가보자고." 루카스가 무미건조하게 말했다. "이게 우리를 정말로 도와주는 거라면…."

"분명 그럴 거야. 폴이 우리한테 이런 걸 시키는 데는 분명 이유가 있을걸!" 나는 벽돌을 가방 안에 넣으며 대답했다. 루카스는 손바닥 위에서 벽돌로 균형을 잡고 있었다.

"여자들이 왜 항상 가방을 들고 다니는지 알겠어. 가능한 많은 것들을 쑤셔 넣고 다니기 위해서지. 가방 안에 뭐가 있는지는 알게 뭐람. 절망, 누군가 자신을 떠날지도 모른다는 두려움…. 아니면 전 남자 친구!"

"누가 들으면 여자만 그러는 줄 알겠다!"

"그럴 수도 있지…. 적어도 우리는 쓸데없는 것들을 쑤셔 넣기 위해 가방을 들고 다니지는 않아." 루카스가 말했다. 그는 갑자기 목소리를 낮췄다. "내가 너무 아드리안처럼 굴고 있는 건 아니지?" 그가 웅얼거렸다.

"넌 결혼도 했잖아. 아니면 혹시 걔한테서 도망치고 싶은 거야?" 나는 큰 목소리로 말했다. 어차피 이 방에 남아 있는 사람은 우리 둘뿐이었다.

"으음, 아니. 관계 얘기 말고. 아드리안이 얘기하는 걸 듣다 보니까 나랑 비슷한 부분이 아예 없지는 않더라고. 근데 걔가 호감 가는 사람은 절대 아니란 말이지. 그냥 내가 너무 잘생긴 사람을 안 좋아해서 그럴지도 몰라. 그러니까, 이건 남자한테만 해당하는 거야. 여자한테는 해당 사항 없어…. 근데 솔직히…. 쟤 턱 봤어? 슈퍼맨인 줄 알았어. 망토는 어디다 버려두고 온 거래? 어쨌든, 매력이 있고, 눈이 가는 것도 맞는데, 왠지 거리감이 느껴진단 말이지…."

"제발, 지금 걔 턱이 잘생겼다고 화내다가 무슨 얘기를 하려고 했는지 까먹은 거야?" 나는 루카스에게 격려의 미소를 지어 보였다.

흥미롭게도, 다른 사람의 매력이 때로는 우리를 불안하게 만들기도 한다. 폴을 볼 때 느끼는 것도(물론 전혀 다른 방향이었지만) 전반적으로는 비슷했다. 어쩌면 우리는 매력적인 사람의 접근을 지나치게 경계하는 것일지도 모른다. 하지만 겉모습이 그 사람을 말해줄 수 있을까? 멋진 턱은 특히 다른 신체 부위보다 더 많은 것을 이야기해 주는 걸까? 이 질문은 루카스나 나뿐만 아니라 그 누가 들어도 말도 안 된다고 생각했을 것이다. 곰곰이 생각해 보니 사람의 외모나 이미지가 누군가를 불안하게 만들 수 있다는 게 이상하게 느껴졌다. 하지만 우리는 늘 이런 함정에 걸려들지 않던가. 스스로를 다른 사람과 비교하거나, 남을 치켜세워도 우리는 도망칠 수 없다. 결국 우리가 스스로를 중요시하고, 내면의 아름다움을 찾는 법을 잊었기 때문에 일어난 일이다.

"그래서 하고 싶은 얘기가 뭔데?" 나는 루카스에게 다시 주제를 상기시켜 주었다.

"내 말은, 아드리안이 틀린 건 아니잖아! 자기 인생 자기가 꼰 이야기 듣는 것도 짜증 난다고! 왜 다들 착한 사람이 되려다가 자기 자신을 잊어버리는 거야? 이건 착한 것도 뭣도 아니잖아! 자기 자신한테도 그렇지만, 결국에는 다른 사람한테도 마찬가지라고. 이런 사람들은 모든 걸 자초해 놓고 힘들다는 소리만 한다니까. 그러고는 왜 남들이 자기 얘기에 공감해 주지 않거나 들어주지 않냐고 한탄해. 왜겠어. 더 이상 못 참겠으니까! 가끔은 이런 사람들이 짜증 난다고! 자진해서 쓰레기통으로 돌진해서 쓰레기 더미에 파묻혀놓고 쓰레기에 대한 불평불만을 늘어놓는 건 또 어떻고? 찰리는 갑자기 나타나서 이런 사람들에게 공감 능력이 부족하다고 그러는데, 나는 그냥 더 이상 싫은 소리를 들어주고 싶지 않은 거라고!"

"네가 무슨 얘기를 하려는 지는 알겠어." 내가 말했다. 우리는 모두 각자의 벽돌을 들고 방을 나섰다. "어쩌면 여기서 중요한 건 '입 닥쳐, 나하고는 상관없는 일이야'와 '다른 결말을 원한다면 안 해봤던 방법을 시도해 봐야 하지 않을까?' 사이에서 균형을 잡는 일일지도 모르지."

"맞아. 하지만 이게 나나 너, 다른 누군가가 해야 할 일일까? 그냥 다들 스스로 옳다고 생각하는 방식대로 행동하고, 만약 일이 틀어지더라도 불평불만을 남에게 쏟아내지 않고 결과를 담담히 받아들일 수는 없는 걸까?"

"어쩌면 그게 맞을지도 몰라. 하지만 때로는 다른 사람들이 우리의 이야기를 잘 들어주고, 눈앞에 있지만 찾지 못했던 다른 해결 방안을 제시해 주기를 바랄 수도 있는 거잖아."

"내 말이 그 말이야." 루카스는 자신의 입장을 고수했다. "하지만 다음에 따라올 말은 번개가 친 다음에 천둥이 오는 것만큼이나 뻔하지, 안 그래? 맨날 듣는 이야기 있잖아. '그래, 하지만….' 그다음에는 불같이 타오르는 불평이 이어지지. 이 모든 게 끝난 다음에는 마치 소나기처럼 악어의 눈물이 시작되고, 결국에는 자신을 제외한 온 세상이 스스로 느끼는 고통에 책임이 있다는 얘기로 끝나! 애초에 떨쳐내고 떠나버렸으면 됐을 일인데."

정확히 이 순간 가방 손잡이가 찢어진 것은 우연이 아닌 게 분명했다. 가방은 육중한 소리를 내며 무거운 벽돌과 함께 바닥에 떨어졌다.

"적어도 죽지는 않았잖아!" 내가 웃으며 말했다. 운 좋게도 가방은 내 엄지발가락에서 겨우 몇 센티 떨어진 곳에 떨어졌다. 조금만 비껴갔어도 끔찍한 일을 겪을 뻔했다.

"근데 여기서 중요한 건 살아남는 게 아니고 행복하게 사는 거잖아?" 루카스가 물었다.

나는 가방을 들어 올리며 고개를 끄덕였다. 그러고는 찢어진 손잡이를 슬쩍 쳐다보고는 다른 것들과 함께 안았다. 중요한 것은 가벼움을 향해 걸어가기 전 언제, 그리고 어떻게 이를 떨쳐낼지였다.

우리가 레스토랑에 도착했을 때, 다른 사람들은 이미 세 명씩 나눠 앉아있었다. 한쪽에는 다니엘과 이사, 폴이 앉아있었고, 옆 식탁에는 찰리와 마리, 아드리안이 함께 있었다. 보아하니 마지막 세 명은 폭탄 같은 이야기를 주고받은 직후에도 한자리에 앉는 게 불편하지 않은 것 같았다. 이 셋은 어쨌거나 매우 만족스러워 보였다. 루카스와 나는 각자의 식탁에 합석할 수도 있었지만, 루카스는 이를 좋게 받아들이지 않을 것이 분명했다. 나조차도 이게 정말로 좋은 아이디어인지 확신할 수 없었다. 나는 다니엘이나 이사를 잘 알지도 못했고, 폴 바로 옆에 앉는 것은 별로 끌리지 않았다. 이 이야기는 아까 불안에 대한 생각과 바로 이어졌다. 루카스도 조금 전까지 찰리나 슈퍼맨에 관해 이야기를 하고 있었기 때문에 별로 내켜 하지 않을 것 같았다. 나 또한 이미 한나절을 온전히 아드리안 옆에서 보내야 했기 때문에, 나는 곧장 새로운 식탁에 우리 둘만 앉는 것이 좋겠다고 마음을 굳혔다. 절친한 친구와 소소하고 로맨틱한 점심 데이트라고 할 수 있었다. 결론적으로는 우리 둘 다 이 결정을 마음에 들어 한 것 같았다. 우리는 이 시간을 즐기면서 목까지 맛있는 음식을 쑤셔 넣고는 후식으로 사과 타르트까지 밀어 넣었다. 그 누구도 왜 우리가 벽돌을 가지고 식탁에 앉아야 했는지 묻지 않았다. 대신 우리는 적게 말하고 더 많이 채워 넣는 쪽을 택했다. 그 누구도 호수 바닥의 진흙을 휘저어 분위기를 흐리고 싶어 하지 않는 것 같았다. 우리는 아직 할 이야기가 많고, 이를 통해 곧 스스로에 대해 더 많이 알아가게 될 것이었다. 그 전에 잠깐 휴식 시간을 갖는 건 모두에게 좋은 일이었다.

나는 가득 찬 배와 벽돌, 손잡이가 없는 가방을 들고 다시 호수실로 돌아가면서 생각에 잠겼다. 벽돌을 내려놓지 못하고 늘 가지고 다녀야만 한다면 정말 힘들 것이다. 하지만 계속 벽돌의 무게나 더 무거운 무언가에 온 정신을 쏟는다면, 결국 가벼움으로 향하는 길을 막는 건 우리 자신 아닐까? 어쩌면 우리는 이 벽돌을 지는 것을 숙명으로 여기거나, 이 무게에 너무 익숙해진 나머지 벽돌이 우리의 일부라고 여기고 있는 건 아닐까?

루카스는 내가 바닥에 수그리고 무게 균형을 맞추려고 애쓰는 것을 바라보았다. 내 생각을 읽고 있기라도 한 것 같은 얼굴이었다. "어릴 때 갖고 놀던 다마고치 생각난다. 죽이지 않으려고 항상 가지고 다녔는데."

"적어도 그건 무겁지는 않았잖아. 어쨌든, 무슨 말인지는 알겠어. 왜 인간은 인생을 더 힘들게 만드는 과제를 굳이 찾아서 손을 부들부들 떨면서도 이고 지고 다니는지 문득 궁금해지네."

"봤지! 그게 바로 가벼워지는 과정인 거야."

무거운 짐을 내려놓아야

비로소 가벼워질 수 있다.

쫓거나 도망쳐서는 무엇도 이룰 수 없다

“벽돌을 들고 다니는 것은 어땠니? 식사하다가 뭐가 얹히는 기분은 아니었고?” 모두가 다시 호수실로 돌아온 뒤, 폴은 윙크로 자신의 말장난을 강조하며 말했다. 나는 마음이 놓였다. 말장난에 재주가 없는 건 나 혼자가 아니었다.

“대체 왜 우리가 벽돌을 들고 돌아다녀야 했는지 모르겠어.” 찰리가 불평했다. 이 운동이 찰리의 기분을 상하게 했을 뿐만 아니라 마음을 세 배쯤 무겁게 만든 것이 분명했다. 결국 찰리는 벽돌을 두 개나 둘러메야 했으니 말이다. “이거에 대한 보상이 있기는 한 거야?”

“그건 이따가 이야기하자.” 폴이 말했다. 그는 불평에 눈 하나 깜짝하지 않고 평온을 유지했다. 그는 자신이 세운 계획을 착착 진행 시키고 있는 것 같았다. 그는 마리를 쳐다보았다. “일단 당장은 네가 뭘 골랐고, 왜 그걸 골랐는지 우리에게 얘기해 줬으면 해.”

“아, 맞아…. 나는 돋보기를 골랐어.” 마리는 돋보기를 들어 보였다.

“아주 잘 골랐네!” 아드리안이 다른 설명 없이 내뱉었다.

“아, 그래?”

“응. 미스 마플에게 꼭 필요한 물건이잖아. 모든 것을 자세히 뒤져보기 위해서 말이야.” 아드리안은 또다시 농담으로 선을 넘었다. 그는 자신이 농담의 주제가 되지 않는 한 아무것도 신경 쓰지 않는 것 같았다.

“아, 그 얘기구나. 하지만 난 그런 의미로 고른 게 아니었는걸!”

“그럼 혹시 왜 돋보기를 골랐는지 설명해 줄 수 있겠니?” 폴이 다시 물었다.

“글쎄, 어쩌면 아드리안의 말이 완전히 틀린 건 아닐지도 몰라…. 하지만 난 이게 나를 표현해 준다고 생각했어. 처음 본 순간부터 이거다 싶었거든. 난 더 이상 스스로를 찾을 수 없게 되어버렸으니까. 나 자신이 완전히 공중분해 된 작은 조각에 불과한 것 같아. 아예 존재하지도 않는 것 같고…. 내가 가진 건 오직 하나야. 율리우스나 한 사람에 대한 소망 말이야! 율리우스가 그 한 사람인지는 잘 모르겠지만, 이 소망은 진짜야. 이게 내 안에 있는 전부야. 나 자신은 더 이상 찾아볼 수도 없지."

"네가 돋보기를 율리우스를 향해 들고 있기 때문에, 율리우스가 실제보다 더 크게 느껴지는 것은 아닐까? 돋보기를 통해 본다는 게 결국 그런 거잖아. 무슨 말인 줄 알지?" 폴은 자신의 물음에 스스로 답을 내놓았다. "돋보기는 초점 거리 안에 존재하는 물체의 허상을 만들어. 실제보다 더 거대한 허상 말이야. 이게 네가 율리우스를 보는 방식이지 않을까?"

"아마 그런 것 같아."

"그러면 율리우스의 모습이 너무 커지는 것을 어떻게 해야 막을 수 있을까?"

"돋보기를 내려놓는다?"

"아니면 자기 자신을 돋보기 아래에 둬서 크게 만들거나. 돋보기를 손에 들고 있는 건 너잖아. 네가 어디를 보느냐에 따라 초점도 달라지기 마련이야. 우리는 다른 사람에게만 주의와 관심을 기울이다가 종종 스스로를 잃어버리곤 해. 이 상태가 오래 지속되다 보면 자신이 사라지기 마련이지. 너는 늘 율리우스만을 쳐다봤잖아. 스스로를 잃어버리게 된 건 어찌 보면 당연한 일이야. 결국에는 이사의 이야기와 크게 다르지 않아. 이사는 어머니를 행복하게 만들기 위해 노력하면서 살아왔지. 너는 율리우스를 행복하게 만드는 데에 집중해 왔고. 그러다 보니 무엇이 너희를 행복하게 만드는지 잊어버렸어! 상대의 존재는 점점 커지지만, 너희의 행복은 점점 작아졌지. 이제는 자신만의 소망을 돋보기 아래에 둬야 하는 게 아닐까?"

마리와 이사는 동시에 고개를 끄덕였다. 찰리 또한 주의 깊게 내용을 경청하고 있었다.

"항상 말은 쉽지." 마리가 말하며 소매를 걷어붙였다. 돋보기를 해체라도 할 것 같은 기세였다.

"정말로 그런 걸까? 지금까지 해온 일들이 단순히 네게 익숙하고 친근해서 쉽게 느껴지는 건 아닐까?"

"음, 그래. 어쩌면 그럴지도 몰라…."

"걱정할 필요 없어. 여기에서 넌 혼자가 아니니까. 다른 사람들도 마찬가지야. 결국 우리는 모두 어릴 때부터 해온 익숙한 행동이 있고, 언젠가부터는 여기에 자기 자신을 맞춰 왔을 거야. 하지만 때로는 우리가 다른 선택지를 알지 못했고, 여태까지 해왔던 것에서 어떤 방식으로든 이득을 취해왔기 때문에 이런 일을 계속하기도 해. 아마 너도 다른 사람을 위하고 스스로를 희생하는 행동을 통해 무언가를 얻어 왔을 거야. 다른 사람들이 네가 필요하다고 느낄 수 있었겠지. 율리우스 일 같은 경우에도 이런 행동을 통해 너와 율리우스의 관계가 끈끈해질 거로 생각했을 거야. 너는 그 친구를 위해 무엇이든 하고, 그가 바라는 것을 언제나 알아채려고 노력했을 테니까. 맞니?"

"물론이지! 걔는 인정하지 않지만, 가끔은 걔가 나 때문에 짜증 났다고 느껴질 때도 있어. 어떨 때는 심지어 나와 함께 있는 게 힘들다고 생각하는 것 같기도 해."

"그건 너에게도 정말 힘든 일이었을 거야! 비록 너는 그 친구에게 모든 주의를 기울이느라 스스로 이런 감정을 자각하는 법을 잊었지만 말이야. 너를 희생하면 너는 말 그대로 희생자가 될 수밖에 없어. 하지만 희생자는 삶을 스스로 결정할 수 없고, 그렇기 때문에 진정한 자유를 찾을 수도 없지. 행복한 희생양은 존재하지 않아. '아, 난 내가 약하다고 느껴지는 이 감정이 너무 좋아!'라고 말하는 사람을 본 적 있어?" 꽤 수사학적인 질문이었다. 폴은 말을 이어갔다. "너는 언젠간 율리우스가 너의 희생과 자신을 위해 한 모든 것을 깨닫고 너를 필요로 하기를 바라왔지. 하지만 정말로 그런 적은 없었을 거야. 어느 순간부터 그는 너를 두려워하기 시작했으니까. 너는 스스로를 옭아매면서 율리우스가 너의 가치와 소중함을 느끼길 원했어. 하지만 그런 날은 오지 않았지. 네가 하는 행동은 견고한 바위 안에서 가장 단단한 조각을 찾으려고 애쓰는 것과 마찬가지이기 때문이야. 이런 식으로는 해낼 수 없어. 결국에는 율리우스가 너와 거리를 두게 했지. 이 모든 게 그에게는 지나치다고, 심지어는 위협적이라고 느꼈을지도 몰라. 그렇게 너에게서 도망치기 시작했겠지.” 폴의 눈이 아드리안에게 향했다.

“맞아. 그럼 어떻게 해야 율리우스가 도망치는 걸 막을 수 있을까?” 마리가 의아한 눈으로 폴을 바라봤다. 절박한 모습이었다. 확실히 그녀의 정신은 여전히 율리우스에게 쏠려 있었다.

“율리우스에 대한 생각은 접어두고, 스스로를 더 챙길 줄 알아야 해. 네가 행복하기 위해 율리우스가 필요하다는 생각은 결국 자기 자신에게서 멀어지는 악순환으로 이어질 뿐이야.”

“알았어. 하지만 그러다가는 율리우스를 완전히 잃을지도 모르잖아!”

“또 걔 얘기네. 아까 그 ‘맞아, 하지만!’이잖아.” 루카스가 맞은편에서 소곤거렸다.

“그 친구를 잃느니 스스로를 잃는 게 낫다고 생각하는 거야?”

마리는 침묵했다. 눈에는 눈물이 솟구쳤다.

“생각해 봐.” 폴은 마리가 전자를 선택했다는 가정하에 말을 이어 나갔다. 이게 바로 여태까지 마리가 앓아왔던 지점인 것 같았다.

“율리우스를 잡아 두기 위해 자기 자신을 잃어버린다면

행복할 수 없어. 율리우스를 잡아둘 수도 없고. 오히려 이런 행동은 율리우스와 너를 멀어지게 할 뿐이야. 네가 스스로를 챙기고, 자신의 원하는 것이 뭔지를 확실히 깨닫고, 그렇게 살기 위해 노력하지 않으면 불가능한 일이야."

"그리고 걔는 잘못된 사람이고!" 찰리가 뒤에서 쏘아붙였다.

"그럼 맞는 사람은 대체 누군데…? 어쩌면 그런 사람은 아예 존재하지 않을지도 몰라." 마리가 대답했다. 그 어떤 이야기도 그녀를 설득하는 데는 실패한 것 같았다. 폴은 해답을 눈앞에 들이밀었지만, 마리는 여전히 먼 곳을 응시하고 있었다. 충족되지 않는 열망이 존재하는, 하지만 이제는 스스로 의구심을 가지기 시작한 바로 그곳에.

"어쩌면 율리우스가 정말 네게 맞는 사람이 누구인지를 찾게 해줄 사람일지도 몰라." 폴이 마리에게 새로운 관점을 제시했다. "돋보기는 네게 행복을 주는 무언가를 찾는 데 도움이 될 거야. 이제는 너를 행복하게 만들어줄 수 있는 일을 시작해 봐. 율리우스의 행복을 위해 쏟았던 시간을 이제는 너에게 선물하는 거야. 너 자신의 행복을 위해 움직인다면, 모든 게 변하게 될 거야."

"아주 멋진 계획이야! 그렇게 우리가 걔를 떨쳐낼 수 있으면 더 좋고" 찰리가 만족스럽게 말했다.

"거기에서 '우리'는 정확히 누구를 의미하는 건데?" 아드리안이 꼬투리를 잡았다. “사실 너 혼자뿐인데 우리라고 부르는 건 아니지? 자신의 과업을 완수하기 위한 불패의 원맨 밴드야? 하지만 너는 남들의 조언을 받아들이지 않는 불통의 제왕이잖아? 너는 콘스탄틴이 숨은 다음에야 관계를 정리할 수 있었으면서!”

“하지만 그다음부터는 나 자신을 잘 챙겨왔잖아? 지금 내가 콘스탄틴과는 전혀 다른 사람과 사귀는 데는 이유가 있는 거야!”

“너를 정말로 사랑하는 것 같아서 헤어지고 싶다는 바로 그 사람 말이야?”

“아드리안, 또 싸우려는 건 아니지?” 폴의 질문을 들은 아드리안은 입을 다물었다.

이 광경을 지켜보는 것은 꽤 재미있었다. 아드리안은 찰리와 마리가 잘못된 방향으로 가고 있다고 조언했지만, 본인이(전혀 다른 방향이기는 하지만) 길을 잃었다는 사실은 잊은 것 같았다. 폴이 아까 말했듯, 도망치는 것도 무언가를 쫓는 것만큼이나 자유와 멀어지는 것 아니던가? 결국 쫓거나 도망쳐서는 무언가를 이루어 낼 수 없었다. 우리는 한평생을 계주 경기를 하듯, 행복이라는 막대를 다른 사람의 손에 쥐여 주기 위해 애써왔다. 자기 행복은 결코 남이 쥐여 줄 수 없다는 것을 알면서도 말이다. 어쩌면 반대로 우리는 누군가 자신을 따라잡아 무언가를 쥐여줄지도 모른다는 두려움과 부담에 멀찍이 앞서 달리고 있는 것일지도 몰랐다. 하지만 애초에 우리는 도망가거나 쫓기 위해 달릴 이유가 없을지도 모른다. 정말로 우리에게 필요한 것은 자리에 서서 내면의 소리를 경청하며 지금 이 순간에 원하는 것이 무엇인지 알아내는 것이리라.

누군가를 쫓거나 도망쳐서는
그 어디에도 도착할 수 없다.
목적지에 다다르기 위해서는
지금 이 순간 자신의 곁에 머물러야 한다.

나를 좀먹는 우정

"자기 자신을 돌보는 건 그 누구도 대신해 주지 않아." 폴은 모두를 둘러봤다. "찰리, 너는 벽돌을 두 개 가져갔지. 벽돌 위에 뭐라고 썼는지 말해줄 수 있니?"

"그래, 알았어…. 일단 맨 위에 요한나가 있어. 관점에 따라서는 위가 아닐 수도 있지만, 아무튼. 요한나는 내 절친한 친구야. 정작 나는 그렇게 생각하지 않지만! 아까도 얘기했지만, 얘는 내가 이번 주말이 나에게 얼마나 중요한지 얘기했는데도, 오려고 하지도 않았다니까!"

루카스는 탁자 맞은편에서 소리 없이 입을 움직였다. 입술은 아주 느리게 '봤지? 어쨌든 난 왔잖아!'라고 말하고 있었다. 애초에 이 일은 경쟁이 아니었지만, 그는 승리자라도 된 것처럼 뿌듯한 눈으로 나를 쳐다보았다. 나는 미소 지으며 고개를 끄덕여 주었다.

"걔가 여기 오려고 하지 않은 이유는 딱 이거야!" 찰리는 분노에 찬 상태로 말을 이어갔다. "아주 간단하지. 걔는 이게 자기에게 이득이 되지 않는다고 생각한 거야! 걔한테 가장 중요한 건 자기가 뭘 얻을 수 있는지거든. 대표적인 게 잘생긴 남자야. 이게 걔의 가장 큰 관심사니까! 생각해 봐. 이런 일이 있을 때 걔가 처음으로 물어보는 건 늘 '그래서 거기에 누가 오는데?' 야. 그게 대체 어떤 사람이어야 하는데? 마치 내가 걔한테는 충분하지 않다는 듯이 말한다니까! 나와 진지한 얘기를 한다고? 그 시간에 다른 남자랑 얘기해야지, 그런 지루한 일을 뭐 하러 하겠어? 그게 걔의 삶에서 의미 있는 유일한 일이니까! 걔는 눈앞에 보이는 이득이 있거나, 자기가 돋보일 수 있는 일이 아니면 일단 거부부터 하고 봐. 절대 사실대로 말하는 법도 없어. 걔가 잘못하는 건 눈곱만큼도 없지. 사실이라는 건 보는 사람에 따라 다를 수밖에 없다나 뭐라나. 결국 중요한 건 자기가 스포트라이트를 받는 거야. 걔는 입만 벌리면 거짓말이고, 자기가 원하는 말을 들을 때까지 모든 걸 비틀어! 걔가 옳다고 생각하는 대로 행동하지 않는 사람은 갈기갈기 찢어버리지. 걔는 뒷담화하는 걸 정말 좋아하거든. 결국에는 썰매를 타는 거랑 비슷한 거야. 목표가 다른 사람이나 감정을 짓밟는 거라는 사실만 빼면!

걔는 일단 뭐든 치워버리고 봐. 그 누구도 배려하지 않고 아주 있는 힘껏. 다른 사람의 마음이 산산조각 날 때까지! 아주 눈의 여왕이 따로 없어. 다른 사람의 손발이 벌벌 떨릴 때까지 눈보라로 휩쓸어버린다고. 남들이 어찌 되든 상관없으니까. 걔는 기본적으로 자기 이외의 다른 사람은 신경 쓰지 않아. 중요한 건 오직 자기 자신의 마음뿐이지. 누가 걔에게 화를 내거나 상처를 줄 기미가 보이면, 걔는 폭풍이라도 된 것처럼 화를 내고, 친구들이 자기를 대신해서 그 사람을 몰아치기를 바라. 친구들은 늘 자기 말을 경청하고, 자기를 진정시켜 주고, 화난 마음을 부드러운 손길로 가라앉혀줘야 하지. 그동안 걔가 주는 상처는 담담하게 받아들여야 하고." 찰리의 얼굴이 분노로 상기되었다.

"내가 아는 사람 중에도 그런 사람이 있어. 자기 이득만 챙길 줄 알고, 무언가를 끊임없이 요구하면서, 나를 감정 쓰레기통으로 대하지만 그러지 않을 때는 나에게 오지도 않는 사람 말이야!" 이사가 공감했다.

"걔가 딱 그래!" 찰리가 확신했다. "나는 걔를 위해 수많은 밤을 지새웠어! 옆에 앉아 위로해줬다고! 걔가 최고고, 뭐든지 할 수 있다고 응원하는 메시지도 얼마나 많이 보냈는데! 걔가 슬퍼하거나 절망하면 같이 울어줬고, 격려가 필요할 때는 치어리더가 되어줬어. 걔가 도움을 청하면 나는 광대가 되었다가, 마법사가 되었다가, 걔를 보살펴주는 대모 요정이 되어 줬다고. 하지만 내가 걔를 필요로 할 때는? 확실히 말해두는데, 걔는 단 한 번도 나를 위해 있어 주지 않았어. 걔는 에너지 도둑이야. 자기가 가져갈 수 있는 건 모두 챙겨가면서, 돌려줄 때가 오면 사라지지. 걔는 한 번도 나를 도와준 적이 없어! 내가 도와달라고 하면, 나를 지지해 주기는커녕 약한 바람에도 흔들리는 풀잎처럼 굴었지. 걔가 나에게 해주는 말은 고작해야 '어떻게든 되겠지 뭐, 네가 너무 편협하게 구는 거야!' 정도야. 그러고는 자기 얘기를 늘어놓기 시작하지. 얼마나 대단한 문제인지는 모르겠지만 내 문제는 아무것도 아닌 것처럼 말한다니까! 걔는 이 세상의 중심이자 축이고, 자기를 중심으로 모든 것이 돌아가는 게 당연하다고 생각해. 다른 사람들은 걔 주변을 돌 수 있는 것만으로도 황송해야 하지! 걔가 어디를 가든, 어떤 생각을 하든, 무슨 얘기를 하든 수행원은 여왕님을 받들어야만 해. 여왕이 어떻게 한낱 하인을 따르겠어? 말도 안 되는 일이지! 걔는 망치를 두드리면서 자기 마음대로 심판을 내리고, 이런 저런 불만을 늘어놔. 다른 사람은 무조건 이걸 열심히 들어줘야만 하고. 물론 다른 사람을 신경 써줄 시간은 없어. 다른 사람들이 당연히 이해해 줘야지! 걔는 그런 건 하지 않는다고. 주변 사람들이 한눈을 팔거나 마땅한 관심을 주지 않으면 금방 토라져. 걔는 자기가 받들어 모셔지는 게 당연하다고 생각하니까! 그게 걔의 목표이기도 하고. 걔가 한 번이라도 내가 인스타그램에 올린 사진에 '좋아요'를 눌러준 적이 있을까? 아니! 실제로 만나본 적도 없는 인플루언서에게는 물론 '좋아요'를 누르지! 하지만 내 게시물에는? 그런 걸 할 리가 있나! 걔한테 자기 친구들은 중요하지 않아. 우리는 걔의 그 대단한 시간을 희생할 가치가 없는 사람들이지. 이걸 대놓고 인정하거나 직접 얘기하지는 않지만 말이야. 어쨌거나 그러려면 그 자리에 있어야 하는 거잖아? 그리고 그런 말을 하면 자기가 바라는 그런 완전무결한 이미지를 유지할 수 있겠어? 그런 위험을 굳이 무릅쓰려 할 리가 없지. 그것 때문에 항상 말도 안 되는 변명을 늘어놓는 거야. 얼마나 말도 안 되면 내가 제대로 듣지도 않겠어? 갑자기 가슴이 너무 아프거나 발가락이 너무 저려서 도저히 올 수가 없었다는 얘기를 믿는 사람은 아무도 없을걸! 이번 핑계는 뭐였던지 간에. 그게 뭐였는지도 벌써 까먹었어. 애초에 사실도 아니니까! 말도 안 되는 변명을 주렁주렁 늘어놓는 건 걔의 주특기고!"

"근데 왜 아직도 걔랑 친구로 지내는 거야? 걔가 이러는 것도 벌써 몇 년째잖아. 둘이 알고 지낸지 되게 오래되지 않았어?" 아드리안이 물었다. 타당한 말이었다.

"맞아. 난 걔에 대해 뭐든지 알고 있어! 난 오랫동안 스스로 걔가 하는 짓이 이상한 게 아니라고 되뇌어왔어. 벽돌로 가득한 자루가 우리 둘을 묶어두고 있어서 이 관계를 영원히 유지할 수밖에 없다고 생각했지. 그땐 정말로 그럴 수밖에 없었어. 다른 식의 관계가 존재할 수 있다는 걸 몰랐으니까. 다른 사람들을 만나기 전까지는 말이야. 자기 자신뿐만 아니라 나를 챙겨줄 줄 아는 멋지고 사랑스러운 사람들… 마치 너희처럼! 너희 덕분에 모두가 같을 필요는 없다는 걸 깨달았어. 물론 우리가 늘 같은 의견을 가지는 건 아니지만…." 그녀는 호의적인 눈빛으로 아드리안을 바라봤다. "그래도 괜찮아. 내가 내 생각을 말하면 너희들은 들어주니까. 내가 항상 옳지는 않겠지만, 그것도 상관없어. 맞아, 계속해서 발전하기 위해서는 역풍도 필요한 법이잖아. 그리고 너희의 역풍은 강력하다 못해 절대적이어서 결국 상대의 의견을 받아들이거나 굴복해야만 하는 그런 바람이 아니니까. 게다가 너희는 거의 늘 순풍처럼 나를 강하게 만들어주고, 내가 멈춰서 더 이상 앞으로 나아갈 수 없는 순간에 나를 밀어주지. 요한나는 절대 그러지 않아. 걔는 얼음장처럼 차가운 토네이도 같아. 얼굴 앞에 불어닥쳐서 숨을 쉬는 것도 힘들 정도야."

"그렇다면 너희의 관계를 유지시키는 건 뭐니?" 폴이

물었다.

찰리는 곰곰이 생각했다. "아마 시간인 것 같아. 결국 우리는 살아온 시간의 절반을 친구로 지냈으니까! 하지만 요즘 들어 이게 진짜 좋은 시간이었는지, 만약 그랬다면 지금은 어떤지 자꾸 생각하게 돼. 어쩌면 걔랑 함께한 시간이 녹록지 않았기 때문에 오랜 시간처럼 느껴지는 걸지도 몰라. 정말 늘 고역이었거든… 끝나지 않는 감정 기복과 비난 때문에 말이야! '넌 왜 그래? 이렇게 해야 하는 거 아냐? 넌 나한테 쓰는 시간이 아까워? 지금은 뭐 하는데? 좀, 분위기 망치지 말고! 넌 저것도 안 된다고 해 놓고 이것도 못 해주는 거야? 지금 나한테 네가 필요한데 그냥 그렇게 가버리려고!' 걔가 교실 책상에서 곱슬곱슬한 금발 머리를 휘날리면서 나를 친구로 선택한 그 순간부터 나는 항상 걔한테 죄를 짓는 기분을 느껴야 했어. 다른 모든 사람이 천사같이 아름답다고 생각하는 존재가 햇볕이 내리쬐는 어느 날 나와 친히 우정을 맺는 영광을 내려주고 나의 인생에 나타나 준 걸 감사하게 여기지 못해서 말이야. 물론 처음 몇 년은 정말로 고마웠어. 걔가 계속 내 믿음을 배반하고 실망하게 하지 않았다면 아직 그랬을지도 모르지. 걔가 잘 알지도 못하는 어떤 남자의 품에 안기는 게 여기 오는 것보다 더 이득이라고 생각하는 지금 이 순간도 마찬가지야. 애초에 이건 악마와의 계약이나 다를 게 없었던 거지."

"지옥이 따로 없네." 아드리안이 농담을 건넸다.

"어떨 때는 정말로 그래."

"같이 있어서 좋았던 시간도 있었니?" 폴이 다시 물었다.

"어, 물론… 당연히 그런 시간도 있기야 했지. 내가 여태까지 미화해 온 건 아닐까 싶을 때도 있지만 말이야. 모든 것이 아름다웠다고 스스로 되뇌던 시간이나 우리의 우정, 좋았던 순간들이 정말 진짜이긴 한 걸까? 이런 생각을 갖는 것도 지금이 처음이 아니야. 하지만 정작 걔를 만나면, 걔는 사탕을 솜사탕으로 감싸듯 모든 걸 포장하고는 예쁜 얼굴을 옆으로 기울이면서 부드러운 목소리로 나한테 속삭여. '찰리, 우리가 같이 알고 지낸 세월이 얼마인데? 너도 내가 그런 성격인 거 알잖아! 그래서 내가 그럼에도 불구하고 너를 좋아하는 거야!' 대체 여기에서 '그럼에도 불구하고'가 나오는 이유가 뭔데? 거기에 꼭 '비록'이라는 말도 곁들여서 이 모든 게 성에 차지 않는다고 얘기하지. 내가 걔의 성에 차지 않는다고… 걔는 어떻게든 자기와 맞지 않는 부분을 찾아내지. 그러면서도 내가 자기를 잘 안다는 이유로 자기 마음대로 나를 주무르려고 해. 나에게 마음은 전혀 쓰지 않으면서."

"하지만 너는 여태까지 그래왔고?" 폴이 물었다.

"뭐를?"

"걔가 원하는 것들 말이야."

"응··· 그랬어. 다는 아니어도 대부분은. 거절하는 것도 고역이었어! 걔는 일이 자기 뜻대로 풀리지 않는 걸 절대 용납할 수 없거든!"

"그래서 그런 스트레스를 피하려고 걔가 원하는 대로 해줄 수밖에 없었고."

"맞아. 그런 거 같아."

"하지만 그렇다고 스트레스를 받지 않는 것은 아니었어. 그러니까 네가 걔가 원하는 대로 해주든 네 뜻대로 행동하든 네 기분이 좋지는 않았겠지."

"맞아."

"그럼 지금이 처음으로 돌아가서 결말을 바꿀 시간이야. 네가 여태까지 좋게 느끼지 못했지만, 바로 지금이 모든 걸 새로 시작할 시점이야. 친구를 기쁘게 만드는 것은 네가 해야 하는 임무가 아니야. 여태까지 얘기한 걸 들어보니, 이건 의심할 여지없이 힘든 일이었을 거야. 심지어는 불가능해 보이기까지 해. 하지만 너는 너와 늘 함께할 누군가를 기쁘게 만들어 줄 수는 있어. 바로 너 자신 말이야. 이제는 자신을 위하고, 너 자신을 행복하게 만들기 시작할 때야. 너는 네가 정말로 바꿀 수 있는 유일한 사람이기도 해. 네 친구는 네가 아무리 바라도 변하지 않을 거야. 더 나은 방향이라 하더라도 우리는 남자 친구나 여자 친구, 자신의 엄마나 다른 누군가를 바꿀 수 없어. 다른 사람의 행동을 바꿀 수 없다면 스스로를 바꾸고, 나 자신의 행복을 위한 일을 시작하는 게 더 의미 있는 행동일 거야."

"그럼 이제 어떻게 해야 할까?"

"친구의 기대를 채워야 한다는 강박을 떨쳐내고, 너 자신이 그 상황에서 무엇을 느끼는지, 네 생각은 무엇이고, 네가 그 시간을 어떻게, 누구와 보내고 싶은지 곰곰이 생각해 봐. 다른 사람의 목소리에만 귀를 기울이는 것을 멈추고 자신의 목소리를 듣기 시작하면 무엇이 너를 위한 일인지 알게 될 거야. 그러면 너 자신을 행복하게 만들어 주는 일을 시작할 수 있겠지. 그러려면 다른 사람이 그어 놓은 선을 무시하는 사람과 거리를 둘 줄 알아야 해. 이거에 대해서는 조금 이따가 더 자세히 얘기해 보자."

"하지만 걔는 내가 나를 챙기거나 다른 사람을 만나면 질투해. 내가 좋은 시간을 즐기는 걸 가만히 놔두질 않는다고."

"그럼 그건 걔의 문제일까, 너의 문제일까?"

"걔의 문제겠지?"

"그럼 그걸 네가 고민할 필요는 없지."

폴은 옆에 있는 아드리안과 마리를 쳐다봤다. "다들 잘리에게 벽돌을 건네줘. 찰리가 너희들의 벽돌도 충분히 들어줄 수 있는 것 같으니 말이야!"

"하지만 왜… 왜 그러는데?" 찰리가 분개했다.

마리는 확신 없는 눈으로 폴을 바라보더니 벽돌을 언니에게 넘겨주었다. 반대로 아드리안은 큰 행복을 얻은 것 같았다. 그는 벽돌을 잡더니 오른손에 들고 외쳤다. "던질게!"

찰리는 움찔했다. 늘 그렇듯 아드리안은 재미없는 농담을 한 것뿐이었다. 하지만 그 누구도 웃어주지 않았다. 다행히도 진짜로 벽돌을 던진 것은 아니었다. 하지만 찰리는 이미 깜짝 놀란 게 분명했다. "아드리안!" 찰리가 화가 나 외쳤다.

"왜? 걱정하지 마! 머리에 던지진 않을 거니까! 암튼 나는 이제 벽돌을 떨쳐낼 수 있겠군!" 아드리안이 크게 웃었다. 어쩐지 그는 폴이 이를 통해 전하고자 했던 메시지를 이해한 것 같았다.

"일어나서 찰리에게 벽돌을 주겠니?" 폴이 말했다.

"아 물론, 기꺼이." 아드리안은 웃으며 일어났다. 그는 자신의 의자를 뒤로 밀면서 책상 위로 몸을 굽히더니 찰리에게 벽돌을 내밀었다. 찰리는 놀란 눈으로 폴을 쳐다봤다. 하지만 찰리가 무슨 말이나 행동을 취하기도 전에 폴은 다시 입을 열었다. "누군가 네게 벽돌을 넘겨주면,

너는 이걸 꼭 받아야 할까?" 폴은 찰리를 지긋이 바라봤다.

"아니… 그럴 필요는 없어!"

"거 봐. 네가 받아주지 않으면 무슨 일이 일어나는데?"

"아무 일도 일어나지 않겠지?"

"바로 그거야. 벽돌은 원래 소유하고 있던 사람에게 남아있겠지. 요한나가 짊어진 모든 짐도 마찬가지야. 네가 누군가의 짐을 대신 들어주는 것을 그만둔다면 말이야."

**다른 사람의 기쁨을 위해 애쓸 필요 없다.
당신이 행복하게 만들어 줘야 하는 사람은
자기 자신뿐이다.**

뱀 구덩이에서 빠져나오기

“그럼 사악한 상사나 다른 사람을 괴롭히는 직장 동료는? 여기에 대고 ‘그냥 내버려둬’라고 하지는 마. 아무튼 나는 그런 사람들이랑 같이 일해야 한다고….” 이사가 다시 말을 꺼냈다.

“맞아. 어떤 느낌인지 이해돼! 내 상사도 나한테 똑같이 굴거든!” 찰리가 동의했다. “그래서 그 인간 이름도 벽돌에 썼어. 콘스탄틴 바로 옆에. 짜증 나게 구는 사람은 절대 한 명만 존재하지 않으니까 말이야.”

“적어도 네가 써놓은 사람 중 한 명은 과거가 됐다니 다행이네.” 아드리안이 덧붙였다. 언제나 그렇듯 그는 마지막을 장식하고 싶어 했다.

“어떤 이야기인지 들려줄 수 있니? 이사가 먼저 시작해

줘. 그다음에 찰리가 자기 경험을 말해주는 걸로 하자. 분명 두 이야기에는 비슷한 점이 있을 거야. 어쨌거나 너희 둘 다 직장에서 편한 마음으로 있지는 못하는 것 같으니 말이야."

"마음이 편하지 않다는 말로는 모자라. 다음날 출근해야 한다는 생각만 하면 오전부터 배가 아파. 저녁에는 머리도 아프고. 이 거지 같은 일들을 더 이상 견딜 수가 없거든!" 이사가 이야기를 시작했다. "그럼에도 불구하고 난 매일 거기까지 나 자신을 억지로 끌고 가. 아무튼 일을 하긴 해야 하니까! 사실은 정말 하고 싶지 않은데 말이야! 출근만 하면 항상 기분이 가라앉고, 늘 긴장하고, 신경이 곤두서. 저녁에 다시 집으로 돌아오면 처음부터 다시 시작이고. 누가 머릿속에서 하루 종일 망치질하는 것 같은 기분이야. 난 다니엘에게 모든 이야기를 늘어놓는데, 다니엘에게도 나에게도 좋을 게 없다는 걸 알면서도 멈출 수가 없어. 누군가에게라도 얘기하지 않으면 미쳐버릴 것 같거든!"

"그 말인즉슨, 네가 일을 집까지 끌고 온다는 거구나." 폴이 말했다.

"아냐. 난 집에 오기 전에 일을 다 끝마치려고 노력하거든. 그냥 일에 관해 얘기만 하는 거지."

"하지만 결국에는 그것도 일의 연장선인걸. 집에서 제

대로 쉬지 못하고 계속 일터에 있는 거나 다름없으니까. 실제로 네가 그곳에 있든 아니든 말이야."

"음… 그래, 알았어… 그런 문제구나."

"그럼 직장에서 너를 가장 괴롭히는 건 무엇이니?"

"글쎄, 아마 날 괴롭히지 않는 걸 찾는 게 더 쉬울걸! 어디서부터 시작해야 할지도 모르겠네! 거긴 완전 뱀으로 가득한 구덩이 같은 곳이야. 처음 출근한 날부터 곧장 책잡히지 않게 늘 조심해야 하고 누구도 믿어선 안 된다는 걸 알 수 있었어. 특히 상사나 교활한 팀원들. 솔직히 이걸 팀이라고 부를 수 있는지도 모르겠어. 우리 회사에서 팀원은 티를 잡는 게 일인 임시 원수 모임의 줄임말인 것 같거든. 싸움을 일으키면서 항상 이기려고만 드는 뻔뻔한 사람들이야. 이걸 다들 다른 동료의 뒷담화하는 걸 보고 알게 됐지. 이 사람들은 리아가 적이라도 되는 것처럼 말했어. 리아는 이 사람들과 어울릴 수가 없었어. 이 사람들이 만든 규칙을 따르지 않았으니까. 이 사람들은 리아가 멍청하고 쓸데없다며, 일을 제대로 하지도 않고 능력도 없다고 화를 냈지. 그게 얼마나 이기적이고 끔찍하게 들렸는지 몰라. 내가 여기에 속하지 못하면 나한테도 곧장 등을 보일 거라고 말하는 것 같았거든. 이 인간들이 얼마나 리아를 헐뜯던지, 퇴근할 때쯤에 보니 그 사람들이 일한 시간보다 뒷담화한 시간이 더 많았다니까. 리아는 이런 얘기를 거의 듣지 못했는데, 오히려 이게 리아에게는 더 나았을 거야. 이 인간들은 상사에게도 똑같은 얘기를 늘어놨어. 온종일 리아를 깎아내리면서, 도저히 용납할 수가 없는 실수라며 자기들 눈에만 보이는 것들을 끄집어냈지. 사람이면 누구나 실수를 할 수 있는 거라고…? 말도 안 되는 소리! 우리 부서에는 있을 수도 없는 일이야! 물론 이 부서에서 완벽한 것과 죄인이 되는 것은 한 끗 차이지만. 그럼 지금은 누가 이런 희생양이 되었을까? 처음엔 리아였지만, 지금은 나야! 이 인간들은 자기 자신을 치켜세우기 위해 누구 하나를 매장해야 한다고 생각하나 봐. 당장 뒷담화하느라 바쁘지 않을 때면 이 인간들은 바쁘게 눈을 굴리면서 있지도 않았던 일을 지어내. 정보는 절대 공유해주지 않으면서 말이야. 이 모든 게 이 인간들이 리아한테 한 짓이야. 깔아뭉개고, 모든 것에 사사건건 비난을 늘어놓으면서 리아가 책상에서 일어나 자기들을 쳐다보면 입을 닫고 웃어 보였지. 아무 일도 없었다는 것처럼. 진짜 묻고 싶어. 정말 사람이 어디까지 잘못할 수 있는 걸까? 모든 게 다 잘못된 거 같아. 이게 내 생각이야. 직장과 교활한 직장 동료들에 대해 생각하거나 매일 아침 출근을 하고 범죄 현장처럼 느껴지는 그곳에서 집으로 돌아올 때까지 전부 다 잘못됐어! 이 인간들이 내 무덤을 파고, 나를 조금씩 찢어발기는 기분이야. 내가 직접 이 사람들이 나를 죽이는 모습을 볼 수 있게 아주 조금씩. 리아가 당한 대로 말이야. 리아는 따뜻하고, 기꺼이 남을 도와주는 사람이었어. 어떻게 보면 그래서 그런 일을 당했던 걸 거야. 리아는 착했지만, 이 독을 품은 짐승 무리를 상대하기에는 버거웠던 거지. 아마 리아도 알고 있었을 거야. 어느 날 갑자기 시작된 건 절대 아니었을 테니까. 물론 이 사람들은 면전에 대고 이런 소리를 할 용기도 없지만. 리아는 어느 날 갑자기 회사를 나갔어. 엄밀히는 쫓겨난 거지. 사악한 상사가 동료 둘과 함께 리아를 사무실로 부르더니, 10분쯤 지나서 리아가 부은 눈으로 나와 책상을 비웠어. 그냥 그렇게 예고도 없이 잘라 버린 거야. 리아가 무슨 큰 잘못이라도 한 것처럼. 리아는 그저 다른 사람들 같지 않았을 뿐인데. 리아는 사려 깊고, 다른 사람을 욕한 적도 없었어. 그게 아마 고까웠던 거겠지. 다른 사람들이 뭐라 하던 리아가 잘못한 건 하나도 없다고 말해줬어야 했어. 리아는 분명 오랫동안 이 생각을 떨쳐낼 수 없었을 테니까. 하지만 정말 잘못한 게 없었다고! 잘못한 건 오히려 이 거짓말쟁이들과 리아를 내쫓은 직장이야. 이젠 정말 리아가 자신을 위해 살았으면 좋겠어. 아무튼 그 직후에 이 인간들은 승리를 만끽했어. 마치 자기들이 적장에 목이라도 벤 것처럼 말이야. 난 알 수 있었지. 리아를 그렇게 만들었으니, 자기들의 마음에 들지 않는 사람에게 똑같이 할 거라고. 자기들 말에 반기를 들거나 같이 누군가를 헐뜯지 않으면 일원으로 받아주지 않을 테니까. 하지만 난 따르지 않았어. 난 이 인간들과 다르니까! 감사하게도 말이지! 난 리아를 변호했고, 두둔했어. 결국 내 차례가 온 건 당연한 거였지. 이 인간들은 리아가 나가자마자 새로운 희생양을 물색하기 시작했어." 이사는 손을 들어 자신을 가리켰다. "그렇게 나는 리아를 대신하게 됐지. 아직 사표를 던지지는 않았지만, 이미 때려치운 것처럼 느껴질 때도 있어." 그녀는 생각을 떨쳐내려는 듯 머리를 흔들었다.

"여러모로 꿈에 그리던 직장 같지는 않네." 내가 말했다.

"그것보다는 당장 깨고 싶은 악몽에 가깝지. 식은땀을 흘리며 깨어나도 매일 똑같은 공포를 경험해야 한다는 점만 빼면."

"리아와 너 사이에 닮은 점이 있니?" 폴이 물었다.

"굳이 찾으면 없지는 않지. 하지만 전반적으로는 아니야. 난 우리 둘이 아주 다르다고 생각해. 리아는 조용한 편이지만 나는 아니지. 물론 이 인간들이 내 입을 막아버리기 전까지는 말이야. 리아는 느리지만 조심성이 많고 꼼꼼해. 그에 반해 나는 항상 뭐든 빨리 끝내버리려고 하지. 어쩌면 나는 이룰 수 없는 목표를 좇는 건지도 몰라. 애초에 절대 이룰 수 없게 되어있는 것들을! 언뜻 보기엔 아닌 것 같아도, 이 점은 우리 둘 다 마찬가지야. 누군가 뾰족한 이빨을 드러내고 연약한 피부를 물어뜯기 시작하면 흉터가 남기 마련이야. 어쩌면 깊은 상처가 될지도 모르지. 이 인간들이 마지막에 리아에게 무슨 짓을 했는지 난 알고 싶지 않아. 리아가 얼마나 불안하고 절망해야 했는지도. 정말 말도 안 되는 일이야. 어떻게 모든 사람이 자기들처럼 생각하고, 행동하고, 같은 속도로 움직여야 한다고 믿을 수 있는 거지? 시속 280킬로로 잘못된 길을 가는 거나 다름없잖아! 때로는 뭔가를 가만히 지켜보고, 차분히 생각하고 행동하는 게 나을 수 있다고 말하는 사람이 단 하나도 없다고? 리아는 이런 걸 잘 해내는 사람이었거든. 하지만 다른 사람들은 이게 리아의 단점이라고 생각했어. 이 사람들이 생각하는 옳은 방법은 단 하나밖에 없어. 자기들이 생각한 그 방법. 이 얄팍한 생각에 들어맞는 게 아니면 일단 작살내고 보지."

"이사, 그냥 거기서 나와! 이 모든 건 너에게 상처만 줄 뿐이잖아!" 다니엘에게서 이 말이 불쑥 터져 나왔다. "과중한 업무와 야비한 험담꾼들… 제일 악질인 건 그 상사고! 이 모든 건 결국 악화될 뿐이야! 그 상사는 항상 너를 곤경에 빠뜨리고 몰아세우기만 하잖아! 너를 공기 취급하면서 앞길을 막아서고, 지키지도 않을 약속을 내세워서 네가 파묻히는 걸 구경만 할 거라고! 지금도 너는 노예처럼 일만 하는데, 그 누구도 너를 알아주지 않잖아. 오히려 그 반대지! 어떻게든 너에게 더 많은 짐을 지우려고만 하고! 이건 옳지도 않고, 너를 병들게 할 뿐이야!" 다니엘이 이사의 뒤를 받쳐주는 모습을 지켜보는 것은 좋았다. 하지만 이것만으로는 충분하지 않은 것 같았다. 다니엘의 노력에도 불구하고 이사는 지쳐있었다. 이 점은 누구든 알아볼 수 있었다. 다니엘은 애썼지만 이사에게는 도움이 되지 않았다. 자기를 둘러싼 모든 것이 독을 뿜는데 어떻게 이사가 행복할 수 있겠는가? 이건 분명 괜찮은 일이 아니었다.

"맞아, 정말이야. 내 상사는 진짜 악당이야. 사사건건 모든 걸 통제하려고 하지. 어떤 부분에서는 우리 엄마처럼 느껴지기도 해. 엄마한테서 독립하자마자 똑같은 사람이 있는 직장으로 기어들어 간 꼴이지. 외적으로도 비슷한 부분이 있어. 꼿꼿한 머리나 찌푸린 얼굴, 늘 판단하듯 보면서 분명 조만간 실수를 저지를 거라고 말하는 듯한 눈빛. 신경질적으로 책상을 두드리는 손가락은 오래지나지 않아 덫에 걸려들게 될 거라 암시하는 것 같아. 실제로도 나는 항상 상사가 쳐놓은 덫에 뛰어 들어가고. 인생이 나에게 계속 이런 사람들을 일부러 던져주는 게 아닐까 싶기도 해."

"그러니까, 모든 게 반복되는 것처럼 느껴진다는 거

니?" 폴이 물었다.

"어, 맞아! 정말로 그래! 내가 어떻게 해도 상사는 절대 만족하지 않아. 그냥 그런 일은 존재할 수 없어! 계속 이렇게 싸우는 것도 너무 지쳐… 내 신경을, 나를 갉아먹는다고! 하루 종일 도저히 쉬지 못하는 날도 있어. 알람이 언제 울릴지 몰라 내내 긴장하는 기분으로, 또 어떤 실수를 저질러서 비난받게 될지 생각하느라. 상사는 절대 이런 기회를 놓치지 않고, 기회만 있으면 사람들 앞에서 나를 힐난해. 지난번 일도 마찬가지야… 상사가 전 직원이 함께하는 미팅 자리에서 이런 말을 했어. '이사벨라, 정말로 이걸 모른다고? 이 정도 숫자는 무조건 머릿속에 넣어놔야 하는 거잖아! 이건 당연히 네 업무에 속하는 일이라고!' 그러면서 내가 믿을 수 없이 멍청해서 놀랐다는 듯이 자기 뺨을 어루만지더라. 이건 500개가 넘는 제품 카탈로그에 대한 일이었어. 그 인간은 진짜로 내가 모든 제품의 가격을 10원 단위까지 정확하게 외워야 한다고 생각한 거야! 내가 아인슈타인이라도 되는 줄 아는 거야 뭐야? 이게 말이 되냐고! 그 인간은 내가 능력 부족에 우주에서 가장 멍청한 사람이라는 식으로 나를 몰아세웠다니까!"

"그러니까 너는 이게 직업적으로도 정당하지 않은 판단이었다는 걸 알고 있는 거구나. 그럼 이 상황에서 너는 어떻게 대응했니?"

"당연히 알고 있었지! 하지만 이건 판단도 아니고 판결이었어. 난 그냥 그 자리에서 식은땀을 흘리면서 서 있었지. 안에서부터 완전히 무너져서 아무 말도 할 수가 없었어. 너무 모욕적이었어. 그 인간이 나를 이사벨라라고 부른 것도 일부러 그런 걸 거야. 우리 엄마가 늘 그러는 것처럼 말이야. 내가 이 이름을 얼마나 싫어하는지 알고 있으면서. 이미 직장에서도 이런 얘기를 한 적 있단 말이야! 그 인간은 그걸 알고도 나를 그렇게 부른 거야. 어쨌든, 이 일은 수많은 일 중 하나에 지나지 않아. 내가 여태 있었던 일을 다 얘기하려면 우리는 일주일 내내 여기에 앉아있어야 할걸."

"오, 그거야말로 정말 괴롭겠는데." 루카스가 늘 그렇듯 비꼬았다. 하지만 이사의 이야기는 그것이 끝이 아니었다.

"지난번에 있었던 일이 제일 최악이었어. 나는 열이 펄펄 끓는데도 직장에서 일을 하다가 감히 4시 반에 조퇴했어. 이 빌어먹을 편도염 때문에 병원에 가야 했거든. 그러니까 상사가 심문하듯이 그러더라. '그래서 벌써 가겠다고? 그렇게 알바생처럼 일할 거면 월급도 절반만 받던가!' 망치로 책상만 안 두드렸지 판사가 따로 없었다니까! 내가 프레젠테이션 준비 때문에 주말 내내 사무실에서 일했던 건 생각도 안 하고. 내 몸이 스트레스를 견디지 못해서 아주 미안하게 됐어! 내가 몸한테 더 노력하라고 해야 했는데, 안 그래서 이 꼴이 났네! 그 인간도 내가 그날 열이 심하게 났고 힘들어했다는 걸 확실히 알고 있었어. 내가 말을 안 했더라도, 살짝 보는 것만으로도 알 수 있었을 거라고. 나는 그 꼴인데도 그 인간 하나 때문에 출근까지 했는데 말이야."

"내가 그럴 필요가 없다고 했잖아!" 다니엘은 진심으로 걱정하는 것 같았다. "그러다 죽어! 네가 기계가 아니라는 걸 까먹을 정도로 그렇게 일에 헌신하면 결국에는 몸이 견디지 못하고 당장 내일이라도 뻗어버릴 거야. 하지만 그래서 네가 출근을 못한다고 하더라도 걱정해 주는 사람은 아무도 없을걸? 네 전임자에게 했던 것처럼 언제든 누군가로 갈아 치워버릴 거라고!"

이사는 놀란 눈으로 다니엘을 쳐다봤다. 그러고는 고개를 끄덕였다.

개자식을 멀리하는 것은
건강에 이롭다.

그저 잘못된 곳에 있었을 뿐

“아까 아인슈타인 얘기를 해서 말인데, 아인슈타인은 마리 퀴리가 세계에서 가장 똑똑한 여성이라고 했어. 마리 퀴리는 노벨상을 두 번이나 수상하기도 했고.” 폴이 말을 이어받았다.

“그럼 마리 퀴리는 분명 그 망할 500개의 물품 가격을 외울 수 있었겠네!”

“어쩌면 그런 사소한 가격 정도는 신경 쓰지 않았기 때문에 노벨상을 두 개밖에 못 탄 걸지도 모르지.” 루카스가 건조하게 말했다. 모두가 웃음을 터뜨렸다.

“맞아. 그리고 난 정말로 그걸 다 외우는 게 필요한 일인지도 잘 모르겠어. 솔직히 그건 좀 지나친 요구였던 것 같아.” 폴이 말했다. “지나치다는 얘기가 나와서 말인데,”

그가 말을 이어갔다. "사회는 마리 퀴리를 자기희생적이고 이타적이면서 굉장히 고결한 사람으로 여겼어. 이 위인의 높은 위상 때문에 소위 말하는 마리 퀴리 증후군이라는 용어가 만들어졌지. 이런 신화는 사람들이 감당할 수 없는 엄청난 압력을 불어넣어. 그럴 수밖에 없지! 여성들은 자기 자신에게 엄청나게 높은 잣대를 들이대고, 자기 일을 인정받기 위해 두 배, 세 배의 성과를 내야 한다고 생각해. 안타깝게도 여성은 오랜 시간 동안 사회와 직장 등 많은 분야에서 무시당해 왔고, 그렇기 때문에 남성들보다 더 큰 노력을 기울여야만 했으니까. 나는 이게 바뀌어야 한다고 생각하지만, 안타깝게도 이런 일은 오늘날에도 비일비재해. 이건 정말 문제야. 게다가 너는 오랜 시간 지나치게 많은 것을 요구해 왔던 네 어머니에 대한 기억까지 가지고 있지. 너는 끊임없이 스스로를 남에게 맞추고, 남의 기대에 부응하기 위해 노력해야만 했어. 이런 외부의 압력이 자기 자신에 대한 높은 기대치나 스스로를 힘들게 만드는 지나친 완벽주의로 이어지는 건 이상한 일이 아니야. 그렇기 때문에 너 자신이 만들어 낸 것이든, 외부에서 주입한 것이든, 이런 기대치가 지나게 높은 건 아닌지 자신에게 물어볼 필요가 있어. 이 경우에도 마찬가지야. 네 상사는 네가 스스로에게 높은 잣대를 적용하는 게 자기에게 유리하다고 생각하는 것 같아. 너를 깔아뭉개는 행동은 너를 경쟁 상대로 보기 때문일지도 몰라. 어쩌면 그 사람은 네가 자신보다 더 낫고, 네 성과가 자신의 것을 넘어설 수도 있다고 생각해서 두려워하는 걸지도 모르지. 이런 상황이 익숙하게 느껴지는 것도 당연해. 네 어머니와 상사에게는 분명 비슷한 부분이 있거든. 보통 이런 행동에는 자존감에 대한 문제가 숨어있어. 너를 희생양으로 만들고, 깔아뭉개고 싶어 하는 건 네가 위협이 될 수 있다고 생각하기 때문이지. 하지만 상대가 이걸 정말로 성공할 수 있을지 여부는 너 자신에게 달려있어. 이게 쉽지 않다는 건 알아. 어떻게 보면 이런 행동은 상대에게 위협이 될 수도 있기 때문이야. 어쩌면 너는 여기에 맞서 어떤 행동을 취함으로써 맞게 될 결과가 두렵고, 직장을 잃을 수도 있다는 생각에 불안한 걸지도 몰라. 하지만 네가 열등감을 느끼면 네 상사는 목적을 달성하는 거야. 그럼 그 사람은 마음을 놓고 우월감을 느끼겠지. 하지만 굴욕은 그걸로 끝나지 않을 거야. 오히려 그 사람은 승리에 도취해 즐기게 될 테니까."

"맞아. 그 인간은 진짜 그렇다니까!" 이사가 외쳤다.

"아무튼, 마리 퀴리도 살면서 수많은 거절을 당하고 심한 비판을 견뎌야 했어. 그녀는 평생 방사능을 연구에 매진하다가 사망에 이르렀어. 해로운 광선인 방사선에 계속 노출되다 보니 건강이 무너진 거야. 이런 직업 환경이

어쩐지 익숙하게 느껴지지 않니?"

"진짜로. 정말 그런 것 같아." 이사가 고민하며 대답했다.

"확실히 그래! 거긴 완전 오염된 곳이라고!" 다니엘은 한순간도 고민하지 않았다.

"얘기를 들어보니 그럴 것 같았어. 이런 건 스트레스에 대한 신체 반응으로도 알 수 있지. 우리 몸은 알람 시스템과 같아서 과도한 부담을 받으면 다양한 증상을 통해 신호를 보내거든. 네가 말한 편도염 같은 거 말이야. 물론 난 의사도 아니고 의학 지식을 아주 잘 알고 있는 건 아니지만, 이런 증상은 심리적인 이유로도 나타날 수 있어. 좁아지는 기도가 네게 신호를 보내는 거지. 몸과 정신은 깊이 연결되어있어. 어쩌면 편도염이 생긴 건 네가 오래 전부터 너무 많은 가시를 삼켜야만 했기 때문일지도 몰라. 부어오르는 목은 이제는 너 자신을 위하고, 다른 사람이 선을 넘으려고 들거나 너무 많은 것을 요구하면 당당하고 또렷하게 거절해야 한다는 걸 의미하는지도 모르지. 두통도 마찬가지로 네가 받고 있는 큰 압박에서 비롯된 걸지도 몰라. 더 이상 네가 뭘 잘못했는지, 만회하기 위해서는 어떻게 해야 하는지 머리를 싸매고 고민하지 말고, 완벽주의에서 벗어나 조금 풀어질 필요가 있다고 말하는 거지. 상사나 직장 동료가 왜 그런 행동을 하고, 어떤 행동을 하는지 생각하는 것에서 벗어나 희생양이 되는 것을 그만두고 떨쳐내는 것에 해답이 있을 거야. 그러고 나면 머릿속에서 울리는 망치질 소리도 잦아들게 되겠지."

"정말 나도 그러고 싶어! 이런 취급을 당하면서 한 번도 마음이 편했던 적이 없다고!" 이사는 살짝 웃었지만 여전히 좌절이 담긴 눈으로 폴을 바라봤다. "하지만 내가 바라서 희생양이나 제물이 된 게 아닌걸! 대체 언제부터 내가 이런 역할을 맡게 된 걸까? 그냥 화장실이 어디 있는지 물었을 뿐인데 '하, 그러니까 화장실에 가겠단 말이야? 그럼 이 희생양 역할은 얘에게 줘야겠군! 이제 변기 속에서 춤이나 추라지'라고 생각한 건지 정말 모르겠어. 난 이런 걸 원했던 적이 없다고! 내 의지가 아니었단 말이야!"

"네 말이 맞아. 세상에 희생양이 되기로 결심하는 사람은 없어. 하지만 이런 역할이 길을 안내해 줄 수는 있지. 좋은 소식을 전하자면, 이 끔찍한 상황에서 벗어나는 방법은 늘 존재해! 이 경우에는 희생양의 관점에서 벗어나 생각을 바꾸기로 하는 게 되겠지. 스스로를 희생자로 지목하는 팔을 내리고, 누군가 네게 그런 역할을 뒤집어씌우려고 해도 순순히 따르지 마. 너는 네 행복을 결정할 권리를 완전히 포기해 왔지. 상사와 직장 동료들이 네 하루와 네 기분을 결정하게 내버려뒀어. 이 사람들이 네게 하는 짓을 무의식적으로 순응하면서 말이야. 이 모든 일은 네게 독이 되었지. 하지만 독이 효과를 발휘하기 위해서는 스스로 꺼냈든 다른 사람이 주든 상관없이 네가 이걸 삼켜야만 해. 어쩌면 누군가 네게 독을 먹이려고 하는 걸지도 몰라. 하지만 네가 스스로 조금 더 주의를 기울이면 네가 이걸 삼키는 일은 막을 수 있어! 누군가 가져다줬다고 순순히 독이 든 음료를 마실 거야? 처음에는 여기에 누가 독을 탔다는 걸 몰랐을 수도 있지. 하지만 두 번째에는 분명하게 거절할 수 있어야 해. 너는 이 독이 어떤 고통을 줬는지 알고 있고, 다시 경험하고 싶지 않잖아. 이걸 다시 들이킬지 여부는 네 손에 달려있어. 이제 새롭게 결정을 내릴 시간이야. 물론 너 자신을 위한 결정을!"

"항상 말이야 쉽지…."

"결정을 내릴 때 너 자신만을 생각한다면 어렵지 않을 거야. 피해자로 살아야 한다는 생각을 떨쳐내고, 다른 사람이 생각하는 사실이 너의 사실과 같을 필요가 없다는 걸 깨달으면 이 악순환을 깨부술 수 있어. 누군가가 너를 계속해서 비난하고 깔아뭉개고 얕본다 해도, 그렇게 네게 독을 건네려고 해도 이걸 들이키고 이들의 주장을 사실로 받아들일지는 네 몫이야. 이 사람들의 주장이 정말 맞는다고 누가 그래? 네가 이걸 사실로 인정하고 독을 삼켜버리면 너만 힘들 뿐이야. 이걸 건네받지 않고 자신을 위하기로 결심하면 그 누구도 더 이상 네 행복을 결정할 수 없어. 네가 스스로를 의심하기 시작하는 순간 이 사람들의 말이 옳다고 인정하는 거야. 그러지 않으면 이 모든 건 다 네가 아닌 다른 사람에게나 중요한 상상에 불과해." "하지만 이 사람들의 생각이 내 인생에 영향을 미치잖아!" "네가 그걸 허락할 때만 그렇지. 네가 이걸 거절하기만 하면 모든 흐름과 이야기의 결말을 완전히 바꿀 수 있어. 네가 명확하게 선을 긋기만 하면 무궁무진한 가능성이 네 앞에 펼쳐질 거야. 희생양에서 벗어나고 싶다면 행동해야 해. 희생양은 남의 죄를 짊어지지. 하지만 정말로 희생되기 위해서는 이 모든 걸 자기 잘못으로 인정해야 해. 그렇지 않으면 애초에 그런 역할을 받아들이지 않을 테니까. 순교자가 죄를 짊어지는 건 눈앞의 사람들을 기쁘게 해주기 위해서야. 사람들이 던지는 돌을 맞으면서 자신에게 건네지는 독을 삼키지. 그렇게 자신을 희생하지 않으면 누구도 자기를 사랑해 주지 않을 거로 생각하면서 말이야. 하지만 이건 사랑과는 전혀 관련이 없어. 스스로를 사랑하는 것과는 더더욱 거리가 멀지. 희생자의 역할은 남에 의해 규정되기 때문에 본인은 자신에게도 선택할 권리가 있고, 거절할 수 있다는 사실을 잊어버리곤 해. 앞으로 네 상사나 직장 동료들이 다시 너를 짓누르려고 하면, 그냥 그 상황을 벗어나 버려! 자기 행동을 정당화하기 위해 노력할 필요가 없어. '제가 보기엔, 모든 제품의 가격을 외우는 건 불필요한 행동인 것 같습니다. 목록을 보면 금방 알 수 있으니까요. 다음 미팅 때는 가격 목록을 지참하도록 하겠습니다. 그럼 문제는 해결됐네요'라고 말하면 돼. 단호하고 자신 있게 비난을 해결법으로 바꿔버려. 상사가 너를 아무리 깎아내려도, 네가 여기에 끼지 않고 해결책을 제시해버리면 흐름을 바꿔버릴 수 있어. 인정하는 건 스스로를 작게 만드는 거야. 그러면 너는 부끄러움과 죄책감을 느끼게 되고 피해자와 가해자의 행동을 강화할 뿐이야. 누가 너에게 굴욕을 안겨주려고 해도, 네가 입을 다물지 않고 명확한 선을 긋고, 더 나아가 스스로 의문을 가지지 않는다면 더 이상 지금처럼 힘들지는 않을 거야. '아닙니다. 하지만 다른 방법도 있습니다', '지금은 감정은 가라앉히시고 다음번에 이야기하시죠', '제가 보기에 지금 상황은…' 같은 말을 사용하면 말싸움 중에도 네 입장을 명확하게 드러낼 수 있고, 이것만으로도 많은 상황을 해결할 수 있어. 그래도 상사가 비난을 멈추지 않고 또다시 말싸움에 불을 지피면 네가 이 말에 동의하지 않고 네 입장은 확고하다는 걸 그 사람에게, 그리고 너 자신에게 보여줘. 그러면 약자의 자리에서 벗어날 수 있을 거고, 어쩌면 상대방의 존중을 얻어낼 수 있을지도 몰라. 최소한 네 기분은 더 나아지겠지. 적어도 너 자신은 네게 존중을 보였으니 말이야. 모든 비난을 조용히 받아들이는 사람과 명확하게 자기 생각을 표현하고 확실하게 선을 긋는 사람 중 누가 더 진지하게 받아들여지겠어?"

"알았어. 하지만 그래도 그 인간들이 계속 내 무덤을 파거나 힘겨루기하고 싶어 할지도 모르잖아!"

"그럴 수도 있지. 하지만 너는 더 이상 여기에 놀아나지 않고, 무력감을 느끼지도 않을 거야. 너는 이들의 말에 동의하지 않을 거니까. 스스로 구덩이에서 나와 서로 물어뜯게 놔둬. 물론 쉽지는 않을 거야. 여기에서 빠져나오려면 온 힘을 다해야 할 테니까… 한 번에 끝나지 않을 수도 있고 말이야. 만약 스스로 한계를 느끼고, 상황이 괜찮아지지 않을 것 같으면 이 직장을 네가 정말로 원하는지, 네가 그곳에서 행복해질 수 있을지 곰곰이 생각해 봐. 언젠가는 이 끊임없는 싸움을 그만둬야겠다고 생각할 수도 있어. 다른 직장은 이 구덩이와는 다르게 따사로운 햇볕이 비추는 잔디밭처럼 느껴질지도 모르지. 직장에서 긍정적인 마음을 느낄 수 있는지는 중요한 문제야. 어쨌든 우리는 직장에서 많은 시간을 보낼 수밖에 없으니까. 결국 인생의 소중한 시간을 할애하는 거지. 그러니 직장에 있는 시간 동안 절대 행복할 수 없을 것 같다면 새로운 곳을 찾아 떠나는 게 좋을지도 몰라. 더 좋은 무언가를 찾을 수 있을 거라 스스로 믿어야 해. 우리는 누군가와 헤어지려고 하거나 퇴사를 고민할 때 다음에 얻게 될 것이 이전 것보다 낫지 않을 수도 있다고 생각하곤 하지. 하지만 이런 생각을 불어넣는 건 과연 누굴까? 바로 두려움이야! 하지만 두려움은 좋은 조언자가 못 돼. 하지만 자신감과 용기, 스스로에 대한 믿음보다 두려움의 말에 더 귀를 기울이고 자기 자신을 끝까지 지켜주지 않으면 이런 이야기에도 귀가 팔랑거릴 수밖에 없어. 그렇지 않을 수만 있다면 더욱 자기를 위하는 행동을 취할 수 있겠지."

"진짜 맞는 말이야. 스스로를 끝까지 믿어주는 거…."

"그럼 너를 막아 세우는 건 과연 뭘까?"

"솔직히 말하면 나 자신인 것 같아. 나는 늘 어떻게든 해내야 한다고 생각하거든."

"뭘 해내려고 하는 건데? 스스로를 망가뜨리는 거?" 다니엘이 옆에서 외쳤다. "아무리 봐도 너는 지금 그러고 있는 것 같거든." 다니엘이 이사의 직장과 직장 동료들에게 호감을 가지고 있지 않다는 걸 잊은 사람은 없었다.

"다니엘의 말대로야. 누구한테 뭘 증명하려고 하는 거니? 네 인생을 사는 건 누구일까? 다른 사람, 아니면 너? 인생 끝자락에 몇 년이나 되는 이 귀중한 시간 동안 너는 왜 다른 사람들이 너를 괴롭히게 두었는지 스스로 묻게 된다면, 뭐라고 설명하게 될까? 누군가 축하와 함께 메달을 건네며 '이 해로운 직장을 잘 견뎌내신 걸 축하합니다! 물론 당신은 여기에서 몇 년을 낭비했고, 자기 자신과 건강을 도둑맞았지만, 아무튼 이 고통에 대한 메달이라도 드릴게요!'라고 말해주기라도 할까? 마침내 더 나은 것을 누릴 자격이 있다는 걸 깨닫고 너를 존중해 주는 좋은 직장 동료들과 공정한 상사가 있는 새로운 직장을 찾을 때가 된 건 아닐까? 넌 어떻게 생각하니?"

"인정할게. 어떤 말들은 좀 솔깃하게 들리긴 해."

"스스로를 존중하는 건 자신을 좀먹는 직장에서 당당하게 아닌 건 아니라고 말할 수 있는 거기도 해. 아까 리아에게 해주고 싶었던 말이 있다고 했었지. 근데 이건 스스로에게 해주고 싶은 말이기도 했을 거야. 이건 네 잘못이 아니고, 너는 그냥 잘못된 곳에 있었을 뿐이라고. 네가 잘못되었다고 말하고, 너를 힘들게 하는 그런 곳에. 결국 리아는 더 좋은 곳으로 옮길 기회를 얻게 된 거라고 했잖아. 너도 그런 기회가 필요하지 않을까? 네가 이 기회를 스스로에게 주는 건 어떻게 생각해?"

그냥 잘못된 곳에 있었을 뿐,
애초에 네가 잘못한 것은 없었을지도 몰라.

타들어가는 손을 놓을 때

"조만간 너희 상사는 내 상사랑 지옥에서 만날지도 몰라. 이 둘은 젠장 맞게도 비슷하거든!" 찰리가 말했다.

"성경에서 벗어나 땅에 발을 딛고 일을 현실적으로 바라보는 게 좋을 것 같아." 폴은 늘 그렇듯 이야기의 핵심을 파고들었다.

"아니면 아예 땅 밑으로 들어가는 건? 이 인간들이 하는 짓은 딱 그쪽에 어울리는 것 같은데." 나는 앞으로 듣게 될 지옥처럼 맵고 뜨거운 이야기에 고춧가루를 뿌렸다.

"진짜로!" 찰리가 두 번째 벽돌을 살짝 앞으로 밀며 말했다. "소개할게. 마르크는 가능한 모든 일에 욕을 퍼붓는 울퉁불퉁하고 거친 돌멩이 같은 사람이야. 난 이 인간 생각만 해도 식은땀이 나. 이 인간 옆자리에 비하면 지옥은 선선한 바람이 부는 쾌적한 곳이라고 할 수 있지. 아직 거기에 있는 악마들은 마르크를 본적이 없잖아. 이 인간은 지옥을 더 뜨겁게 불태울 인간이야! 어떤 얘기를 할지도 눈에 선해. '쓰잘데 없는 이 악마들은 뭘 하는 거야? 고작 이 조그만 불꽃 몇 개로 충분하다고 생각해? 이 거지 같은 것들은 당장 내 앞으로 오라고 해! 제대로 불타는 게 뭔지 보여주겠어! 내가 지금 재밌자고 하는 짓으로 보이나본데, 이런 아마추어 같은 놈들이랑 영화를 찍을 거였으면 포르노를 만들 걸 그랬어. 거긴 적어도 눈요깃거리라도 있지! 여긴 불평이나 늘어놓는 머저리들 천지야. 그러니까 정신줄 제대로 붙들고 내가 월급 값을 하란 말이야. 팔을 걷고 힘 좀 쓰라고, 다들! 그래, 너도, 칼로타! 지금 여기가 인센스나 피우면서 명상 나부랭이를 하는 곳인줄 아나본데, 여긴 일터야! 스태프면 스태프답게 일하란 말이야. 내가 불이 필요하다고 하면 불이 있어야 하는 거야! 네가 손이 타버리든 말든 내가 알 바냐고… 손 두 짝 다 있어서 뭐 할 건데?' 딱 이렇게 얘기하겠지. 그 인간은 으스러질 때까지 밀어붙여야 한다고 생각하거든. 사람이든 한계든 상관없이. 그 인간은 어느 쪽이든 신경도 안 쓸걸. 그 인간은 목표를 이루기 위해서라면 아래에 있는 사람 모두가 잿더미가 되어야 한대도 눈 하나 깜짝하지 않을 거야. 중요한 건 마지막에 자존심을 세우고 자기가 빛나는 것뿐이니까."

"나르시시즘 있는 사람이구나." 루카스가 말을 꺼냈다. 루카스는 마르크에 대해 알지 못했다. 반면 나는 이미 몇 번 이런 이야기를 들은 적이 있었다. 마르크에 대한 이야기는 절대 웃긴 내용이 아니었지만, 찰리는 이 이야기를 웃기게 하는 재능이 있었다. 농담이 아니고 정말로.

"근데 그걸 참는다고?" 루카스가 믿을 수 없다는 듯 말했다. "그렇게 돈을 많이 줘?"

"겨우 입에 풀칠이나 하는 정도야!" 아드리안이 말했다. 이 자리에 앉은 남자들은 여성들이 겪는 경제적, 감정적 착취에 대해 잘 이해하지 못하는 경향이 있었다. 그나마 좋은 것은, 찰리의 분노가 정당했다는 점이다. 나는 그렇게 생각했다.

"으음… 그렇긴 해. 하지만 난 항상 영화계에서 일하는 게 꿈이었는걸. 어쩌면 이게 제대로 된 문을 열어줄지도 몰라. 나는 연기 공부랑 병행할 일이 필요했던 거니까!"

"병행하기에는 근무 시간이 너무 길잖아! 그러니까 맨날 피곤에 절여진 상태로 연기 수업에 가는 거고." 아드리안이 설명을 이어갔다. "그리고 대체 그 문이 무슨 문인데? 감독실 문? 화장실 문? 결국 다른 곳으로 가는 길을 다 막는 그 인간의 난장판으로 가는 문? 제발 부탁인데 그 인간 때문에 네가 연기를 못하고 있다는 걸 잊지 말아줬으면 좋겠어… 단 한 번을 못하잖아! 그 인간은 결국 네가 현장 스태프에서 못 벗어나도록 막고 있는 거라니까? 이 감독이라는 미심쩍은 작자가 널 무자비하게 착취하고 있다고! 그 인간이 너한테 배역을 주는 일은 없을 거라는 사실을 아직도 깨닫지 못한 거야? 아니면 그 인간이 준다고 했던 그 역할들은 다 어디에 있는데? 그 인간이 네게 약속했던 그 수많은 대본들은? 아니면 사실 그 인간은 한 번도 약속한 적이 없었고 전부 너의 희망사항이었던 거야? 그냥 잠기고 막힌 문 앞에 서 있는 거나 다름없잖아! 정신 차려, 찰리! 인간적으로 그런 일은 없었으면 좋겠지만, 그 인간은 너랑 자려고 그러는 거야! 네가 뭐라 생각하든, 그 인간은 널 배우로 만들어줄 생각이 없어. 애초에 그 인간한테 아양 떠느라 시간 낭비만 안 했어도 이미 데뷔했을지도 모르지!"

"아드리안, 미쳤어? 지금 이 말이 얼마나 성차별적인 건 줄 알아? 넌 지금 선을 넘은 거야… 그 인간하고 똑같이! 이런다고 네가 좀 나은 사람이 되는 건 아냐! 1초라도 내가 잠자리로 배역을 따내고 싶어 한다고 생각했다면 완전 잘못 생각했어! 왜 남자들은 항상 그런 식으로 밖에 생각을 못하는 거야! 정작 여자들은 그런 걸 바라지도 않는다고! 생각만 해도 소름 돋아! 물론 그 인간이 단순히 못생겨서 그러는 것도 아니야! 대체 대자연이 어쩌다 이 끔찍한 인간한테 남들이 받아들일 수 있는 수준의 껍데기를 줬는지는 모르겠지만, 아무튼 아니야. 난 그럴 생각이 추호도 없다고!" 그녀가 눈을 굴렸다. "그 인간은 내가 아는 모든 사람을 통틀어서 제일 끔찍한 내면을 가진 사람이야! 성격이든 가치든 상관없이 그냥 모든 부분이 혐오스럽다고. 난 절대 그 인간이랑 자지 않을 거야. 어떻게 나를 그렇게 모를 수가 있어! 이런 일이 일어나는 것도 애초에 남자들이 그렇게 생각하기 때문이라고. 그러니까 그딴 소리는 집어 치워. 토 나와!"

"참나… 그러니까 말도 안 되는 소리라고? 그러니까 그 인간이 네 가슴이나 엉덩이가 어쩌구 하는 얘기를 한 적이 없다는 거지? 지난번에는 분명 그렇게 들은 것 같은데?"

"맞아. 그런 얘기를 하긴 했어. 진짜 징그러워. 근데 네가 방금 거기에서 더 안 좋은 방향으로 한발 더 나갔잖아!"

"그러니까 내가 그 사람보다 더 심하게 굴었다고? 그럼 너는 그 인간이 그러는 게 괜찮다고 생각하는 거야? 네가 화내는 부분이 딱 여기 아니었어?"

"맞아. 물론 안 괜찮아! 방금 그렇게 말했잖아!"

"하지만 너는 그 인간이 그러게 놔두고 있잖아! 어떤 대응도 하지 않고… 그냥 침묵하고 있다고. 결국에는 네가 이 인간이 지위를 이용해서 비정상적인 행동을 하는 걸 용인하는 거나 다름없다니까. 지금 그 인간은 의도적으로 너를 이용하고 자신을 위해 희생시키고 있는데 말이야. 그 인간이 못돼 먹은 돼지인 건 네 잘못이 아냐. 근데 그걸 그렇게 놔두는 건 안 되지! 그 인간이 그딴 신호를 보낼 때마다 화나는 건 맞잖아! 네가 연기자가 되고 싶어 하는 건 그 인간 관심 밖이야! 그 인간은 너에게 야근 수당도 주지 않잖아… 툭하면 한 달은 지나서나 월급을 입금하고, 명절이나 휴일에 일해도 수당은 한 푼도 챙겨주지 않지! 이건 그냥 몰염치 한 수준을 넘어서 법을 어기고 있는 거야. 처벌 대상이라고! 넌 그냥 이걸 그러려니 하고 넘기고 있지. 그 인간이 너를 자르면 네가 베를린 영화제 레드 카펫에 서고 상을 받을 기회를 놓치게 될 거라 생각하니까. 근데 황금곰상을 받을 일은 없어! 적어도 그 인간을 통해서는 절대 아니라고. 그 인간은 너를 묶어두고 있는 거라니까! 이 일 때문에 네가 놓치는 게 더 많다는 걸 아직도 모르겠어? 그 인간은 분명 알고 그러는 거야! 이 모든 게 다 의도적인 행동이라고. 그 인간이 멀쩡히 살고 있다는 것만 들어도 메스꺼워질 지경이야. 심지어 지난번에는 너를 협박하기까지 했잖아. 네가 일을 관두면 연기 커리어도 포기해야 할 거라면서. 이 바닥에서 일하는 사람은 훤히 꿰고 있고 네가 캐스팅되는 걸 막는 건 일도 아니라고, 자기가 도와주지 않으면 아무것도 얻을 수 없다고 말이야! 이런 협박은 도의적으로만 잘못된 게 아니라 소송감이잖아! 그 인간은 네가 아무 조치도 취하지 않을 거라는 걸, 더 나아가서 네가 그 인간을 믿고 있다는 걸 알고 그러는 거야! 정신 차려! 네가 바라는 일은 일어나지 않아. 그 인간은 네 연기 경력에 1밀리도 보태주지 않을 사람이라고. 네가 그 인간을 위해 아무리 애써봤자 결국 너 자신과 네 꿈을 향해 한 걸음도 떼지 못할 만큼 지쳐버릴 뿐이야. 그 인간이 모든 걸 망칠 거라고. 이대로라면 너는 10년 뒤에도 그 인간하고 있게 될 거야. 그 인간이 네게 아무리 소리치고 모욕해도 그대로 입을 다물고 그 밑에서 일하고 있겠지! 그 인간이 그렇게 만들 테니까! 이 모든 걸 기꺼이 참을 만큼 너 자신이 그렇게 싫은 거야? 그 인간은 너를 끌어주지 않아. 오히려 반대로 네 길을 막을 거라고. 자기한테는 득이 되는 게 없으니까. 이 인간한테 중요한 건 너를 붙잡아 두는 거야. 이해가 안 돼? 너는 전혀 중요하지 않다고. 조금도."

찰리의 눈에 눈물이 맺혔다. 아드리안의 말이 나에게도 와 닿았다는 것을 인정할 수밖에 없었다. 이 금발의 서퍼가 나 자신에게 생각할 거리를 안겨줄 거라고 누가 생각이나 했겠는가. 나는 자기 자리에 앉아서 나의 시간과 꿈을 이용하고 부숴버린 사람들에 대해 생각했다. 그들의 얼굴이 여전히 또렷하게 기억났다. 나 자신과 내 계획을 절망시키고 좌절시킨 사람들. 나는 그들에게 부족하기만 했고, 절대 충분할 수도 없었다. 나는 자신보다도 나의 모든 것을 의심하던 그 사람들의 말을 더 믿었다. 그들의 의심은 곧 나의 의심이었다. 그렇게 나는 내 소망을 저 깊은 곳에 묻어버렸고, 그들은 이를 지켜보며 즐거워했다. 대학에서 경제 강의를 하던 교수는 내가 여성이기 때문에 전공과 어울리지 않는다고 말했다. 면접을 봤던 한 회사의 사장은 그렇게 예쁜 손을 가지고 현장에 나갈 수 있겠냐고 물었다. 상사는 내게 예산 문제를 넘겨놓고, 내가 16시간 동안 계산해 만들어낸 보고서를 그대로 가로챘다. 입사 첫날 일에 대해 설명해주던 동료는 원래 자신이 했어야 하는 업무를 나에게 떠넘겼고, 내 삶을 지옥으로 만들었다. 또 다른 상사는 매출 실적에 대해 회의하다가 내게 직장에 올 때 그런 차림은 안 된다며, 앞으로는 립스틱을 바르고 치마를 입으라고 말했다. 어떤 영업부 직원은 팀원에게 단결성이 없다며, 말도 안 되는 회식 자리에 참석해 함께 흰 옷을 입고 수영장에 뛰어들라고 했다. 이 우스꽝스러운 자리에서 금발 여자에 대한 농담이 정말 재미있다고 생각하는 술 취한 백인 남성들의 성차별적인 농담을 한참이나 들은 직후였다. 물론 나는 수영장에 뛰어들지 않았다. 누군가 그런 말을 꺼냈다고 해서 수영장이나 창문에서 뛰어내릴 만큼 대단한 일은 아니라고 생각했다. 하지만 주변 사람들의 눈빛은 분명했다. 나를 판단하고, 이상하게 생각하고, '이 여자는 농담을 모르네' 하는 눈빛. 이 사람들은 위스키 일곱 잔을 연거푸 들이키고는 곧장 풀장으로 뛰어드는 사람을 더 믿음직스럽게 여기고, 승진을 결정할 때도 가산점을 주었을 것이다.

물론 나는 바에 앉아 이 남자들의 이야기를 들을 수도 있었다. 다들 그런 말을 하지 않던가. 어쩌면 나는 너무 목소리가 크고, 예쁘지 않게 웃었을지도 모른다. 어쩌면 이 거지 같은 수영장에 냉큼 뛰어들어야 했을지도 모른다. 정말로 내가 충분히 여자답게 굴지 않았는지, 그래서 연봉 협상 때 더 나은 제안을 받지 못했는지는 결국 알 수 없었다. 어쩌면 정말 중요한 건 이게 아니었을지도 모른다. 만약 내가 수영장에 정말로 뛰어들었다면 분명 다치거나 심한 감기에 걸렸을 것이고, 내 마음도 비슷했을 것이다. 그 당시 내 몸은 이미 만신창이였다. 열에 시달렸고 온몸이 떨렸다. 여러모로 몸이 더 이상 견딜 수 없는 것 같았다. 나는 수도 없이 병원에 갔고, 대부분은 아픈 상태로 출근했다. 나는 나 자신을 의심했고, 스스로에 대한 믿음은 이미 밑바닥에 있었다. '의료 기록을 쭉 훑어보니 확실하네요.' 당시 의사는 내게 경고하듯 말했다. '이젠 좀 쉬어야 해요! 생활을 바꿔보던가요!'

퇴사한 후로는 그 의사를 다시 찾아갈 일이 없었다. 결국 나는 의사의 조언을 따랐고, 한 순간도 후회하지 않았다. 나는 일터에 모든 좌절을 던져두고 왔고, 결국 다시 나 자신을 믿고 꿈을 향해 움직일 수 있게 되었다. 나를 위한 삶을 사는 첫 단계였다.

물론 남자와 일하는 것이 싫다는 것은 아니다. 여자와 마찬가지로 말이다. 하지만 나는 무언가를 고를 때 조금 더 현명하게 선택하기로 했다. 우리에게는 늘 선택권이 있기 때문이다. 그동안 나는 성별과는 상관없이 나를 존중해 주고, 나도 존중할 수 있는 사람과 일하는 것이 얼마나 중요한지 깨달았다. 지금은 내가 원하는 날에만 화장을 하거나 치마를 입는다. 그때 그 남성들에게는 놀랍게 들릴지 모르겠지만, 내가 그런다고 해서 실적이 더 좋아지거나 나빠지는 건 아니다. 뭘 입고 뭘 바를지는 오롯이 나의 결정이다.

우리는 너무 쉽게 수긍한다. 심지어는 '아니오'라고 말할 수 있다는 사실조차 잊어버린다. 하지만 세상에는 우리를 소중히 여겨줄 수 있고, 외모나 성별, 출신 지역, 피부색, 나이, 성적 지향에 대한 편견이나 판단 없이 우리를 존중해 줄 수 있는 직장과 사람도 존재한다. 중요한 건 우리가 다른 사람을 바꿀 수는 없지만 스스로를 대하는 방법은 바꿀 수 있다는 것이다. 다른 사람에게도 마찬가지이다. 결국에는 이들의 행동도 우리에게 영향을 미치고, 우리를 움직이기 때문이다. 우리는 다른 사람의 생각을 바꿀 수 없다. 그러니 이들의 생각과 거리를 두고, 이로부터 해방되는 법을 배워야 한다. 하지만 우리가 무엇을 용인할지 또한 이것만큼이나 중요하다. 어떤 행동이 우리가 그어놓은 선을 넘는가? 우리는 우리가 받아 마땅한 것만을 허락해야 한다. 이것이 유일한 정답이다. 만약 그렇게 할 수 없는 경우라면 스스로의 자존감을 지키고, 자기 자신을 더 아껴줘야 한다. 자신을 존중해 주지 않는 직장을 그만두는 것은 우리의 가치를 몰라보고, 우리를 푸대접하는 사람과의 관계를 끊는 것만큼이나 중요하다. 때로는 이걸 깨닫기 위해 시간이, 어쩌면 스스로를 위한 큰 용기가 필요할 수도 있다.

나는 너무 오랜 시간 침묵해 왔고, 늘 어딘가가 아팠다. 남들을 위해 사느라 나 자신을 잊었기 때문에 벌어진 일이었다. 당시에는 이 회사가 세계적인 대기업이라는 사실에 눈이 멀어있었다. 나는 그곳에서 근무하는 것이 특권이라고 생각했다. 적어도 주변 사람들은 늘 그렇게 이야기했다. '때려치우고 싶으면 출구는 저쪽이야.' 상사들은 곧잘 이렇게 말하곤 했다. 그만큼 이곳에서 일하고 싶어 하는 사람도 많았다. 나는 이 사람들에게 솔직하게 말했어야 했다. 하지만 결국에는 지금의 찰리처럼 높은 대가를 치러야만 했다. 이건 삶이 준 기회가 아닌 시험이었고, 나는 덕분에 많은 것을 배울 수 있었다. 삶이 주는 시험은 성장하고 새로운 기회를 내릴 기회다. 직업에 관한 문제인지 관계에 대한 문제인지는 중요하지 않다. 나를 괴롭히는 것들은 늘 좋게 생각하라고, 이런 것을 행운으로 여겨야 한다고 말한다. 하지만 행복한 일은 늘 쉽지 않던가? 행복은 스스로를 억지로 설득하거나, 자기 자신을 믿지 못해 다른 사람에게 휘둘리는 것과는 다르지 않은가? 스스로를 과대평가 하는 사람을 위해 나 자신을 낮추는 것은 연인 관계에서든 직장에서든 건강하지 않다. 그 당시 나는 행복하지 않았다. 하지만 책상에 사직서를 올려놓고 지옥에 이별을 고했을 때, '우리가 변하지 않으면 아무것도 변하지 않습니다. 그래서 저는 이곳을 떠나고자 합니다. 저는 그럴 가치가 있는 사람이니까요'라는 이메일로 직장 동료들에게 퇴사 소식을 전한 후에는 다시 행복을 되찾을 수 있었다.

나는 절대 수영장에 뛰어들지 않았다. 하지만 늘 익사할 것 같은 기분에 시달려야 했다. 회사는 겉으로는 휘황찬란해 보였지만, 나에게는 지옥이었다. 그곳에서 벗어나는 데는 많은 것이 필요하지 않았다. 나는 단지 타들어가는 손을 놓았을 뿐이다.

변하지 않는 것 또한 선택이다.
나를 잡아 세우는 것을 놓지 않으면
결코 원하는 것을 얻을 수 없다.

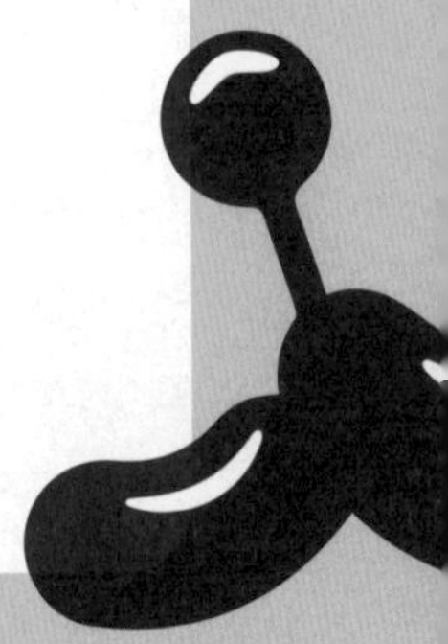

피해자가 되기를 그만두고 싶다면

"네 상사는 곧잘 남이 그어놓은 선을 넘는 사람인 것 같구나. 그럼 그 사람이 네 선을 존중한다고 느낀 적이 있니, 찰리?" 폴이 물었다.

"음… 무슨 선? 걔는 애초에 그런 걸 긋지 않아!" 아드리안이 고개를 저으며 말을 가로챘다. 분명 좋은 뜻으로 한 말이었겠지만, 섬세한 부분에는 아직 노력의 여지가 남아있는 것 같았다.

"너도 선을 넘는 건 마찬가지야. 내 상사랑 똑같다고. 계속 끼어들면서 모든 걸 다 아는 것처럼 말하기나 하고 말이야." 찰리는 반박했다.

"하지만 누구 하나는 이런 걸 놔두면 안 된다고 말해줘야 하는 거잖아!"

틀린 말은 아니었다. 우리가 애써 회피하지만, 꼭 필요한 말을 해주는 것이 바로 친구 아니던가? 듣기 좋은 말은 아무것도 해결해 주지 않았다. 문제가 나빠지고 있을 때는 특히. 어쨌거나 찰리도 나름 할 말이 있는 것 같았다.

"당장 그렇게 말하는 너는 다른 사람들이 절대 가까이 다가올 수 없도록 높은 벽을 쌓는 사람이잖아. 난 그런 게 정말 필요한 건지 잘 모르겠거든…."

"너는 그 사람이 너의 선을 존중해 준다고 생각하니?" 폴이 차분하게 다시 물었다.

"아니, 물론 절대 아니지! 난 바보가 아니라고. 마르크가 나나 다른 사람들의 선을 존중하지 않는다는 건 잘 알고 있어. 하지만 내가 뭘 할 수 있는데? 내가 그 인간을 바꿀 수 있는 것도 아니잖아!"

"그건 맞는 말이야. 네가 말했다시피, 네가 그 사람을 바꾸려고 노력했다 하더라도 달라지는 건 없었을 거야. 애초에 성공할 수 없는 일이니까. 네가 바꿀 수 있는 건 너의 대응 방식이야. 아까 아드리안에 관해 얘기를 했었지. 아드리안의 방식과 네 방식 사이의 중간 지점을 찾아봐. 어쩌면 최고 보안 시설같이 해저에 이중 방어벽으로 겹겹이 쌓인 아드리안의 방식과 대문이 없는 집처럼 활짝 열려 있어서 누구든 드나들 수 있지만, 반대로 언제든 망쳐놓을 수도 있는 너의 방식 사이 어딘가에 해결책이 있을지도 몰라."

루카스는 나를 슬쩍 쳐다보더니 탁상 가운데에 놓인 랜슬롯 기사 인형을 자기 쪽으로 살짝 끌고 왔다. 생각보다 자신과 아드리안 사이에 공통점이 많다는 걸 깨달았기 때문일까?

"걸어 잠그고 싶지 않아서 문을 두지 않은 거라면, 다른 방식은 어떨까? 이를테면 차단봉처럼 말이야." 폴은 찰리와의 대화를 이어갔다. 기사 인형에 대해서는 아무것도 눈치채지 못한 것 같았다. "이것도 경계선을 만들어 주지만 문처럼 막혀있지는 않지. 차단봉 옆에 '이 이상 다가오지 마시오' 같은 경고판을 세워둘 수도 있고 말이야. 그럼 이 차단봉은 어디에 설치해야 할까? 이걸 아는 것도 중요해. 그래야 경계를 명확하게 세우고, 필요할 때 바로 차단봉을 내릴 수 있을 테니까. 이렇게 되면 여전히 너는 열려있지만, 누군가 도를 지나치면 선을 확실하게 보여줄 수 있겠지."

"도를 지나칠 때라…." 찰리가 고민했다.

"그래… 아니면 딱 경계에 서 있을 때도."

"하지만 그 지점이 딱 경계선인지를 내가 어떻게 알아?" 찰리가 의심의 눈초리로 폴을 바라봤다. "어디까지가 경계여야 하고, 선을 어디에 그어야 하지? 정확히 언제가 내가 등을 돌려야 하는 시점이고, 언제까지 머물러도 되는 건지 어떻게 알 수 있어? 콘스탄틴이랑 사귈 때도 그랬고, 마르크나 필립이랑 있을 때도 늘 고민했지만 도저히 알 수가 없었어. 대체 언제 떠나야 하고, 무엇이 옳은지! 내 마음속에는 경계를 그어주는 차단봉이 아예 존재하지 않나 봐. 난 도저히 모르겠다고!"

"그렇다면 지금부터 어디에 경계를 그어야 할지 생각해 보면 되지. 차단봉은 그다음에 세우면 되고."

"하지만 대체 어떻게? 어떻게 해야 올바르게 경계를 세울 수 있는 건데? 얼마나 도를 지나쳐야 지나친 거야? 어떨 때는 너무하다는 생각이 들어도, 마음속 다른 한 편에서는 이 정도는 괜찮지 않냐고 말해! 뭔가가 지나치다고 느껴도 스스로 내가 너무 예민하고, 바라는 게 많고, 별것도 아닌 일에 집착하고, 지나치게 감정적이라고 속삭인다고. 이 둘 중 누가 옳은 건데?"

"누가 옳은지는 중요하지 않아. 중요한 건 스스로가, 특히 네 감정이 틀리지 않다고 생각하는 법을 배우는 거야. 그 순간에 네가 그렇게 느꼈다면 그런 거고, 스스로를 비난할 이유는 전혀 없어. 그 누구도 네 감정을 재단할 권리는 없어. 네가 너무 예민하다면, 그냥 그런 거야. 네가 무언가를 바라면, 그게 네게 중요하기 때문인 거야. 네가 정말로 소망하는 것이 있다면 너 스스로가 그곳으로 향할 힘이 있기 때문인 거고, 네가 감정적이라면 네가 인간적이고, 자신의 목소리를 들을 수 있기 때문인 거야! 그래도 돼. 다른 사람이 네 감정을 이해하지 못한다고 해서 이게 잘못된 건 아냐. 그것도 네 일부야. 네가 이런 부분을 놓아버리고 싶다면, 그걸 결정하는 것도 너야. 하지만 일단은 너의 이런 부분을 받아들일 줄 알아야 해."

찰리는 이해했다는 듯 큰 눈으로 폴을 바라봤다. 그녀는 아무 말도 하지 않았다. 이런 일은 흔치 않았다.

"다른 사람에게 지나치지 않은지는 중요하지 않아." 폴이 말을 이어 나갔다. 믿을 수 없을 만큼 부드럽고 낮은 목소리는 우리를 이해해 주고, 우리가 있는 그대로 옳다고 말하고 있었다. 이 말은 마음속 깊은 곳에 새겨지는 것 같았다. 어쩌면 그 이상이었다. 이 이야기는 비단 찰리에게만 해당하는 게 아니었다. 우리는 모두 그 자체로 옳다고. 모든 방면에서 그렇다고. 여기에 반대하는 사람들은 단지 자신의 그림자를 받아들이지 못해 그림자의 형상을 한 다른 사람들의 말에 넘어갔을 뿐이라고.

"중요한 건 다른 사람들이 선을 넘었다고 느끼는 순간을 스스로 깨닫는 거야. 어쩌면 다른 사람들이 네 감정을 여태껏 존중해 주지 않았기 때문에, 너 자신의 감정을 이해하는 법을 잊은 걸지도 몰라. 물론 네가 선을 긋지 않는 게 다른 사람들에게는 이득이겠지. 그러니까 네게 선을 그을 필요가 없고, 오히려 그러면 더 안 좋은 일이 생길 거라고 말하는 거야. 네가 명확하게 경계를 그으면 상사나 친구, 전 남자 친구는 더 이상 선을 넘을 수 없을 거고, 너도 이들이 자기가 필요한 순간에 너를 부른다고 해서 꼭 응해야 한다고 느끼지 않게 될 거야. 그런 건 옳지 않은 일이니까. 아까도 말했지만, 이건 세상을 바꾸는 일이 아니야. 하지만 너는 바뀌겠지. 어차피 이건 너의 삶이니까. 스스로를 돌보지 않고, 절대 받을 수 없을 상대의 마음을 위해 노력하는 것은 네게 아무것도 가져다주지 않을뿐더러, 도움이 되지도 않아. 다른 사람만을 위하다 보면 스스로를 잃기 마련이니까. 네가 할 수 있는 건, 자신을 위하는 거야! 그러다 보면 너의 경계선이 보이기 시작할 거고, 자신의 편을 드는 법도 알게 될 거야. 네가 자신의 선을 진지하게 받아들이지 않으면, 그 누구도 이걸 존중해 주지 않아."

"그래, 그럼 내가 그렇게 한다고 쳐. 나 자신의 감정에 더 집중하고, 내가 바라는 대로 행동하는 거지." 찰리가 회의적으로 말했다. "일단 이게 실제로 가능한 일인지도 모르겠어. 가능하다 치더라도, 그런다고 정말 바뀌는 게 있을까? 그러다 다른 사람들이랑 똑같아지면 어떡해! 자기한테 득이 된다고 생각하면 다른 사람은 조금도 신경 쓰지 않는 나르시시스트 상사나, 세상이 자신을 중심으로 돌아가야 한다고 생각하는 요한나, 아니면 자기가 필요하면 냉큼 남을 이용해 놓고 흥미가 떨어지면 갑자기 사라져 버리는 콘스탄틴 같은 사람 말이야! 자기한테 오는 이득 이외에는 아무것도 신경 쓰지 않는 거지 같은 이기주의자가 되면 안 되는 거 아냐? 사람들이 얘기하는 자기애 어쩌고 하는 헛소리 때문에 이런 이기주의자들이 양성되는 거 아니었냐고?"

"네가 그런 얘기를 해줘서 기뻐. 다른 사람들도 종종 그런 얘기를 나한테 하거든. 네가 말한 자기애에 대한 헛소리에 대해 먼저 말하자면, 네 상사나 친구, 전 남자 친구의 행동은 자기애와 전혀 관련이 없어. 오히려 그 반대지. 보통 자신의 자아를 지나치게 부풀려서 다른 사람 위에 서려고 하고, 다른 사람의 감정에 공감하지 못하는 사람들은 오히려 자신을 사랑하지 않는 사람들이거든. 애정의 대상이 자기 자신이든 남이든 상관없이, 스스로를 사랑하고 존중한다면 누구든 다른 사람의 눈높이에 맞춰줄 수 있어. 자신을 사랑하지 못하면 다른 사람의 감정을 위협으로 느끼고, 스스로를 치켜세우기 위해 다른 사람들의 가치를 평가절하하지. 하지만 이건 절대 해결책이 아니야. 자아를 비대하게 부풀리고 다른 사람을 낮추는 건 결국 자신이 불안정하고, 자신의 가치를 확인받고 싶다는 걸 보여줄 뿐이니까. 이런 행동은 그런 욕망을 절대 충족시켜 줄 수 없지. 다른 사람에게 함부로 하는 사람은 스스로에게도 똑같이 행동하고, 자신의 가치를 알아보지 못해. 다른 사람을 사랑하지 않는 사람은 그만큼 자기 자신을 견디지 못하는 거야. 선을 긋지 못하고 모든 것을 받아들이기만 하는 사람도 마찬가지야. 이 사람들도 자신을 사랑하지 않기 때문에, 자신이 더 나은 대접을 받을 가치가 없다고 생각하거든. 사랑으로 가득 찬 사람은, 그러니까 다른 사람에게도 애정을 나눠줄 수 있는 사람은, 자신도 남들만큼이나 가치 있다는 것을 알지. 그래서 자신을 애써 치켜세우거나 낮출 필요가 없어." 폴은 말을 이어 나가기 전 잠깐 고민했다. "그러니까 '이 사람들이 나한테 왜 이러지?'하는 생각이 든다면, 이유는 간단해. 너희가 스스로를 그렇게 대우하기 때문이야. 더 이상 이런 대접을 받고 싶지 않고, 피해자가 되는 것을 그만두고 싶다면, 그에 맞는 행동을 취하기로 하면 돼. 그렇게 하면 어디에 선을 그어야 하는지 알 수 있을 거야."

폴이 래퍼였다면, 방금 한 말은 완벽한 펀치 라인이었다. 나는 폴이 요점을 꿰뚫었다는 걸 인정할 수밖에 없었다. 나중에 누군가가 선을 넘는다면, 나는 지금 들은 이야기를 떠올리며 내가 그은 경계를 보여주고 차단봉을 내리리라. 그런다고 해서 내가 이들에게 나쁜 짓을 하는 것은 아니다. 이 사람들이 나에게 돌을 던진다면, 본인도 그만큼의 돌을 지고 있어야 한다는 뜻이니까. 하지만 나는 이 돌을 받지도, 되돌려주지도 않을 것이다. 그냥 묵묵히 앞으로 나아갈 것이다.

"하지만 그래도 마르크가 언젠간 자신이 한 짓을 그대로 돌려받았으면 좋겠어." 찰리는 생각에 빠진 채로 중얼거렸다.

"이미 그러고 있지 않을까? 그 사람은 다른 사람과 끊임없이 전쟁을 치르면서 폭탄을 날리고 있잖아. 그런 사람의 마음이 평화로울 수 있을까?"

찰리는 고개를 저었다. 그걸로 충분했다. 폴은 잠깐 휴식 시간을 가지는 것이 어떻겠냐고 우리에게 제안했다.

사람들이 너를 대하는 방식은
결국 네가 스스로를 대하는 방식과 같다.
다른 사람이 너를 푸대접하고,
네가 이걸 그냥 받아들인다면,
결국 네가 스스로를 푸대접한다는 것을
인정하는 것이다.

나는 나를 위한 결정을 내려

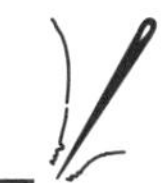

루카스와 나는 이 휴식 시간 동안 커피를 마시기로 했다. 루카스는 나와 함께 커피를 홀짝이다 다시 탁자로 몸을 돌렸다. 내 시선은 문득 창밖을 향했고, 갑자기 무언가가 내 머릿속에 떠올랐다. "잠깐 와봐. 우리 호숫가 좀 걷다 오자!" 나는 거절할 틈을 주지 않기 위해 빨리 말을 꺼냈다. 루카스가 이 제안을 달가워하지 않을 게 분명했기 때문이었다.

"하지만 10분 뒤에는 다시…."

"그래도. 10분 동안 신선한 공기를 마시면서 호수를 볼 수 있잖아. 분명 기분 좋을걸!"

"지금 여기서도 충분히 호수를 볼 수 있는데." 루카스가 창문 앞으로 다가가며 투덜거렸다.

"그렇게 따지면 여행은 필요 없겠네. 인스타그램 사진으로 보면 되니까. 직접 경험하는 건 전혀 다르다고! 그러니까 나가자!"

나는 커피 머신 옆에 놓인 잔을 들고 루카스에게 눈치를 주었다.

"누가 들으면 락다운 동안 산책 한 번 안 나간 줄 알겠어." 루카스는 투덜거렸지만, 결국에는 나를 따라왔다.

나는 웃을 수밖에 없었다. 루카스의 말도 틀리지만은 않았다. 산책은 재미없고 심심한 게 맞았다. 하지만 걸음을 옮기면서 머리를 식히는 것만큼 마음을 차분하게 해주는 것이 또 어디에 있던가. 옛날 동양의 철학자들도 그렇게 얘기했고, 나도 그러지 말라는 법은 없었다. 나는 기꺼이 나 자신을 철학자로 칭하기로 마음먹고 외투를 걸쳤다. 루카스의 손에도 억지로 그의 외투를 들려주었다. 폴이 뒤에서 우리를 불렀다. "15분부터 다시 시작할 거야… 벽돌 들고 가는 거 잊지 마!"

"알았어!" 내가 대답했다. 벽돌에 대해서는 물론 까맣게 잊고 있었다. "젠장…." 나는 조용히 투덜거리며 루카스의 생각이 변해버리기 전에 빨리 책상에서 우리 둘의 벽돌을 챙겼다.

"진심으로 말한 건 아니었겠지!" 벽돌은 루카스의 불만을 막을 수 없었다. 내가 벽돌 두 개를 챙겨 다시 돌아오자 그는 불만스러운 얼굴로 눈을 굴렸다.

“이게 뭐 대단한 일이라고. 어쨌든, 나한테 생각이 있다니까?”

“내 벽돌도 네가 들어준다고…? 참 너다운 생각이다!”

“아니거든, 일단 오기나 해!” 나는 루카스의 말에 숨은 의도를 애써 외면하고 대답했다. 나는 늘 다른 사람이 자신의 짐을 넘겨주면 기꺼이 받다가 그 무게에 짓눌리곤 했다. 나는 항상 이걸 ‘우리’의 짐으로 뭉뚱그렸다. 내가 다른 사람의 짐을 들어주면, 그 사람이 가벼워질 수 있을 거라는 생각에만 빠져서 정작 내가 감당해야 하는 무게에 대해서는 잊고 있었다. 지금 이 순간에도 나는 우리의 것이라는 생각에 사로잡혀 두 개의 벽돌을 들고 있었다. 어쨌거나 나에게는 생각이 있었다. 더 빨리 떠올리지 못했다는 게 놀라울 정도였다.

우리는 창고를 지나 다리에 도착했다. 나는 두 벽돌을 창고 문 옆에 내려놓고는 진회색 옷에 손을 닦았다. 내가 좋아하는 색이었다. 보통은 그 누구도 자기 옷에 얼룩을 묻히려고 하지 않지만, 어쩐지 기분이 나쁘지 않았다. 잠깐 사이에 손이 더러워져서 찝찝했기 때문이었다. 우리는 늘 뭘 해야 하고, 뭘 하면 안 되는지 스스로를 제한하지 않던가. 나는 바닥에 놓인 벽돌을 보고 뿌듯한 눈으로 루카스를 쳐다봤다. “봤지! 문제 해결!”

"똑똑한데!" 루카스가 고개를 저으며 말했다. 내가 문제를 간단하게 해결해서였는지, 애초에 벽돌을 두 개 다 야무지게 챙겨온 게 놀라워서 그랬는지는 알 수 없었다. 이걸 내려놓고 나니, 이 두 벽돌과 하얀 도자기 토끼 인형, 랜슬롯 기사에 대한 이야기를 풀어놓을 시간이 성큼 다가왔다는 것이 느껴졌다. 약간은 불편한 기분이었다. 과거로 여행해 벽돌을 자세히 뜯어보는 것은 결코 즐거운 일이 아니었다. 하지만 이것 또한 이 모든 것을 떨쳐내기 위한 중요한 과정이었다. 나는 폴을 믿었다. 하지만 내가 이 벽돌을 다시 가지고 가지 않기로 한다면, 폴이 과연 이걸 좋게 받아들일까?

곧 공기가 쌀쌀해졌다. 우리의 숨이 입김으로 남겨졌다. 호숫가의 갈대가 찬바람에 흔들리는 동안, 입김이 우리에게 말을 거는 것처럼 느껴졌다.

"그럼…?" 나는 잠깐의 침묵을 깨고 입을 열었다. 여자로서 오랜 침묵을 견디는 건 너무 힘든 일이었다. 바라는 일도 아니었다.

"지금 뭐?"

"지금까지 어땠어?"

"솔직히 생각보다 좋았어… 어떤 얘기에서는 네가 생각나기도 했고!"

"얘기를 듣고 내 생각을 했다고?" 나는 그의 말을 반복했다. 이건 스스로를 알아가기 위한 모임 아니었던가. 나는 루카스가 지금까지 뭘 한 건지 알 수 없었다.

"응. 정말로. 네가 대학을 졸업한 이후에 말이야! 이런 일을 많이 겪었잖아! 기억 안 나?"

정작 자기 일은 생각하지 않으면서 나에 대한 것들은 잘도 기억하고 있다는 사실에 놀랄 수밖에 없었다. "그러니까, 직장에서 있었던 일을 말하는 거야? 물론 기억하지. 넌 그런 일 없었어?"

"응. 심지어는 콘스탄틴이나 율리우스 같은 사람도 만난 적 없는 것 같아. 너는 있었지. 그러니까, 직장에만 국한해서 말한 게 아냐." 루카스에게 악의가 없다는 것은 알고 있었다. 틀린 말도 아니었다. 그 당시에는 정말로 그랬으니까. 루카스는 몇 년에 걸쳐 이런 이야기를 들었고, 어떻게 보면 반강제로 이 일을 겪은 것이나 마찬가지였다. 돌이켜 생각해 보니 이것도 쉽지 않은 일이었으리라. 루카스는 나의 가장 친한 친구로서 이마를 짚어야 했던 적이 한두 번이 아니었을 것이고, 아드리안이 찰리에게 했던 것과 같은 질문을 수도 없이 던졌을 것이다. '왜 그렇게 구는 거야?' 같은 이야기. 말 그대로였다. 우리는 우리를 해치는 사람들 사이에 둘러싸여 있었고, 결국에는 스스로 상처를 주었다. 이런 일을 겪으면서 나는 결국 해결 방법을 찾아냈지만, 당시에는 아니었다. 결국 나쁜 것만은 아니었다. 경험을 통해 무언가를 배웠으니까. 적어도 나에게는 그랬다. 나는 나에게도 다른 선택지가 있다는 것을 알게 되었다. 어떤 사람이 내게 힘을 주고, 어떤 사람이 내게 힘을 빼어가는지도 알게 되었고, 후자에 속하는 사람들에게 더 이상 관심을 기울이지 않게 되자 이들은 귀신처럼 내 삶에서 사라져 버렸다. 어려운 일이 아니었다. 심지어 나는 구태여 절교를 요구할 필요도 없었다. 에너지를 빨아먹는 뱀파이어들은 상대가 자기 몸, 더 나아가 심장을 내어주고 마지막 한 방울까지 빨아먹게 내버려두지 않으면 순식간에 흥미를 잃는다. 이들을 막는 부적은 마늘이 아니라 거절이고, 그렇게 하면 스스로 작별을 고하고는 수은 총알이 아니어도 자기에게 순순히 피를 내어줄 순종적인 희생양을 찾으러 떠난다. 세상에는 이런 뱀파이어가 꽤 많다. 루카스가 자신을 빨아먹는 음습한 악마에게 스스로를 내던지는 순교자는 절대 아니라는 것을 알고 있었지만, 나는 그가 어떻게 다른 사람들과는 달리 이런 일을 피할 수 있었는지 문득 궁금해졌다. 어쩌면 폴도 그런 생각을 할지도 모른다. 어쩌면 폴은 루카스에게 망원경을 쥐여 주고 그에게도 풀어야 할 숙제가 존재한다는 걸 알려줄지도 모른다.

"그러니까 너는 이런 짜증 나는 일을 겪은 적이 없다고?"

"응, 없어. 나는 네 책에서 말한 대로 살고 있거든. 난 누가 나를 괴롭힌다고 생각하지 않아. 굳이 그렇게 생각해야 하는지도 모르겠어. 피해자가 되느니 자기 결정권을 가진 사람이 되는 게 더 낫다고 생각해."

"그건 그렇지. 세상에 안 그렇게 생각하는 사람이 어디 있겠어? 그럼 네가 결정하는 건 뭔데?"

루카스는 잠시 말을 멈췄고, 우리는 한동안 안개 속을 걸었다. 루카스가 마침내 나를 바라보며 내놓은 답은 눈앞에 있는 호수만큼이나 명확했다. "글쎄, 중요한 건 내가 무슨 결정을 내리는지가 아니라… 누구를 위한 결정을 내리는지 아니야? 확실한 건, 내가 잘 알지도 못하는 사람을 위한 결정을 내리지는 않는다는 거야. 내가 그 사람들의 인생을 대신 살아주는 것도 아니고, 그 사람들은 내 인생에 초만 칠 뿐이니까. 그러니까 마르크나 콘스탄틴 같은 사람들."

갈림길이 나타나자 우리는 다시 뒤를 돌았다. 쉬는 시간이 끝나기 직전이었다. "날 위한 결정." 루카스가 덧붙였다. "난 날 위한 결정을 내려."

루카스의 말은 논리적이고 명료했다. 하지만 어떤 사람들에게는 자신의 에너지를 빨아먹는 것을 막아내고 자신만을 위한 결정을 내리는 게 결코 쉬운 일이 아니었다. 우리가 다시 다리에 도착했을 즈음, 나는 벽돌에 대해서는 까맣게 잊고 있었다. 나름 좋은 신호인 것 같았다. 우리가 지금 가벼움을 만끽하고 있는데 불평할 게 뭐가 있겠는가? 반면 여전히 이를 기억하고 있었던 루카스는 벽돌을 집어 들었다. 이번에는 그가 우리를 위한 두 개의 벽돌을 모두 들었다. 나는 루카스에게 굳이 이를 빼앗지 않았다. 도움을 받는 것에도 연습이 필요했다. 먼 길을 가야 하는 것도 아니니, 잠깐 다른 사람의 손을 빌리는 것도 잘못된 일이 아니었다. 만약 루카스가 벽돌이 너무 무거워서 도저히 둘 다 들 수 없는 상황이라면 모를까. 우정은 서로 무언가를 주고받으면서 생겨나는 것 아니던가.

"그럼, 산책은 어땠어?" 우리가 다시 호수실 안으로 들어오자 폴이 물었다. "안개 속에서 악마를 만나진 않았니?" 그가 웃었다.

나는 반대로 완전히 당황했다. "그런 건 못 만났는데…." 나는 외투를 다시 옷걸이에 걸어놓으며 더듬거렸다. 독심술사 같은 폴이 내가 이야기한 것 그 이상을 알아낸 게 분명했다. 믿을 수 없었다.

"확실히 눈으로 보지는 못했어. 하지만 비유적인 의미에서 보면 맞는 것 같아!" 나는 다시 탁자로 돌아가며 말했다. 모두의 시선이 나에게 꽂혔다. 나는 자리에 앉았다. 루카스는 내 벽돌을 조심스럽게 내 옆에 내려놓고는 자신의 벽돌과 함께 자리로 돌아갔다. 그는 내가 하려는 말에 대해 감도 잡지 못한 것 같았다. 그는 물음표가 가득한 눈으로 나를 쳐다보고 있었다.

"산책하면서 이런저런 생각을 좀 했거든. 왜 우리는 우리의 에너지를 빨아먹는 사람들이 다가오게 가만히 두는데, 어떤 사람들은 어렵지 않게 이런 뱀파이어들과 거리를 두는 걸까? 이건 내 마음속에 존재하는 악마와 관련이 있는 거 아닐까?"

"아주 흥미로운 생각이야." 폴이 답했다. "처음에 내가 그런 얘기를 했지. 자신의 그림자를 들여다보고 맹점을 찾아보는 게 도움이 될 거라고. 마음속 악마라는 표현도 결국엔 똑같아. 우리의 그림자는 가끔 거대한 공포를 자아내기도 하거든. 하지만 자신이 생각하는 자기 장점과 마찬가지로, 이런 부분 또한 우리의 일부야. 우리가 이걸 알지 못하면 공포에 사로잡힐 수밖에 없지. 일단 우리가 이런 부분까지도 받아들인다면, 그림자가 쥐고 있는 힘을 다시 빼앗아 올 수 있을 거야."

"반 헬싱* 씨, 언제 그런 생각을 했대?" 루카스가 악마 흉내를 내며 물었다. "나는 우리가 산책하면서 가벼운 잡담만 한 줄 알았는데?"

"글쎄, 나는 멀티테스킹이 되는 사람이거든… 말하면서 동시에 생각을 할 수 있다니, 대단하지!"

"그래, 그래. 여자들이 늘 두통을 달고 사는 이유를 이

* 『드라큘라』에 나오는 뱀파이어 헌터.

제 알 것 같네. 그렇게 머릿속에 생각이 많으면 머리가 지끈거릴 수밖에. 그래서, 이겼어?"

"뭘 이겨?"

"악마랑 싸우는 거 말이야." 루카스가 답했다. "난 우리가 악마를 마주한 적이 있는지도 잘 모르겠거든. 그걸 악마라고 부르지 않을 수도 있잖아… 그러니까, 주체가 자기 자신이든 다른 사람이든 간에. 애초에 그런 악마한테 힘을 실어 주지 않으면 우리가 이걸 사냥할 필요도 없잖아."

"정확해. 내가 생각한 게 바로 그거야! 이런 생각을 하기 시작한 것도 그거 때문이고. 아까 내가 살면서 짜증 나는 사람을 마주친 적 있냐고 물어봤을 때, 네가 없었다고 대답한 거 기억해? 이게 네가 정말로 그런 사람을 단 한 번도 만난 적이 없어서일까, 아니면 이런 사람들과 정말로 엮여야만 이 사람들이 우리를 괴롭힐 수 있는 걸까? 그러니까 애초에 이 사람들이 우리를 괴롭히기 위해서는 우리가 이 사람과 관계를 맺어야 하는 거지. 어쩌면 너는 그런 사람들과 처음부터 관계를 시작하지도 않았거나, 너무 금방 관계를 끊어버려서 힘든 일을 겪지 않았던 걸지도 몰라. 세상을 살면서 그런 나쁜 사람을 마주치지 않는 건 불가능한 것 같거든. 심지어는 아주 어릴 때부터 어쩔 수 없이 그런 사람과 관계를 맺기도 하고 말이야. 이사, 네 경우처럼 가족 중에 그런 사람이 있으면 떨쳐내기 힘든 게 당연한 거니까. 그런데 곰곰이 생각해 봐. 어쩌면 우리는 생각 이상으로 더 많은 선택권을 쥐고 있는 걸지도 몰라. 다른 사람과 마찰을 빚는 것도 결국에는 자기 자신과, 우리의 마음속에 사는 악마를 어떻게 해결하는가에 대한 문제인 거 아닐까? 악마가 스스로나 다른 사람과 전쟁을 벌여야 한다고 속삭인다고 해서, 우리가 꼭 그래야 하는 건 아니잖아. 만약에 우리가 그 자리에서 다 관두고 전쟁터를 벗어나 버리면? 그런 뒤에도 상대의 총알이 우리를 맞히는 게 가능할까? 물론 어릴 때는 그러기 쉽지 않지. 그때는 미성숙하고 늘 스스로 모든 걸 결정할 수 없으니까. 하지만 지금 우리는 성인이고, 스스로 선택할 수 있잖아. 이런 관계를 언제까지 유지할지, 이들이 우리의 에너지를 언제까지 빨아먹게 둘 건지, 이젠 우리가 결정할 수 있는 거 아냐?

"와우…." 루카스는 내 말에 넘어오기 직전이었다.

"맞아. 하지만 모든 사람이 직장을 때려 치거나 부모, 형제자매, 다른 가족 구성원이랑 절연할 수는 없는 거야. 그런 건 불가능하다고!" 찰리는 소리쳤다.

"어쩌면 거기까지 갈 필요도 없을지 모르지." 폴이 반박했다. "다 맞는 말이야. 얼마나 많은 에너지를 내어줄지 결정하는 건 결국 우리의 일이야. 뱀파이어를 예시로 들어볼게. 뱀파이어는 보통 금방 본색을 드러내. 이런 사람들이 마음속 악마의 속삭임을 그대로 따르면서 다음 희생자를 찾아 헤매는 모습은 우리가 굳이 애쓰지 않아도 보고, 듣고, 느낄 수 있지. 그러니 이들을 어떻게 대하고 자신에게 무엇을 해줄지 결정하는 건 온전히 우리의 손에 달려있어."

"그러니까 심장으로 곧장 이어지는 경동맥을 내주는 대신, 머리에 피를 좀 보내서 생각을 더 하고, 이런 사람들을 조심하라는 거지?" 답은 명확했다. 하지만 실제로 행동하기가 늘 쉽지만은 않은 법이었다.

"맞아. 일단은 마음속 악마를 다스리는 법을 익히고, 딱히 당장 직면한 문제가 없는데도 우리를 공격하거나 폭발시키는 사람들에게 어떻게 대응해야 할지 고민하다 보면, 적절히 선을 긋는 법 또한 머지않아 알게 될 거야. 어쩌면 이 모든 일은 생각보다 우리와 별 관련이 없는 문제일지도 몰라. 우리가 굳이 이걸 우리의 문제로 받아들이기 때문에 정말로 문제가 되는 거지. 물론 우리가 이걸 끌고 와야 할 필요는 전혀 없어. 상대가 우리를 존중해 주지 않는다면 더 그렇지. 중요한 건 우리가 이걸 얼마나 깊숙하게 받아들이는지, 이를 통해 얼마나 많은 상처를 받고, 어떤 결과를 맞이하게 되는 지야." 폴은 다시 말을 이어가기 전 숨을 고르는 시간을 가졌다. "이 사람들이 얼마나 나쁜지 말해주면서, 모든 게 다 이런 사람들 때문이고, 너희들에게는 아무 잘못도 없다고 말해주는 게 내 입장에서는 더 쉬울 수도 있어. 실제로 건강하지 않은 관계에 대해 조언하는 글들도 대개는 그렇게 말하고 있고. 하지만 너희들도 알다시피, 나는 책임 소재에 대해서는 굳이 파고들지 않아. 이 사람들의 행동이 너희들에게 악영향을 미치는 게 확실해도 마찬가지지. 사실 이런 사람들이 가장 끔찍한 해악을 저지르는 상대는 자기 자신이야. 결국에 이걸 바꿀 수 있는 것도 자기 자신이고. 하지만 이 사람들에게 어떻게 대응할지, 이 사람들이 너희에게 독을 먹이는 걸 용인할지 결정하는 건 너희의 몫이야. 분명 어떤 사람들은 상대를 휘두르거나 조종하려고 해. 하지만 그러는 이유는 주로 어떤 이유든지 간에 상대가 자의로는 자신의 곁에 머무르지 않을 거로 생각하기 때문이야. 너희가 스스로를 조종당하거나 휘둘리게 둔다면, 이건 자기 자신뿐만 아니라 상대방에게도 피해를 주는 거야. 그 누구도 말해주지 않으면, 자신이 잘못되었다는 걸 알 수 없을 테니까. 너희가 이 게임을 그만두면, 마침내 양쪽 모두 성장할 수 있는 기회를 얻게 돼. 너희는 그런 대접을 받으면서 그 사람 곁에 머물지 않아도 된다는 것을 알게 되고, 더 이상 이런 일에 발을 들이지 않겠지. 상대방은 이런 방식은 통하지 않는다는 걸 깨닫고 포기하게 될 거야. 그러면 완전히 다른 세상이 열리는 거지. 이런 순간은 누군가가 너희를 괴롭게 만드는 어느 날 갑자기 찾아오기 마련이야. 의도치 않게 깨달음을 얻는 거지. 이건 주로 너희가 이런 것을 원하지 않고, 더 이상 관여하고 싶지 않다는 걸 깨닫는 순간에 찾아와. 너희가 더 이상 여기에 신경 쓰고 싶지 않으면, 그걸 그대로 보여주면 돼. 이들의 행동에 아무런 반응도 보이지 않으면 너희도 힘을 뺄 일이 없지. 상대가 독화살을 아무리 날려도, 너희가 과녁이 되지 않기로 마음먹으면 언젠가는 지치기 마련이야. 곧 이런 행동이 아무것도 가져다주지 않는다는 걸 깨닫고 더 이상 화살을 던지지 않게 되겠지. 자신이 희생양이라는 생각에서 벗어나서 자기 행동에만 책임을 지기로 결심하는 건 늘 더 나은 선택지야. 이 사람들이 얼마나 몰염치하고, 너희가 겪는 일이 얼마나 불공평한지에 대해 얘기하면, 분명 공감되고 듣기도 좋겠지. 하지만 이건 우리가 더 멀리 나아가는 데 도움이 되지 않아. 상황을 가능한 객관적으로 바라보고, 과녁이 되는 것을 거부하기 위해서는 무엇을 해야 하는지 생각하고 행동해야만 이 악순환에서 벗어날 수 있어. 어찌 되었든 행동거지가 바람직하지 않고, 심지어는 악의를 가지고 너희를 해치려고 하는 것처럼 보이는 사람은 어디에나 있기 마련이야. 하지만 실제로 정말 악의가 있는 경우는 드물어. 아까 말했듯이, 이들이 가장 괴롭게 만드는 사람은 결국 자기 자신이니까. 주변에 있는 사람들은 그냥 무차별적으로 사방에 날린 총알에 맞은 것일 뿐이야. 그럴 때는 굳이 계속 거기에 머물 필요가 없어. 너희가 기분이 나빴다면, 굳이 이걸 붙잡느라 흔들리지 않는 게 좋아. 중요한 건 그 순간의 감정과 상황을 온전히 받아들이는 거야. 이상하게 들릴 수도 있지만, 당장 이 상황에 대응하더라도 아무 변화도 일어나지 않아. 너희가 그렇게 느꼈다면 그건 그냥 그런 거야. 그다음에 어떻게 행동할지 결정하는 건 너희의 몫이지. 상대에 대한 혐오나 편견, 이 사람이 늘어놓는 궤변에 선을 긋고 자기 행복을 위하기로 하는 거야."

"그러니까, 결국 개자식 디톡스가 필요하다는 거네?" 아드리안이 말을 꺼냈다. 나는 큰 웃음을 터뜨릴 수밖에 없었다. 다른 사람들도 마찬가지였다. 심지어는 폴도 이 명칭이 마음에 드는 것 같았다. 프로이트나 아드리안의 말을 인용할 때가 아니면 누군가를 절대 개자식이라고 칭하지 않을 사람인데도 말이다.

"정말 적절한 명칭이야!" 찰리가 말했다.

처음으로 모든 사람이 아드리안에게 동의했다. 개자식에 대한 문제의 훌륭한 모범 답안이었다.

판을 벗어나면

더 이상 패배하지 않는다.

이상한 나라

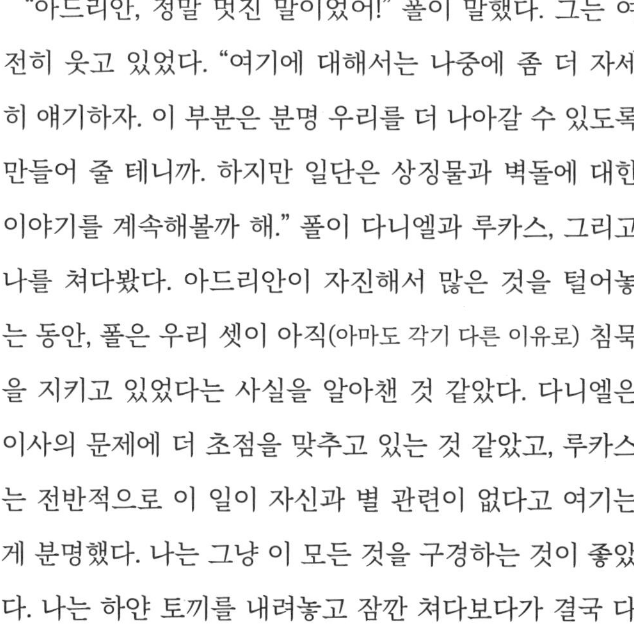

“아드리안, 정말 멋진 말이었어!” 폴이 말했다. 그는 여전히 웃고 있었다. “여기에 대해서는 나중에 좀 더 자세히 얘기하자. 이 부분은 분명 우리를 더 나아갈 수 있도록 만들어 줄 테니까. 하지만 일단은 상징물과 벽돌에 대한 이야기를 계속해볼까 해.” 폴이 다니엘과 루카스, 그리고 나를 쳐다봤다. 아드리안이 자진해서 많은 것을 털어놓는 동안, 폴은 우리 셋이 아직(아마도 각기 다른 이유로) 침묵을 지키고 있었다는 사실을 알아챈 것 같았다. 다니엘은 이사의 문제에 더 초점을 맞추고 있는 것 같았고, 루카스는 전반적으로 이 일이 자신과 별 관련이 없다고 여기는 게 분명했다. 나는 그냥 이 모든 것을 구경하는 것이 좋았다. 나는 하얀 토끼를 내려놓고 잠깐 쳐다보다가 결국 다시 손에 집었다. 어쩌면 이게 원인일지도 몰랐다. 정확히는 이 토끼가.

폴은 나를 본 게 분명했다. "안드레아, 네가 고른 상징물은 뭐니?" 폴이 조심스럽게 나에게 물었다. 나는 폴을 쳐다봤다. 손을 펴는 것이 힘들었다. 손안에 있는 도자기 토끼는 따뜻했고 안정감을 주었다. 내가 손을 펴고 마음을 열고 나면 내 이야기가, 내가 했던 행동이 토끼를 차갑게 식혀버릴 것만 같았다. "우리에게 이야기해 줄 수 있니?" 폴이 조심스럽게 물었다.

솔직히 나는 말하고 싶지 않았다. 나는 여전히 손을 움켜쥐고 있었고, 60초가 영원처럼 느껴졌다. 결국 나는 체스를 두듯 토끼를 내려놓았다. 여왕보다는 비숍에 가까웠다. 나는 늘 나이트가 되고 싶었지만, 체스 말의 성별은 늘 분명했고, 내가 원하던 역할은 주어지지 않았다.

"약간 이상한 나라의 앨리스 생각난다." 찰리가 내 생각을 비집고 말했다.

"그래. 우아한 양복 조끼랑 트럼펫이랑 회중시계 빼고는 다 있네." 루카스는 히죽였다. "너랑 앨리스, 하얀 토끼 사이의 공통점이 뭔지 알아?"

"일단 안드레아의 이야기를 들어보자." 폴이 두 사람을 중재했다.

"무슨 말인지 알아. 시계가 특정한 시간에 멈춰 있는 거 말이야. 어쩌면 우리는 계속 특정한 어느 한순간을 향하거나 그 순간으로부터 도망치고 있는 걸지도 몰라. 이건 나로부터 도망갔던, 아니면 나를 찾아 달렸던 시간에 대한 이야기야. 그래서 이상한 나라의 앨리스가 생각났어. 시간 여행이랑 잘 맞는 이야기인 것 같거든… 아니면 땅굴 속 이상한 나라에 대한 이야기이기도 하고. 우연히 떨어졌지만 좋을 수는 없었던 세상. 나 스스로가 아주 작게 느껴지고… 주변 모든 것은 거대하게 느껴졌던 곳."

"눈을 감았을 때 떠올랐던 게 있었니? 어떤 장면이라던가?"

"있었어. 그리고 빨리 뛰쳐나오고 싶었지. 진부하게 들릴 수도 있지만 좋은 기억은 아니었거든. 아마 이 얘기에 대해 아는 사람도 없을 거야. 가족한테도 얘기한 적 없고, 학교에서도 말하지 않았으니까."

루카스가 나를 쳐다봤다. 루카스에게도 한 번도 말한 적 없는 이야기였다. 어제 누군가를 제대로 아는 것은 불가능하다는 이야기를 꺼낸 게 정작 본인이었음에도 불구하고, 그는 상당히 놀란 것 같은 얼굴이었다. 우리는 서로에게 모든 것을 털어놓는 사이였으니 당연했다.

"정확히 언제였는지 기억이 안 나네. 아마 14살이나 15살쯤이었을 거야. 나는 그냥 평범한 애였어. 내향적이긴 했지만, 다른 사람과도 잘 어울렸고, 성격도 밝았거든. 그

때는 주로 다섯 명이 같이 다녔어. 일반적인 일은 아니었지. 5명은 홀수니까 한 명이 남기 마련이잖아. 그래도 큰 문제는 없었어. 적어도 한동안은 그랬지. 우리는 다들 성격이 달랐지만 그래도 어울리면 재미있었어. 모두 좋아하던 사람도 있었고, 걔네한테 늘 쪽지를 써서 보내기도 했어. 솔직히 나름 잘 진행되고 있었어. '너 나랑 어디 가지 않을래' 같은 쪽지를 보내고 나서 눈이 마주치면 수줍게 웃기는 했지만, 굳이 해명이나 핑계를 대야 했던 적은 없었거든. 다 좋았고, 괜찮았어. 모든 게 착착 잘 이루어지는 것 같았지. 그러다 어느 날 각자 책을 읽고 발표하는 시간이 있었어. 나는 별생각 없이 목록에서 눈에 띈 책을 골랐어. 제목만 봐도 슬픈 내용이라는 걸 알 수 있었지만, 어쩐지 끌렸지. 『히틀러가 훔쳐 간 분홍 토끼』라는 책이었어. 무거운 내용이었지만, 실제로 일어났던 일이니까 자세히 알아볼 필요가 있다고 생각했지. 이 책이 생각했던 것 이상으로 내 인생에 영향을 미치게 될 거라는 걸 그때는 몰랐어. 책을 읽으면서 가슴이 짓눌리는 기분이었어. 그 시대에 얼마나 큰 비극이 있었고, 얼마나 많은 사람들이 고통받아야 했는지 알게 됐어. 제목에서 알 수 있지만, 세기의 괴물 때문에 안네와 가족들은 반유대주의에 고통받으면서 고향을 떠날 수밖에 없었어. 나는 그 당시 안네보다 나이가 많았지만 안네가 얼마나 큰 고난을 겪어야 했고, 그에 비하면 나는 얼마나 대단한 특권을 누리고 있는지 깨달았지. 책 속 문장은 이 아이와 시대가 짊어진 고통을 담고 있었고, 나는 완전히 몰입해 이들이 겪어야만 했던 수난을 같이 경험한 듯한 기분을 느꼈어. 안네는 자신의 인생이 어떤 결말을 맞게 될지 알지 못했고, 늘 불안에 시달려야 했지. 이 나라에서 저 나라로 계속 옮겨 다니면서 끊임없이 거부당하고, 곧 이 고난도 끝이리라 되뇌어야 했어. 이 모든 게 정말 내 마음을 울렸고, 나는 정말 많은 생각을 했어. 한순간에 변해버린 9살 안네의 삶과 그 시대의 유대인들이 겪어야 했던 차별에 대해서 말이야. 그들은 행복을 잃어버렸어. 그리고 나는 내가 느낀 걸 전부 발표에 담았어. 분홍색 토끼 인형을 버리고 베를린을 떠나야 했을 때, 유대인이라는 이유로 아버지의 책이 금서로 지정되었을 때, 자기 자신과 가족, 심지어는 꿈을 갖는 것조차도 금지되었을 때 어린 안네가 느꼈을 감정에 관해 이야기하는 게 정말 중요하다고 생각했거든. 안네와 가족들은 무언가를 소유하는 것마저도 금지되고 도망을 치면서도 꿈을 놓지 않았어. 꿈은 그 누구도 훔쳐 갈 수 없다고 말하면서. 안네가 도망치면서 베를린에 두고 온 분홍 토끼는 안네의 유년기, 즉 사랑했지만 포기할 수밖에 없었던 자신의 세상을 상징하는 물건이었어. 모든 것을 빼앗겼지만 안네의 가족들은 절대로 포기하지 않고 어떻게든 긍정적으로 살기 위해 노력했어. 내가 발표하면서 바랐던 건 하나였어. 감정을 불러일으키는 것. 실제로도 어느 정도는 성공했지. 내가 생각했던 방향은 아니었지만 말이야. 목요일이었는데 나는 생각을 정리한 노트를 가져와서 교실 앞에 섰어. 긴장해서 노트를 꽉 쥐고 있었지. 그 나이 때에는 애들 앞에 서서 얘기하는 게 마냥 쉬운 일은 아니니까. 난 땀으로 흥건한 손으로 노트를 들고 있었는데, 사실 노트가 꼭 필요한 건 아니었어. 필요한 문장은 모두 내 마음속에 있었으니까. 나는 깊게 숨을 내쉬고 발표를 시작했어. 1933년에 히틀러가 권력을 잡고, 어린 안네가 분홍색 토끼 인형을 버리고 도망쳐야 했던 이야기. 선과 인류에 대한 믿음을 잃을 수밖에 없었던 시간. 나는 안네의 세상 속으로 잠기기 직전이었어. 낯선 곳이었지만, 당시에는 너무나도 가깝게 느껴졌던 세계에. 내가 발표를 끝내고 나니 교실은 쥐 죽은 듯이 조용했어. 불편하면서도 위협적이었지. 국어 선생님이 몇 마디 말로 수업을 마무리한 직후에 쉬는 시간을 울리는 종이 울렸어. 나는 다시 내 자리로 돌아가 앉았는데, 교실에서 무슨 소리가 들렸어. 경멸과 비난으로 가득 찬 소음이었지. 뤼디거 선생님이 문을 닫고 나가자마자, 반에서 가장 시끄러운 애들과 무리의 대장이 나에게 와서 말했어. '너 몇 살이냐? 아홉 살?' 걔가 웃었어. 그것도 엄청나게 크게. '누가 분홍 토끼를 훔쳐 갔대요? 누가 그랬을까!' 그러면서 가방을 뒤적이더니 체육복 바지를 꺼내고는 모자처럼 머리에 쓰고 비웃듯이 웃어 보였어. 정작 바지는 분홍색도 아니고 까만색이었으면서. 걔는 바지를 토끼 귀처럼 펄럭이면서 의자를 넘어 뛰어다녔어. 뭐가 재밌는 건지 알 수가 없었지. 곧 두 번째 애가 바지를 꺼내 머리에 썼고, 결국에는 반에 있는 모든 남자애가 체육복 바지를 머리에 쓰고 교실 뒤쪽에서 내 책을 밟으면서 뛰어다녔어. 나를 놀리는 거였지. 걔네들이 왜 그랬는지 모르겠어. 솔직히 본인들은 알고 있었는지도 모르겠고. 토비아스도 나를 놀렸어. 내가 러브레터를 보냈던 남자애였지. 다들 소리를 지르고 깔깔 웃으면서 나를 흉내 내고 모두의 앞에서 웃음거리로 만들었어. 난 정말 진지했었는데. 난 아무 말도 못 하고 그 자리에 앉아있었어. 어안이 벙벙하고 완전히 얼어붙은 채로. 도움을 요청하려고 친구들을 쳐다봤지만, 걔네들도 웃으면서 여기에 맞장구를 치고 있었어. 난 부끄러웠고, 완전히 혼자였어. 살면서 그런 기분은 처음이었어. 난 그대로 바닥이 꺼져서 사라져 버렸으면 좋겠다고 생각했어. 하지만 나는 용기를 끌어모아서 외쳤지. '그만해! 그만하라고!' 어떻게든 나 자신을 방어하고 불합리한 일에 맞서려고 한 거지. 이건 나뿐만 아니라 안네나 토끼, 그 시대에 일어났던 모든 일들에 대한 공격처럼 느껴졌거든. '분홍 토끼! 분홍 토끼가 없네! 분홍 토끼가 없는데 이젠 어떡하지?' 하지만 걔네들은 계속 소리쳤고, 멈추려고 하지도 않았어. 나는 억지로 눈물을 참으면서 교실을 나와 화장실에 숨었어. 문을 걸어 잠그고 다음 수업이 시작된 다음에야 밖으로 나왔지. 내가 불안한 마음으로 울먹이면서 다시 교실에 돌아왔을 때는 모든 게 달라져 있었어. 갑자기 모든 게 변했지. 교실은 여전히 조롱의 열기로 뜨거웠고, 모두가 파도처럼 나에게서 등을 돌렸어. 나는 바닷속에서 익사하는 기분이었어. 파도가 내 안의 무언가를 부순 것 같았지. 여태까지 당연했던 사람에 대한 믿음이었는지, 안정감이라는 발판이었는지는 모르겠어. 파도에 휩쓸려서 나는 모든 걸 잃었으니까. 더 이상 그 누구에게도 의지할 수 없었고, 모두가 나를 버린 것 같았어. 실제로도 그랬고. 친했던 친구들은 갑자기 나에게서 등을 돌렸고, 내 편이 되어주는 사람은 아무도 없었어. 어쩌면 내가 이걸 가볍게 넘기고 마음에 담아두지 않았다면 상황이 달라졌을지도 몰라. 하지만 모두가 한순간에 나를 외면했다는 사실이 나를 위축시켰어. 아직도 가끔 그런 생각이 들어. 내가 이 사건에 큰 의미를 부여하지 않고 그냥 웃어넘겼으면 어땠을까. 하지만 그때는 이게 너무 부당하다고 느꼈어. 어쩌면 내가 애네들의 행동에 너무 큰 의미를 부여했었는지도 몰라. 나에게는 그 분위기가 견딜 수 없을 만큼 힘들게 느껴졌어. 그 이후에 나는 이 일에 대한 얘기를 꺼내지 않았지만, 내가 그 어디에도 속할 수 없다는 걸 알 수 있었지. 애들은 나를 '분홍 토끼 걔'라고 불렀어. 내가 교실에 들어가면 모두가 웃었고, 어떤 일에도 나를 끼워주지 않았지. 학교 밖에서 마주쳐도 그 누구도 나와 말을 섞으려고 하지 않았어. 내 쪽지에 답장을 보내던 남자애는 갑자기 다른 여자애들에게로 관심을 돌렸고, 같이 어울리던 친구들은 나를 떠났어. 나는 얘네들에게 얘기 좀 하자고 말할 수가 없었어. 계속 작아질 뿐이었지. 이 일은 거의 일 년 내내 지속되었는데, 나한테는 영원처럼 길게 느껴졌어. 나는 마음속으로나마 도망쳐야 했어. 다른 사람들과 나로부터 멀리 떨어진 어딘가로. 분홍 토끼가 나에게서 모든 걸 빼어간 거야. 물론 안네의 이야기와 내 이야기를 비교하는 건 잘못된 일이야. 이건 그 당시에도 그렇게 생각했고, 지금도 마찬가지야. 적어도 난 나 자신이나 가족의 목숨을 걱정할 필요는 없었으니 그 일과 비교하는 건 말도 안 되는 일이지. 하지만 시대에 만연했던 차별과 증오, 도피에 대한 책이 나를 심리적으로나마 도망자로 만들었다는 건 슬픈 일이야. 난 요즘에도 그런 생각을 해. 왜 사람들은 다른 사람을 차별하는 걸까. 왜 출신지나 종교, 피부색, 성적 지향, 외모, 사상이 다른 사람에 의해 평가되어야 하는 걸까. 이게 얼마나 끔찍한 일인지는 역사가 이미 보여줬는데 말이야. 왜 우리는 차이를 인정하지 못하고, 있는 그대로를 받아들이지 못하는 걸까? 그 사람도 누군가에게는 소중한 사람일 텐데. 가끔은 다른 사람과 잘 지내는 것 자체가 놀라울 만큼 힘들기 마련이야. 사실 모든 사람은 똑같이 누군가가 자신을 있는 그대로 받아들여 주기를 바라고 있는데도. 그 시절 책이 내 앞에 펼쳐놓은 이상한 나라가 결국에는 오늘날의 나를 만들었어. 앨리스 얘기가 나와서 말인데, 나는 그 발표가 모두에게 긍정적인 영향을 미치길 바랐어. 하지만 자리에서 일어나 해야 할 일을 하는 게 늘 마음이 편하지는 않다는 걸 잊고 있었지. 하지만 이건 옳지 않아. 어쩌면 다른 사람들이 나를 구멍 속으로 떠밀었는지도 몰라. 아니면 내가 거절당하는 경험에 충격을 받고 스스로 구멍 속으로 떨어졌을지도 모르지. 어쨌거나 확실한 건, 내가 나를 힘들게 만들었고, 상처를 줬다는 거야. 내 크기는 다른 사람들이 어떻게 보는지와 아무 상관이 없다는 걸 깨달은 다음에야 나는 거기에서 벗어날 수 있었어."

너 이외에는
그 누구도
너의 가치를 재단할 수 없다.

 나는 벽돌을 앞으로 밀며 말을 이어 나갔다. “그때부터 그런 생각이 들어. 왜 항상 목소리가 큰 사람들이 분위기를 주도하는 걸까? 이 소음이 너무 시끄러워서 정작 중요한 이야기는 뒤로 밀리는 거 같아. 정말 슬픈 일이지. 큰 소리는 사람을 지치게 할 뿐, 앞으로 나아가게 해주지는 않으니까. 이 도자기 토끼는 그때 그 분홍 토끼를 의미하는 건 맞지만, 정작 색깔을 하얀색이잖아. 그 당시 나와 내 세상에 스며든 공포 때문에 토끼가 하얗게 질린 걸지도 몰라.”

“겁을 먹은 토끼라는 거지? 정확히 뭐 때문에 겁을 먹었는지 말해줄 수 있니?” 폴이 내게 물었다.

“중요한 사람을 잃는 것에 대한 두려움. 실제로 그때 나한테 일어났던 일이었기도 하고. 그러니까, 상실에 대한 두려움인 거 같아."

"내가 이 얘기는 꼭 짚고 넘어갈게. 이곳에서 너는 혼자가 아니야." 폴이 말했다. 딱 적절한 공감과 이해가 느껴졌다. "정말 많은 사람들이 상실을 두려워해. 이 두려움은 '나는 충분히 잘 하지 못하고 있어', '나는 그 누구도 실망하게 해서는 안 돼', '나는 더 나은 것을 누릴 자격이 없어' 같은 생각, 혹은 안정성의 결핍이 원인이기도 해."

"어 맞아. 진짜로!" 마리가 웃으며 손을 들었다. "어쩐지 익숙한 이야기인데!"

"나한테도 마찬가지야." 이사도 동참했다.

"날 빼먹지 말라고!" 찰리도 동의하며 나에게 미소를 지어 보였다. 서로가 서로에게 자신이 늘 강하지만은 않다는 사실을 고백하고, 과거에 입은 상처를 보여줄 수 있다는 것이 좋게 느껴졌다. 우리는 혼자가 아니었다. 각자의 사연이 있고 각기 다른 두려움을 품고 있지만, 이 모든 것이 서로에게 다리를 놓아주고, 여기에서 빠져나와 자유로움으로 향하는 출구를 찾게 도와주리라는 생각에 안심이 되었다.

"심지어는 겉으로 보이기에는 강해 보일지언정, 자신이 무언가를 두려워한다는 사실조차 인지하지 못하고 마음을 걸어 잠근 사람들도 상실에 대한 두려움을 가지고 있는 경우가 많아."

나는 폴이 방금 아드리안을 쳐다봤다고 확신할 수 있었다. 폴은 잠시 말을 멈췄다 다시 시작했다. "그래서 벽돌에는 뭐라고 썼니?" 폴이 나를 쳐다보며 물었다.

"목소리가 큰 사람들." 내가 작게 대답했다. 나는 목을 가다듬었다. 마음속에서 분노가 타오르고, 아직 하고 싶은 말도 많았다. "왜 이런 사람들이 항상 이기는지 모르겠어."

"그때도 목소리가 큰 애들이 이겼다고 생각하니?"

"물론이지! 결국 뭔가를 잃은 건 나잖아. 나에게 중요했던 사람들, 내 절친한 친구들과 다른 친구들… 그리고 나 자신도! 난 갑자기 외톨이가 됐다고."

"하지만 그 아이들이 정말로 이긴 게 맞을까?"

"아닐 수도 있지. 하지만 적어도 나한테는 그렇게 느껴졌어. 얘네들은 다른 모든 사람이 자기들의 말을 들어줄 때까지 언성을 높이고, 모두가 자신들의 편에 설 때까지 시끄럽게 굴었어. 엄밀히 말하면 이건 편을 갈라야 하는 문제도 아니었는데. 하지만 얘네들은 시끄럽게 군 덕분에 다른 아이들의 주의를 끌 수 있었지."

"그래서 너는 어떻게 했는데?"

"나는 점점 조용해졌어. 그 누구도, 심지어는 나조차도 내 목소리를 들을 수 없어질 때까지. 절망적인 날들이었어. 얘네들이 시끄러웠다는 이유 하나만으로 그렇게 된 거였으니까. 네가 늘 세상에는 완전히 옳은 것도, 잘못된 것도 없다고 얘기하는 건 잘 알아. 하지만 사람들이 시끄러운 소리만 경청하고, 선한 영향을 줄 수 있는 정말 중요한 말들을 듣지 않는다는 건 잘못된 것 같아… 그때는 이렇게까지 깊이 생각하진 않았지만, 걔네들이 내 말을 묻어버리기 위해 시끄럽게 군다는 건 느꼈어. 그다음에는 내 안에 모든 것이 침묵했지."

"오, 맞아. 네가 말하는 시끄러운 사람들이 어떤 부류인지 알겠어!" 찰리가 말했다. "인터넷에서도 그래! 특히 소셜미디어에서는 사람들이 중요하지도 않은 소리를 시끄럽게 떠드느라 바쁘다니까! 자기 자식까지도 소품으로 사용하고, 내용도 없는 헛소리를 늘어놓는데 좋아요는 제일 많이 받더라. 마치 이런 모습이 인류의 이상향이라도 되는 것처럼. 이해가 안 돼!"

"사람들이 이런 부류에게 매료되는 건 어쩌면 자기도 목소리를 높이고 싶어서일지도 몰라." 폴이 말했다. 주목할 만한 발언이었다. "소위 말하는 시끄러운 사람들도 마찬가지야. 이 사람들이 가장 원하는 건 누군가 마침내 자신을 봐주고, 자신의 이야기를 들어주는 걸 거야. 침묵하는 사람들과 시끄러운 사람들이 원하는 건 사실 같아. 조용한 사람들은 자기 자신을 믿지 못해서 스스로를 보여주지도, 이야기를 꺼내지도 못해. 사실 이게 바로 자신들이 원하는 건데도 말이지. 반대로 시끄러운 사람들은 이미 악을 쓰면서 소리를 치는데, 왜 정작 자기 자신은 스스로가 소중하다고 느끼지 못하는지 궁금할 거야. 두 가지 모두 핵심은 똑같아. 자신이 충분히 잘하지 못한다는 두려움. 그렇기 때문에 해결법 또한 같아. 자기에게 더 많은 관심을 기울이는 거지. 그렇기 때문에 다른 사람을 치켜세우거나 평가 하거나 바깥에 관심을 쏟기를 그만두고 자신에게 집중하는 법을 배우는 게 중요해."

폴이 다시 나를 쳐다봤다. "네가 그 당시 침묵하지 않고, 스스로를 더 믿고 네 목소리에 더 귀를 기울였다면 어떻게 되었을까?"

"아마 다른 애들에게 이 일이 내게 얼마나 중요했는지 설명하려고 했을 거야."

"그랬다면 모두가 너를 이해해 줬을까?"

"아마 아니었을걸."

"바로 그거야. 모든 사람이 우리를 이해해 주는 것은 가능하지 않아. 중요한 건 다른 사람들이 우리에게 으르렁거리더라도, 스스로를 믿어준다면 자신의 목소리를 빼앗기지 않는다는 거야. 그러니까 다른 사람이 너를 이해해 주지 않는다고 해서 네가 꼭 불안해져야 하는 건 아니지."

그의 말은 조각난 나의 마음을 명중했다.

"맞아. 하지만 13살 때는 이런 걸 이해하기 쉽지 않은 걸." 나는 곰곰이 생각하다 대답했다.

"그렇지. 하지만 지금은 그때를 떠올리면서 자기 자신에 대해 조금 더 생각해 볼 수 있잖아. 그때 생겨난 불안감은 어느 날 문득 네게 다시 나타나곤 했을 거야. 이런 경험은 우리를 만들고, 우리는 이걸 지고 살아가. 하지만 이건 무겁기 마련이고, 언젠가는 내려놓을 수 있어야 해. 이 모든 일이 자기 잘못이 아니라는 걸 마침내 깨닫는 순간 우리는 이걸 떨쳐낼 수 있어. 아마도 그 당시 그 아이들은 네 발표에서 중요한 건 분홍색 토끼가 아니라 그 뒤에 숨은 메시지라는 걸 이해하지 못했을 거야. 그러면서 강하게 보이고 싶고, 관심을 받고 싶고, 어쩌면 다른 여자애들에게 잘 보이고 싶었겠지. 이 일이 어떤 결과를 낳게 될지는 알지 못했을 거야. 이게 비록 그 당시나 이후에 위안이 되지는 않았더라도 말이지. 이 아이들이 나중에 사과하거나 하지는 않았니?"

"전혀. 나는 이 사건 이후 거의 일 년 내내 놀림을 받았고, 다른 친구들도 나와는 거의 이야기를 하려고 하지 않았어. 그래서 나는 나 자신과 학교 밖에서 만날 수 있는 사람들에게 집중했지."

나는 루카스를 쳐다봤다. 그는 내게 눈을 찡긋하며 머

리를 살짝 기울였다. 난 루카스가 그 당시 내가 겪어야 했던 고통에 대해 유감을 표하고 있다는 걸 알아볼 수 있었다.

"학교 밖에서 내 편이 되어주는 좋은 사람들을 만날 수 있었지만, 이 시간을 견디는 건 고문과도 같았어. 매일 학교에 갔지만, 정작 내가 속할 수 있는 곳은 없었지. 나는 늘 겉돌았어. 그러던 어느 날, 나는 용기를 끌어모아서 내 가장 친한 친구를 찾아갔어. 나는 그 애에게 모든 걸 설명했지. 우리는 한참을 얘기했고, 결국에는 그 친구도 일이 이렇게 되어서 안타깝다고 했어. 그 이후로 많은 것이 바뀌었고, 겉으로는 아무 일도 일어나지 않았던 것처럼 보일 수 있었지. 하지만 나는 절대 예전 같을 수 없었어. 물론 다시 친구들을 믿을 수 있게 되었고 다시 연락을 하는 친구들도 생겼지만, 나는 이 일을 완전히 잊어버릴 수가 없었어. 이 사건은 친구들뿐만 아니라 나 자신에 대한 믿음마저도 산산조각을 냈으니까. 내가 이 조각을 모아 붙이는 데는 꽤 오랜 시간이 걸렸어. 이마저도 완전하지는 않아. 아직도 가끔은 마음 한구석에서 작은 조각들을 찾아내기도 하거든." 나는 침을 삼켰다. 과거의 고통을 떠올리는 건 불이 켜진 가스레인지 위에 손을 올리는 셈이었다. 모든 것이 타들어 가는 것 같았다. 고통은 여전히 내 안에 존재했다. 하지만 이제는 불을 꺼버릴 시간이었다.

"상처나 고통 말고, 이 사건을 통해 네가 얻게 된 다른 게 있을까? 이 시간 동안 키워낸 너의 장점이라던가, 오늘날에도 너를 도와주는 감정 같은?" 폴이 물었다.

나는 고민했다. 비록 여태까지는 깨닫지 못했지만, 분명 무언가가 존재했다. "덕분에 나답게 살 수 있는 법이나, 나만의 장점을 키워내는 법을 배운 것 같아. 마음만 먹으면 뭐든 해낼 수 있다는 믿음도 생겼고. 당장 그 순간이 절망적이더라도 견디기만 하면 된다는 것을, 그리고 스스로를 굽힐 필요가 없다는 것도 알게 되었어. 다른 사람이 뭐라 하든, 나는 내 길을 가는 거니까."

"그럼 이 경험이 당시에는 고통스러웠더라도, 오늘날의 너는 이걸 장점으로 승화시켰다고 말할 수도 있지 않을까?"

나는 고개를 끄덕였다. "이 사건은 정말 지금의 나를 만들었어. 나는 내 안에 어떤 능력이 있는지 알게 되었지. 내가 스스로를 믿고 나를 위한 용기를 내는 법을 배우지 못했다면, 지금의 나는 전혀 다른 생각을 가지고 다른 곳에 서 있었을 거야. 나는 이때 글을 쓰면서 마음의 평온뿐만 아니라 나 스스로를 찾을 수 있었어. 나는 그 아이들처럼 시끄러운 사람은 되고 싶지 않았어. 물론 이런 사람들에게서 배울 점이 아예 없는 건 아니지만." 나는 잠깐 머릿속으로 생각을 정리했다. "스스로를 믿고, 주저 없이 행동할 수 있는 부분 말이야." 나는 도자기 토끼를 다시 손 안에 쥐었다. 내 손가락은 보호하듯 토끼를 감쌌다. "다른 사람을 잃고, 실망하게 될 거라는 두려움이 너무 커지게 두어서는 안 되고, 나 자신과 내가 걷는 길을 믿어야 해. 간단하게 정리하자면 개방적이고, 솔직해지고, 상처를 두려워하지 않는 사람이 되어야 해." 나는 내 손을 다시 폈다. "두려움이 내 이야기의 일부가 되는 것도 꼭 나쁜 건 아닐지도 몰라."

폴은 나의 말에 동의했다. 이야기하는 것만으로도 한결 마음이 가벼워졌다. 다른 사람에게 무언가를 기대하지 않는 것보다 중요한 것은 스스로를 믿는 것이었다. 결국 이건 다른 누구의 길도 아닌 나의 길이었으니까. 다른 사람들이 우연히 우리와 함께 걷게 될 수도 있었다. 그러다가 어느 날에는 다시 돌아서거나 이 길을, 우리를 떠날 수도 있었다. 하지만 우리는 계속해서 자신의 편에 서야 했다. 결국 누군가가 우리와 함께 가지 않겠다고 결정한다고 해서 스스로를 의심 속으로 몰아세우거나 가만히 서 있을 필요는 없었다. 그보다는 자신감과 스스로에 대한 믿음을 가지고 계속해서 나아가는 것이 중요했다. 어쨌거나 우리는 언젠가 다른 누군가를 만날 것이고, 어쩌면 이들은 사랑과 기쁨으로 우리의 편에 서고, 어쩌면 계속 우리 곁에 머무를지도 모른다.

어쩌면 조각 안에 완전히 새로운 그림이
비칠지도 모른다.

모두가 짐을 지고 산다

"시끄러운 사람들 이야기가 나와서 말인데, 나도 하고 싶은 얘기 있어." 다니엘이 말했다. 평소보다 큰 목소리였다. "나는 윗집 사람들이 싫어! 그것도 뼛속 깊이. 가면 갈수록 싫어져. 이 사람들 생각만 하면 얼마나 화가 나는지, 생각하는 것만으로도 어디가 아파지는 것 같은 기분이라니까. 물론 이게 자랑스럽지는 않아. 다른 사람을 혐오하면 안 되는 거잖아. 하지만 이걸 부정한다면 나는 거짓말쟁이가 되겠지. 이 얘기를 입 밖으로 꺼내니까 기분이 좋아지네. 그러니까 다시 한번 말할게. 나는 이 인간들을 혐오해."

모두가 웃었다. 하지만 다니엘은 아니었다. 이사는 옆에서 조용히 고개를 끄덕였다. 확실히 심각한 문제인 것 같았다. 이 말을 하는 동안 두 사람의 입가에는 미소도 스치지 않았다.

“자신에게 집중하는 게 얼마나 중요한지는 알겠어.” 다니엘이 내 말을 인용하며 말을 이어 나갔다. “하지만 이 인간들이 쿵쾅거리면서 계단을 오르내리고, 뛰어다니고, 나에게 성질을 내고, 제발 이러지 말아 달라고 정중히 부탁하면 눈앞에서 문을 쾅 닫아버리는데 어떻게 내가 나에게 집중할 수 있겠어? 이 사람들하고는 대화가 안 돼! 성생활은 또 얼마나 대단하신지. 신음 때문에 나랑 이사가 새벽 세 시에 침대에서 뛰쳐나온 적도 있다니까. 내가 이 오디오 라이브 포르노를 듣고 싶지 않다고 대체 어떻게 얘기를 해야 들어 먹을까? 심지어는 성생활도 딱히 만족스러운 것 같지는 않아. 하루 종일 부부끼리 악을 지르면서 싸우는 소리 때문에 귀청이 떨어질 것 같거든. 화해하는 법에 대한 강의는 별로 도움이 안됐던 모양이야! 나는 이 사람들이 제발 부부상담 좀 받았으면 좋겠어. 하지만 절대 말을 꺼낼 수는 없어. 이 사람들은 서로 으르렁거리는 시간 외에는 다른 사람과 대화하고 싶어 하지 않는 것 같거든. 가끔은 내가 찾아가서 뭐라고 하기도 하지만 별로 좋아하는 것 같지는 않아. 내가 이 사람들을 증오한다고 아까 말했었나…?”

“글쎄, 그냥 솔직하게 말해보지 그래?” 폴이 미소 지었다. “밖으로 모든 걸 꺼내놓는 거야.” 폴의 상담가 자아 속에는 연쇄 살인범에게 사랑을 담은 미소를 지으며, 그가 왜 그렇게 세상에 화가 났는지 이해하기 위해 노력해 주는 달라이 라마가 존재하는 게 분명했다. 물론 다니엘을 연쇄 살인범에 빗대는 것은 아니었다. 오히려 정반대였다. 내 윗집 이웃도 목청을 뽐내며 발을 쿵쿵 구르는 데 일가견이 있었다. 분명 이렇게 살다가는 화병으로 죽을 것이다. 이런 사람들은 그만큼 짜증 났다.

“충분히 화날 만한 일이고, 여기에서는 마음껏 털어놔도 돼.” 폴은 다니엘을 격려했다. 이것만으로도 약간은 문제가 해결되는 것처럼 느껴졌다. 폴은 우리가 스스로 부정하는 감정마저도 품어 주었지만 절대 판단하지 않았다. 나쁜 생각들도 마찬가지였다. 그는 우리가 이런 것들을 털어놓을 수 있게 용기를 주었다. 아마 그래야만 안에서부터 우리를 찢어발기는 이런 생각과 감정들이 힘을 잃게 되기 때문이리라. 폴은 격려만으로도 우리를 조금이나마 해방시키고, 마음을 편하게 만들어주었다.

“어떻게 이렇게까지 배려가 없을 수 있나 싶어!” 다니엘이 소리쳤다. 평정심은 이미 잃은 것 같았다. “누가 보면 세상에 자기들만 사는 줄 알겠어. 이 인간들의 배려 없는 행동이 다른 사람들의 정신 건강을 얼마나 망쳐놓는지 깨닫게 만드는 건 그냥 불가능해. 우리는 평온함을 잊은지 오래야. 이 인간들이 우리를 내버려두지를 않으니까! 사람이 평온해지려면 뭐가 필요한지 알아? 바로 침묵이야! 누구나 아는 거잖아. 지난번에 우연히 인터넷을 뒤지다가 어떤 사이트를 발견했는데, 거기에서 나랑 비슷한 일을 겪는 사람들을 봤어. 다들 이웃집 벽이나 계단, 현관문에 붙인 메모를 찍어서 올려놨더라고. 엄청 진지한 것도 있었고, 재치 있는 것도 있었는데, 내용을 읽어보면 고개가 절로 저어지더라니까. 대체 어떻게 해야 사람이 좀 사람답게 살 수 있는 걸까! 우린 네안데르탈인이 아니잖아. 근데 어떤 사람들은 정말 그렇게 군다니까?"

나는 다니엘이 그렇게까지 화를 낼 수 있는지 몰랐다. 여태까지는 주로 남들을 중재하려고 했고, 따뜻했으며, 약간은 소극적이기까지 하지 않았던가. 어떤 인간들이 이렇게 사람의 예상치 못한 면을 끌어낼 수 있는지 참 놀랍게 느껴졌다.

"정말 그럴까? 정말로 내면의 평화를 찾으려면 침묵이 필요할까?" 폴이 지혜로운 질문을 던졌다.

"당연하지! 나는 원래 평화를 좋아하는 사람이야. 지금도 평화를 찾고 싶고. 어떨 때는 강의 준비 때문에 늦은 밤까지 일하기도 하는데 음악을 크게 틀거나, 갑자기 소리를 지르거나, 문을 쾅쾅 닫는 건 꿈에도 생각한 적이 없어. 다른 사람들은 이 시간에 자고 있다는 걸 아니까. 근데 누구는 이런 생각 없이 아무때나 그런 짓을 저지르더라니까?"

내가 말했다. "너 내 옆집 살아?" 나는 물었다. "내 이웃도 주말 오전 6시에 복도에서 시끄럽게 떠드는 걸 좋아하는데, 같은 사람 아니야?"

다니엘은 생각에 잠긴 채 나를 바라봤다. 유머를 던지기 좋은 시점은 아니었다. 다니엘은 화가 나 있었고, 전혀 웃을 기분이 아니었다. "우리는 똑같은 종류의 개자식들을 이웃으로 두고 있나 봐." 다니엘이 말을 뱉어내더니 등받이에 몸을 던졌다. 얼마나 격했는지 그의 등이 걱정될 정도였다. 하지만 이웃으로 인한 고통은 여기에 비할 바가 안 되는 것 같았다. "다시 개자식 디톡스에 대한 이야기로 넘어와서" 그가 아드리안을 쳐다보며 덧붙였다. "그래서 해답이 뭔데? 이사 가는 거? 우리는 계약서에 사인한 지도 얼마 안 됐단 말이야!"

"아까 주변에 있는 사람들이 너희를 좀먹는다면, 때로는 장소를 바꾸는 것이 답이 될 수 있다고 얘기했었지." 폴이 말했다. "실제로 어떤 때는 정말로 그래. 예를 들어 길을 가다가 갑자기 너희한테 욕을 하는 사람을 마주치게 되면, 길을 건너서 가던 길을 가는 게 좋겠지. 이 사람에게 대고 더 화를 내는 건 도움이 되지 않을 거야. 하지만 그 일을 계속 끌고 와서 그날 저녁까지, 아니면 일주일 내내 화가 가라앉지 않는다면 문제가 돼. 다른 사람한테 이런 이야기를 하고, 불평하고, 그러면서 또다시 화가 치미는 것도 마찬가지야. 그 순간은 해방감이 느껴질 수도 있지만, 때로는 그렇게 다시 생겨난 분노가 주도권을 가지고 우리를 끌고 다닐 수도 있어. 전혀 상관없는 사람에게 분노를 표출하거나, 계속 그런 감정에 사로잡히게 되기도 하거든. 그렇다면 그냥 길을 건너버리는 건 진정한 해결책이 될 수 없겠지. 대중교통에서도 마찬가지야. 어떤 사람이 갑자기 우리에게 화를 내면서 가운뎃손가락을 내밀었다고 치자. 이 사람이 시야에서 사라진 다음에도 우리가 놓아버리지 않는 이상 마음속에는 분노가 계속 존재할 거야. 물론 얼굴을 찌푸리면서 똑같이 허공에 가운뎃손가락을 들어 올리거나 자동차 안에서 소리를 지를 수도 있지. 하지만 결국 그렇게 해서 우리가 괴롭히는 사람은 자기 자신뿐이야. 상대방은 더 이상 그곳에 있지 않고 오래전에 가버렸으니까. 하지만 우리는? 계속 그 분노에 끌려다니는 거야. 그렇기 때문에 장소를 바꾸는 게 만능 해결법이 될 수는 없어. 특히 마음속에 분노를 담아두고 있다면 더더욱. 다시 이웃 문제로 돌아가 보자. 너희가 그 집이 싫은 건 아닐 거야. 그랬다면 애초에 계약도 하지 않았을 테니까. 아마 동네도 마음에 들었을 거고, 집도 예쁘게 꾸몄겠지. 그리고 만약 너희가 이사한다고 해도, 새로운 이웃이 시끄럽지 않으리란 보장도 없어. 중요한 건 결국 네가 어디에 집중할지야. 이웃이 내는 소음 때문에 타오르던 분노와 그 집에서 있었던 좋은 기억 중 너는 어디에 집중하고 싶니? 네가 기억하고 싶은 건 어느 쪽이야? 그 집이 네 분노의 원인이라고 해서, 그곳을 떠나는 걸로는 문제가 완전히 해결되지 않을 거야. 그것보다 더 빠르고, 덜 복잡한 방법은 주로 자기 자신에게서 찾을 수 있어. 진정으로 외부의 소음에서 벗어나 자신만의 평화를 찾을 수 있는 곳이지. 그렇게만 되면 우리 외의 다른 사람에 대해서는 신경 쓸 필요가 없어. 평화를 찾는 건 결국 자기 자신의 몫이니까. 바깥이 유난히 시끄럽게 느껴진다면, 어떤 소음이 마음속에서부터 우리를 따라오고 있는지, 무엇이 우리가 평온함을 찾지 못하게 방해하는지 한번 생각해 볼 필요가 있어. 이게 이상하게 들린다는 거 알아. 화가 났을 때 사실 가장 듣기 싫은 말이 스스로를 바꿔야 한다는 말이지. 정작 배려 없게 행동하는 건 다른 사람인데 말이야. 하지만 어쩌면 이 분노는 우리가 오래전부터 스스로를 배려하지 않고, 사랑하지 못했던 기억에서 오는 걸지도 몰라. 정말로 필요한 건 심호흡을 하고, 자신을 위해 무엇을 할 수 있을지 생각해 보는 시간을 갖는 걸지도 모르지. 이런 순간에 가장 필요한 건 자신을 위하는 거야. 하지만 그러려면 일단 분노의 감정을 인정하고 받아들여야 해. 그래야 비로소 이걸 떠나보낼 수 있거든. 그다음에는 다른 사람이 내는 소음에 매몰되지 않고, 이 배려 없는 행동에 숨겨진 생각이 뭔지에 대해 생각해 보는 거야. 어쩌면 이 사람들은 나쁜 의도를 가지고 그런 게 아니고, 단순히 생각이 없었던 걸지도 몰라. 어쩌면 하루 종일 싸우는 건 무력함을 숨기기 위한 행동이고, 아니면 그냥 힘든 하루를 보냈거나, 나쁜 상사나 진상 고객에 시달렸거나, 부정적인 생각에 사로잡혀서 자기 문제와 씨름하느라 다른 사람들이 자기가 낸 소음에 고통받고 있다는 걸 까먹은 걸지도 몰라. 우리는 적이 아냐. 현관문 안쪽을 들여다볼 수 있다면, 다른 사람들도 우리와 마찬가지로 힘겹게 살아가고 있다는 걸 알게 될 거야. 모든 사람은 하나든 여러 개든 짐을 지고 있고, 이 짐은 점점 쌓여가면서 우리에게 무게를 더하지. 가끔은 짜증 나는 사람들에게 짐을 더 지우고 싶기도 해. 하지만 그것보다는 마음속에 존재하는 소음을 들어보고 느끼는 게 우리에게는 더 큰 도움이 되기 마련이야. 내 마음속 소리를 듣고, 어떻게 해야 삶의 균형과 평온을 찾을 수 있을지 자신에게 물어봐. 마음속이 평온한 사람은 굳건하지. 그 무엇도 흔들거나 끌어내릴 수 없어. 마음속이 조용해지면, 바깥의 소음은 더 이상 우리를 괴롭히지 못할 거야."

"그 말은, 그 인간들이 새벽 세 시에 신음 소리를 내도 내가 아무렇지도 않게 마음속 균형을 찾는 데 집중해야 한다는 거야?"

"그러지 못할 이유도 없지 않을까? 네가 화를 낸다고 해서 이 사람들이 성생활을 하고 있다는 사실이 변하는 것도 아니잖아?"

다니엘이 조용해졌다. 그의 마음속 균형추가 소란에서 평온으로 옮겨가고 있었다.

나는 생각에 잠겼다. 우리는 곧잘 다른 사람의 행동에 대한 분노를 우리의 것으로 만들고는 오랜 시간 붙잡고 있었다. 하지만 이건 결국 자기 자신만을 힘들게 할 뿐이었다. 그렇다면 차라리 이런 감정을 놓아버리기 위해 노력해야 하지 않을까? 대중교통 안이나 인터넷에서 만나는 사람들, 이웃들, 정치인들, 그리고 이들의 소란스러운 생각을 계속 끌어오다 보면 온 세상이 소란스럽게 보이는 것은 당연했다. 물론 화를 낼 이유는 많다. 하지만 그건 결국 왜 이렇게 화가 나고 평온을 찾을 수 없는지 궁금해하면서 나 자신에게 독을 먹이는 것과 다를 게 없었다. 세상이 시끄럽게 느껴진다면 마음속을 살펴보고, 그곳에서 평안을 찾는 게 더 현명하지 않을까? 폴이 지적한 부분도 바로 이 부분이었다. 나는 이런 생각을 하는 것만으로도 마음이 편해지는 것 같다고 느꼈다.

"그건 불평쟁이나 참견쟁이, 거만한 사람들, 자신은 늘 피해자라고 생각하는 사람들한테도 해당하는 거 아니야?" 루카스가 물었다. "그러니까, 자기 생각을 끊임없이 드러내지만, 그걸로는 만족하지 못하는 사람들 말이야. 그러니까 다른 사람이 내는 소음에 무방비하게 노출되고 있는데도, 이 사람들의 생각을 바꿀 수는 없다는 이유만으로 화도 내면 안 된다는 거야?"

"흥미로우면서도 중요한 지적이야." 폴이 대답했다. "여기에서 화를 내는 건 큰 의미가 없어. 하지만 이 사람들도 생각을 자유롭게 말할 자유가 있다는 걸 알고, 스스로가 충분히 안정적이라면 이런 상황에서도 평안을 찾을 수 있을 거야. 그렇게 된다면 다른 사람의 생각을 평온하게 경청하고 자기 생각을 명확하게 표현하거나, 자기 자신이나 중요한 문제, 아니면 다른 사람에게 집중할 수 있겠지. 서로 의견을 나누는 건 늘 중요하고, 모두가 발전할 수 있는 기회를 제공하기 마련이야. 다른 사람의 생각을 열린 마음으로 받아들이고 새로운 관점과 부딪치다 보면 무언가를 바꾸는 것도 가능해지거든. 이때 상대방을 설득하겠다는 생각을 우선순위로 두지 않는 게 좋아. 다른 사람이 이걸 어떻게 받아들이고, 이를 통해 어떻게 행동하게 될지는 우리의 영향 범위 바깥에 존재하니까. 다른 사람이 바라는 대로 행동하지 않는다고 화를 내는 건 자기 자신에게 쓸 힘을 낭비하는 거야."

모든 것을 바꿀 수 있는 유일한 곳.
소음이 고요로,
두려움이 사랑으로,
편견이 새로운 가능성으로 탈바꿈하는 곳.
이곳을 찾고자 한다면,
멀리 갈 필요가 없다.
이건 이미 당신의 마음속에 존재하니까.

완벽보다 중요한 것

“난 사람을 좋아하지 않아.” 루카스가 건조하게 말했다. 모두가 웃었다. 하지만 이건 농담이 아니었다. 루카스는 실제로 대부분의 사람을 좋아하지 않았다. “그래서 나는 굳이 의견을 교환하려고 하지도 않아.” 루카스가 덧붙였다. “뭔가를 깨닫는 건 결국 자신의 몫인걸.”

“그럼 이 기사는 무엇을 위해 전쟁을 나가니?” 폴이 루카스가 탁상에 올려놓은 인형을 가리키며 말했다. 플레이모빌 기사는 비스듬하게 누워있었다. 어깨는 탁상과 맞닿아있었고, 칼은 바닥 면을 향하고 있었다. 다른 손에 쥔 방패는 하늘을 향해 높이 들고 있었다.

“그래서 여기 누워 있잖아.”

“그래? 하지만 그래도 여전히 방패도 들고 있고, 갑옷도 입고 있는걸. 뭘 지키려고 하는 거야?"

루카스는 아무 말도 하지 않았다. 질문에 대해 심각하게 고민하는 게 분명했다. 나는 알 수 있었다.

"자, 소개할게. 이건 랜슬롯이야. 원탁의 기사 중 한 명이지." 나는 대신 소개했다. "아마 성배를 찾아 모험을 떠났던 것 같은데?"

"다들 마찬가지지 않아?" 찰리가 웃으며 대답했다.

"성배를 어떻게 정의할지 나름이지." 폴이 말했다. "일단은 루카스가 왜 기사 인형을 골랐는지, 벽돌에는 어떤 걸 썼는지 들어보도록 하자."

"기네비어*에 대한 사랑 때문은 아니야." 루카스가 웃으며 말했다.

"하지만 그게 문제인 거 아니었어? 랜슬롯도 왕비 때문에 원탁의 기사에서 쫓겨나잖아." 내가 말했다.

루카스가 놀란 표정으로 나를 쳐다봤다. "맞아! 내가 이 조그맣고 무해한 플레이 모빌 기사를 고를 때 얼마나 많은 의미를 담았는지 알겠지. 내가 생각한 것도 그런 느낌이었어… 사실 원탁의 기사에는 남자뿐만 아니라 여자들도 있었긴 한데… 기사답게 확실하게 말할게. 그러니까, 이건 내 처음이자 마지막이었던 여자 친구에 대한 이야기야." 루카스가 남자에게 끌린다는 사실은 지금은 시원

* 아서왕의 전설에 등장하는 왕비로, 랜슬롯과 연인 관계였다.

하게 말할 수 있지만, 예전에는 비밀이었다. 루카스의 전 여자 친구는 이 사실을 알지 못했고, 갈등은 눈덩이처럼 불어나 결국 둘은 헤어지게 되었다. 루카스는 몇 년 전에 미카엘이라는 남자와 결혼해 지금까지 행복하게 살고 있었다.

"지금 생각해 보면 말도 안 되는 이유였지만, 그 당시에는 여자와 사귀는 것이 좋은 생각인 것 같았어. 그래야만 어딘가에 속할 수 있을 것 같았거든. 그러려면 일단 여자에게 관심을 보여야 했지. 나는 댄스 학원에서 카타리나를 만났어. 사교댄스는 내 처음이자 마지막 여자 친구와의 관계를 정확하게 표현해 주는 것 같아. 나한테 사교댄스는 도저히 해결 불가능한 과제나 다름없었고, 내 재능도 딱 그 정도였거든. 안타깝지만 이 사실은 내가 학원에 나가는 걸 막지 못했지. 나는 춤을 추다가 곧잘 카타리나의 발을 밟곤 했고, 어찌저찌 친밀감을 쌓다가 대화를 트게 되었어. 카타리나는 40대가 아닌 17살이었다는 것만 빼면 〈위기의 주부들〉에 나오는 브리 반 드 캠프랑 엄청 비슷했어. 나만큼이나 춤을 어려워했고, 그래서 더 괜찮아 보였지. 정수리부터 파도처럼 물결치는 반짝이는 머리칼에 캐시미어 스웨터와 진주 귀걸이가 돋보이고, 반짝이는 진주목걸이가 잘 어울리는 애였어. 카타리나는 빈 외곽의 부촌에 살았는데, 소위 말하는 좋은 집안 출신이었지. 지금 생각해 보면 이게 뭐 그렇게 중요했나 싶긴 한데, 그때는 나중에 가족을 이룰 때 이런 점도 도움이 될 거라 생각했었어. 요즘은 잘 모르겠어. 좋은 집안이라는 게 정확히 뭘까? 돈이 엄청 많지만 감정이 결여된 부모님과 잘 손질된 잔디밭이 딸린 비싼 집을 말하는 거라면, 확실히 카타리나는 좋은 집안 출신이었지. 좋은 매너가 뭔지는 다들 〈위기의 주부들〉에서 봐서 알잖아. 절박한 사람은 절박하게 행동하기 마련이고, 성격은 진주 목걸이처럼 한눈에 들어오지 않아. 그럼 정말로 그 사람을 보려면 어떻게 해야 할까? 목걸이의 진주 개수가 많으면 그 사람이 좋은 사람이라고 해도 되는 걸까? 만약 그렇다면 그 친구의 목걸이는 되게 짧아야 했을 거야. 아니면 진짜 진주가 아니고 검은색 적철석으로 되어있거나. 이 얘기는 나중에 좀 더 말해줄게. 아무튼 나는 브리나 카타리나처럼 통제권을 쥐고 싶었어. 나는 한평생 여자에게 친구 이상의 관심이 생겼던 적이 없었어. 고민할 필요도 없었지. 이런 여자들이 잠들기 직전이나 멍하니 있을 때 피어오르는 판타지의 일부였던 적이 없었으니까. 오히려 내가 상상했던 건 드라마에 나오는 몸 좋은 남자들이었지."

루카스는 내가 이런 사람들을 개인적으로 알기라도 한다는 듯 나를 쳐다보며 눈을 찡긋했다. 물론 이건 사실이 아니었다. 하지만 나는 루카스가 이런 말을 했다는 것을 기억하고 있었다.

"마침 카타리나도 내게 관심을 보이길래, 나는 카타리나를 좋아하기로 마음먹었어. 정확히 언제부터였는지는 모르겠지만, 어느 순간 나는 다른 사람들이 하는 게임에 낄 수 있을 것 같은 기분이 들었어. 어렵지 않을 거라고 생각했던 게 아직도 기억나. 나는 일을 복잡하게 만들고 싶지도 않았고, 어쩌면 결국에는 아빠, 엄마, 자식으로 이루어진 소꿉놀이를 할 수 있을 거라고 생각했던 것 같아. 이건 내가 정말 원하는 게 무엇인지 세상에 고하는 것보다는 쉬워 보였지. 확실한 건, 내가 원하는 건 카타리나가 아니었다는 거야. 나는 여자 친구에게 헌신적인 모범적인 남자 친구 연기를 했어. 딱 한 가지 빼고는 꽤 잘 해냈지. 신체 접촉은 규칙 위반만큼이나 불편하더라고. 도저히 이 선을 넘을 수가 없었지. 다른 것들은 어렵지 않았어. 심지어 꽤 행복하기까지 했지. 나는 마침내 친구가 생겼어. 이전에 학교에서는 절대 이룰 수 없었던 과업이었지. 난 여자애들에게는 관심이 너무 없었고, 남자애들에게는 관심이 너무 많았으니까… 도저히 어딘가에 제대로 속할 수가 없더라고. 어쨌거나 학교 밖에는 안드레아가 있었고, 이걸로도 충분하다고 생각했지. 하지만 카타리나와의 관계는 나에게 더 많은 기회를 열어줬어. 카타리나는 나를 자기 친구들에게 소개시켜 줬고, 나는 카타리나의 친구들과 어울리게 되었어. 갑자기 친구가 생겼고, 밖에 서 있는 대신 그 안에 속해있을 수 있게 된 거야. 우리는 일주일에 몇 번씩 가게에서 만나 같이 게임을 했어. 나와 카타리나 둘만 남겨지게 되면 불편했지만, 친구들과 같이 어울리는 건 좋았지. 나는 카타리나를 사랑하진 않았지만, 친구들과 함께 있는 그 시간은 사랑했어. 마침내 어딘가에 속하게 되었고, 스스로가 평범하게 느껴졌고, 더 이상 아웃사이더가 아니게 되었으니까. 난 행복했고, 이 게임을 끝내고 싶지 않았어. 카타리나가 의심하지 않았더라면 정말 그랬을지도 몰라. 카타리나는 집에 혼자 있을 때 몇 번 나를 초대했어. 하지만 나는 카타리나보다는 차라리 예쁘게 꾸며진 방에 더 관심이 많았고, 거리가 너무 좁혀지는 것도 원하지도 않았지. 나는 돈은 아무런 문제도 되지 않고, 비싼 자동차며 장신구까지 모든 것이 반짝이면서 비싼 향수 냄새가 나는 삶에 매료됐어. 카타리나를 포함한 다른 친구들은 모두 이런 완벽한 세상 속에서 살고 있었고, 나는 그냥 그 자리에 있는 것만으로도 이런 세상의 일원이 된 것처럼 느끼곤 했지. 그러다 어느 날 갑자기 모든 게 변해버렸어. 카타리나와 내가 같이 보내는 시간이 점점 줄어들었고, 몇 주 뒤에는 갑자기 새로운 남자 친구가 생겼다고 말하더라고. 그렇게 우리는 헤어졌어. 사실 나는 마음속으로 정말 축하해줬어. 새 남자 친구가 카타리나의 손만 겨우 잡는 사람이 아니고, 정말로 안아주고 사랑해 줄 수 있는 사람이기를 바랐지. 나는 그런 사람이 될 수 없었고, 이 시점에서는 우리 둘 다 이걸 알고 있었다고 생각해. 아무튼 나는 진심으로 기뻤어. 내가 정직함을 구석에 숨기려고 하지 않았다면 더 좋았겠지. 우리는 결국 친구로 남기로 했고, 새 남자 친구도 나를 딱히 위협으로 여기지 않았으니, 우리는 계속해서 우정을 이어 나갈 수 있었을지도 몰라. 하지만 우정이라는 단어를 누군가 지워버리는 사건이 생기고 말았어. 물론 지우개를 든 건 나였지. 어느 날, 나는 카타리나와 같이 파티에 갔어. 어떤 이상한 애가 집 주인의 와인 냉장고를 던져버리고, 진짜 비싸 보이는 그림을 잘라버리려고 하기 전까지는 꽤 재밌는 파티였지. 결국 누군가가 경찰을 불렀고, 파티는 2시쯤에 갑자기 끝나버렸어. 나는 카타리나랑 같이 밖에 있는 수영장에서 놀고 있었어. 갑자기 경찰복을 입은 사람들이 다가와서 집을 비워달라고 하기 전까지 집 안에서 일어난 일에 대해서는 전혀 모르고 있었지. 나는 카타리나를 내 허름한 자동차에 태워 집에 데려다주었어. 벤츠를 타는 새 남자 친구는 축구 경기를 하다가 아킬레스건을 다치는 바람에 병원에 누워 있었거든. 나는 내가 그런 위험한 스포츠를 하지 않아서 다행이라고 생각했으면서도, 갑자기 그만큼이나 위험한 도박을 하기로 마음먹었어. 결국 내가 받은 건 레드 카드뿐이었지만. 카타리나의 집 앞에 도착했을 때, 나는 차에서 내리려는 카타리나에게 잠깐 시간을 내어달라고 하고 처음으로 내 진심을 이야기했어. 사실을 말하기까지 정말 많은 용기를 끌어모아야 했지. 나는 내가 그동안 얼마나 마음이 아팠고, 이 소중한 우정을 이어 나갈 수 있는 게 나에게 얼마나 감사한 일이었는지 이야기했어. 내가 동성애자라는 걸 고백하는 건 쉽지 않았지만, 진실을 이야기하고 나니 마음이 가벼워지기는 하더라. 나는 반짝임 뒤에 창백한 거짓을 두르고 있었던 과거보다 지금이 더 행복하다고 말했고, 새로운 남자 친구가 생겨서 축하한다고도 했어. 그러면서 계속 다른 친구들과 교류할 수 있게 해줘서 정말로 고맙다고 여러 번씩이나 강조했지. 지금 생각해 보면, 나는 이런 사람들과의 우정을 특권으로 여겼던 것 같아. 잘못된 생각이었지. 이후에 있었던 일을 보면 완전히 틀리기까지 했고. 내가 이 이야기를 끝내자, 카타리나는 내가 걔를 해치기라도 한 것처럼 비명을 지르면서 화를 냈고, 곧장 문을 쾅 닫으면서 차에서 내렸어. 걔보다 남자에게 끌리는 게 내 선택이었고, 걔에게 상처를 주기 위해 게이가 되기로 결심이라도 한 것처럼! 나라는 사람 자체가 잘못인 것처럼 느껴졌어. 큰 상처였지. 집으로 돌아오면서 나는 이걸 어떻게 해야 만회할 수 있을지 고민했어. 이건 시작에 불과했다는 걸 그때는 알지 못했지. 나는 그날 밤 잠을 잘 수가 없었어. 다음날, 카타리나의 절친한 친구가 나에게 전화를 걸었어. 그 무리에 속해 있는 사람 중 하나였지. 걔는 최소한 카타리나만큼 화가 난 것 같았어. 내가 지금 정확히 무슨 일이 일어난 건지 고민하는 동안, 걔는 나에게 고래고래 소리를 질렀지. 내가 무슨 짓을 저질렀고 카타리나에게 얼마나 큰 상처를 줬는지 말이야! 그러고는 이제는 친구들이 더 이상 나와 대화하고 싶어 하지 않는다고 명확하게 전했어. 앞으로 나와 다시는 연락하지 않는 게 너무 당연하다는 듯이. 나는 미쳐 대답은 하지 못하고 고개를 끄덕였어. 정작 통화를 하는 상대방에게는 보이지도 않았을 텐데. 그러고는 전화가 끊겼어. 다들 이걸 당연하게 생각했지만, 나는 도저히 이해할 수가 없었어. 솔직히 아직도 그래. 나는 누가 나를 리모컨으로 조종이라도 하는 듯이 다시 내 방으로 돌아와서 이어폰을 끼웠어. 내 안에서 거대한 분노가 차오르는 게 느껴졌지. 귀에 음악이 쿵쿵 울리는 와중에 나는 갑자기 큰 소리로 울리는 마음속 목소리를 들을 수 있었어. 목소리는 내게 말했어. '앞으로 너를 이렇게 다치게 하는 사람은 없을 거야… 절대로!' 그러고는 갑자기 무언가를 깨달았어. 나는 이런 사람들과 시간을 보내고 싶지 않았어. 겉으로 보기에는 완벽해 보이지만, 내면은 그렇지 못한 사람들. 나는 주변을 둘러봤어. 내가 가진 건 고작해야 전자피아노였고 그랜드피아노가 있는 얘네들의 방하고는 전혀 달랐지. 하지만 적어도 나는 이 아이들처럼 완벽함을 꾸며내지는 않았어. 계속해서 주변을 살펴보다가 옷장에 문득 눈이 닿았어. 자신을 동성애자라고 밝히는 걸 옷장에서 나온다고 하잖아. 그게 정말로 현실이 되었더라고. 나는 이제 더 이상 '옷장에 숨지' 않고 나아가기로 결심했고, 마침내 스스로의 편에 설 수 있게 된 게 자랑스러웠어. 이 일로 나는 마음에 상처를 입었고, 다른 친구들이 한꺼번에 나를 떠나간 건 좋은 경험은 아니었지. 하지만 나는 마침내 완벽하고 성스러운 세상 뒤에 숨지 않고 내가 될 수 있었어. 허상을 좇으면서도 그 완벽한 이미지에 맞지 않는 사람은 가차 없이 추방해 버리는 그런 세상 말이야. 갑자기 무언가가 무너진 것 같았고, 나는 곧장 화장실에 가서 속을 게워 냈지. 아직도 이 생각을 하면 속이 안 좋아지는 기분이야. 하지만 결국 나는 얘네들에게 힘을 실어주는 대신, 나 자신의 행복을 위하기로 했어. 이제는 이런 사람들과는 어울리고 싶지도 않아! 왜 내가 얘네들에게 부족한 사람이었다는 듯이 굴었던 걸까? 나는 더 이상 외부인에 의해 규정되고 싶지 않았고, 아예 생각을 뒤집어버리기로 했어. 애초에 부족한 건 걔네였고, 이런 사람들이 없으면 나에게 좋을 뿐이지. 그날 나는 떨리는 입술로 나 자신에게 말했어. 나도 이걸 원했고. 내가 얘네들을 놓는 거라고. 그때 깨달았어. 그 잘난 '완벽함'은 애초에 존재하지도 않았고, 얘네들은 나보다도 완벽과 거리가 먼 사람들이었어. 나는 그렇게 되고 싶지 않았지. 이제는 옷장 앞에 서서 이 좁은 공간 속에 나를 욱여넣지 않을 거라고, 다른 사람들과 나 자신으로부터 숨는 건 이제 끝이라고 다짐했어. 그렇게 완벽한 허상을 좇느라 이질적인 세상에 나를 가두는 걸 관둘 수 있었고, 마침내 어딘가에 속하기 위해 다른 사람처럼 되고 싶다는 욕망에서 벗어나게 됐지. 난 더 이상 그런 것을 원하지 않게 되었어. 그 잘난 완벽을 내 인생에서 치워버리고, 오히려 내가 좋아하는 사람들은 굳이 완벽해지려고 노력하지 않는 쪽이라는 걸 알게 되었지. 진정한 아름다움은 구석에 숨어있었고, 이건 가짜 완벽보다 더 대단했어. 완벽은 허상이었고, 나는 더 이상 허상 속에 살고 싶지 않았어. 완벽한 것보다 중요한 건 진짜가 되는 거니까."

최고의 복수는
앞으로 나아가
행복해지는 것이다.

강해진 사람은 다른 사람도 강하게 만든다

루카스는 의자에 가만히 앉아 태연하게 말했지만, 나는 그 자리에서 눈물을 참기 위해 애써야 했다. 이미 알고 있었던 이야기지만 들을 때마다 슬펐다. 이걸 어떻게 견뎌냈을까? 루카스는 차분해 보였지만, 당시의 고통은 뾰족한 칼로 심장을 찌르는 것처럼 아팠을 것이다. 갑옷을 두르게 된 것도 그 때문이리라. 그가 충분히 가치 있는 사람이라는 것을 익히 아는 나는 왜 그때 그 친구들이 루카스와 절교하려고 했는지 이해할 수 없었다. 분명 말도 안 되는 이유였을 것이다. 나는 이들이 오늘날 이 사건에 대해 어떻게 생각하는지, 애초에 이 일을 기억하기는 하는지 알고 싶었다. 의도치 않게 상처를 줬다고 해서 그 사람에게 잘못이 없다고 말할 수 있을까 궁금했다. 잘잘못을 따질 생각은 아니었다. 잘못한 사람을 색출하는 건 누구에게도 도움이 되지 않으니까. 하지만 책임은 다르지 않던가? 우리는 자신의 책임을 알고, 이를 안고 살아간다. 물론 사람들은 의도적으로 남을 해치기보다는, 자신의 상처를 감추려다 실수를 저지르는 게 분명했다. 하지만 이건 위안이 되어줄 수는 없었다. 특히 큰 상처를 입은 당사자에게는 절대로. 그러니 자기 행동이 다른 사람에게 어떤 영향을 미칠지 늘 생각해 봐야 하는 것 아닐까? 의도적이지 않았더라도, 다른 사람의 삶에 피해를 주었고, 상처를 입혔다는 걸 알아야 하는 거 아닐까?

"자신이 상처를 입었다 해서 다른 사람에게도 상처를 주는 사람을 어떻게 해야 할까?" 나는 내 생각을 입 밖으로 꺼냈다. "이게 괜찮은 일이면 안 되는 거잖아. 그 사람들은 자신들이 뭘 몇 넌씩이나 놓치고 있는지 알지 못하는 것 같아. 바로 너! 결국 자기들 손해지." 나는 루카스를 쳐다보며 미소 지었다.

폴의 시선도 루카스를 향했다. "맞는 말이야. 네 용감한 고백을 듣고 자신들이 두려워했던 것이 무엇인지 솔직하게 말해줬다면 더 좋았겠지. 하지만 사실 본인들도 정확히 알지는 못했을 거야. 왜 이것이 불편하게 느껴졌는지 곰곰이 생각해 보는 대신, 너를 거부하기로 했으니까. 이 아이들은 거부당하는 것이야말로 본인들의 가장 큰 두려움이라는 것을 인정하고 싶지 않았을 거야. 이런 두려움은 보통 스스로를 거부하는 것에서 비롯돼. 자신을 있는 그대로 받아들이는 사람은 다른 사람을 거부할 이유가 없거든. 그러니 다른 사람들이 자신들을 나쁘게 평가할까 봐 무섭고, 자신들이 밖에 뽐내고 싶어 하는 완벽한 모습에 부합하지 못하는 게 두려웠을 거야. 이런 생각에 갇혀버리면 자기 자신뿐만 아니라 다른 사람도 제자리에 머물게 해. 완벽을 좇느라 애쓴다 한들, 진짜 인생은 길 위에 존재해. 완벽은 추상적이고, 잘못되었을 뿐만 아니라, 현실에도 부합하지 않아. 그러니 이를 위해 노력할 필요가 없어."

"과학자들 말로는 유당불내증이 발현되는데 유당 섭취가 꼭 필요한 건 아니라더라!" 아드리안이 농담을 던졌다. 단순히 웃기기만 한 말이 아니었다. 그 말에는 분명 뼈가 있었다.

"맞아! 그리고 자기들이 뭘 두려워한다고 해서 남을 함부로 평가하는 건 잘못된 행동이야!" 찰리는 웃음기를 빼고 말했다.

"그렇지. 참 아이러니해. 스스로가 완전하지 않다고 생각할수록, 다른 사람의 결점을 잘 끄집어내거든. 물론 이건 잘못된 행동이지. 사람들은 모두 그 자체만으로도 완전하니까."

“오히려 다른 사람을 깎아내리는 행동이야말로 자신을 더 불완전하게 만드는 거 아니야?”

“문제는 우리가 얼마나 오랜 시간 거부의 순환 고리 안에 갇혀 있었고, 이 사람들이 퍼뜨린 독극물을 마시고, 이들의 평가를 곧이곧대로 믿는지야. 이런 순환 고리를 깨뜨리고 나간다면 깔끔히 문제가 해결되겠지. 이게 바로 루카스가 해낸 거고. 만약 루카스가 이 아이들의 말을 그대로 믿고, 자신의 가치를 설득하려 했다면 오히려 자기에게 더 큰 상처를 주었을 거야. 뭐 하러 루카스가 다른 사람들에게 자신을 증명해야겠어?” 폴이 루카스를 쳐다봤다. “자신의 가치가 무엇이든, 우리가 남에게 이걸 증명해야 할 이유는 없어. 다른 사람들에게 자신의 가치를 보여주려고 애쓰는 건 패배로 이어질 뿐이야. 결국에는 자신도 자신의 가치를 믿을 수 없다는 거니까. 어쩌면 다른 사람이 우리를 알아줄 수도 있지. 하지만 그러지 않을 수도 있어. 친구나 연인 관계뿐만 아니라 사람하고 맺는 모든 관계에서도 마찬가지야. 만약 이 사람들이 자신의 가치를 알아주지 않는다면 안드레아가 말한 대로야. 그 사람들만 손해인 거지.”

루카스가 고개를 끄덕였다.

“너는 그때 너를 평가했던 아이들을 정말로 놓아버렸다고 말했지. 그런데 나는 네가 여전히 무언가에 묶여있는 것 같아. 그러니까 다시 아까 했던 질문으로 돌아가 볼게. 무엇으로부터 너를 보호하고 싶니?" 폴이 여전히 루카스 앞에 놓인 기사 인형을 가리켰다. 방패를 들고 갑옷을 입은 기사 인형은 여전히 미동 없이 그 자리에 놓여있었다.

"멍청한 사람들?" 루카스가 말했다. "멍청한 사람들은 짜증 나잖아. 갑옷이라도 두르지 않으면 그런 사람들이 진실이라고 생각하는 헛소리를 귀에 때려 박을 거라고. 안타깝지만 지능 부족을 치료해 주는 약은 없단 말이지." 아드리안과 루카스는 커피뿐만 아니라 유머 취향까지도 비슷한 것 같았다.

"네가 생각하는 멍청함이 정확히 뭔지 말해줄 수 있니? 내가 보기에 네게 위협이 되는 건 평균 이하의 IQ 값을 말하는 게 아닌 것 같거든." 폴이 다시 물었다.

"이걸 어떻게 정의해야 할지 모르겠네. 일단 나는 멍청한 게 위험하다고 생각해. 정확히는 멍청한 행동이. 문제는 여기에 값을 매기는 게 쉽지 않다는 거야. 그리고 어떻게 이걸 측정할 수 있겠어? 그거야말로 자기가 모든 것의 기준이 된다고 생각하는 멍청한 사람들이나 할 법한 일이지. 사실 내가 말하는 게 정확히 이런 부류야. 무엇이 옳고 그른지 자기 멋대로 정의하려는 사람들. 온갖 것에 대한 편견을 가지고 있는 혐오자들, 비판자들, 불평쟁이들. 다른 사람보다 자신이 우월하고, 자신이 완벽하다고 생각하는 인간들. 이미 남들을 평가하는 것 자체가 완벽과는 거리가 멀다는 걸 모르는 거지. 내가 꽉 막힌 사람처럼 보여도 어쩔 수 없어. 그런 걸 어떡해. 근데 이런 사람들이 뾰족하게 갈린 편견으로 나를 찌르면, 갑옷을 입어서 나 자신을 지키는 쪽이 다치는 것보다 낫지 않아? 잘못된 건 오히려 그쪽이잖아."

"그러니까, 이 사람들이 네 심장을 공격한다는 거지?"

"모든 곳, 온몸 전체를. 나는 그때 모든 걸 게워 내야 할 만큼 속이 안 좋았어. 그래, 물론 이건 심장에도 좋지 않았겠지. 그러니까 심장도 포함되는 것 같아."

"그러니 너는 그 누구도 너에게 들어올 수 없도록 갑옷을 입는 거네?"

"적어도 이런 사람들은. 내 마음은 내 안에 들어올 가치가 있는 사람들에게 줘야지. 그래서 나는 창문 비슷한 게 있어. 사람들이 사다리를 타고 공짜로 들어올 수 없게 감시하는 거지. 항상 그러려는 사람들이 있거든. 물론 내가 허락하면 그래도 상관없지… 난 이게 좋다고 생각해. 별 이상한 인간들이 들어와서 마음을 잔뜩 헤집어 놓으면 안 되는 거잖아. 심장마비에 걸리는 사람들이 많은 건 다 이런 것 때문일 거야. 누가 심장을 짓밟아 놔서 죽는 거지. 차라리 조심성 있게 행동하는 게 낫지 않겠어?"

"상황에 따라 다르겠지. 그럼 사람들은 뭘 지불해야 네 마음속으로 들어갈 수 있니?" "무슨 말이야?"

"아까 공짜로 들어올 수 없게 사람들을 막는다고 했잖아."

"아, 그렇지. 내가 정한 화폐는 바로 신뢰야. 신뢰를 얻으면 내 마음속에 들어올 수 있어. 물론 나도 그 사람들의 신뢰를 얻어야 하는 거고. 내가 왜 세상 모든 사람을 믿어줘야 해? 모든 사람이 믿음직스러운 건 아니잖아. 이게 다 그런 사람들 때문인 거고."

"하지만 그래서 오히려 네가 사는 데 도움이 될 수 있는 사람들을 놓치고 있는 건 아닐까?" 마리가 물었다.

"아니면 나쁜 의도를 가진 사람들을 피할 만큼 이기적인 덕분에 그 무엇도 놓치지 않고 있는지도 모르지." 아드리안이 말했다. 늘 그렇듯 회의적인 어투였다. "특히 유난히 자신이 잘났다고 생각하는 사람들이 제일 나빠. 자신이 반짝이기 위해서 다른 사람을 이용하니까. 관심을 받기 위해서라면 뭐든지 하는 부류지."

"내가 말하려던 게 바로 그거야." 폴이 말했다. "문제는 너희가 어떠한 관점을 가질지, 마음을 활짝 열거나 아예 잠가버릴 건지야." 폴은 찰리와 마리를 쳐다보다 아드리안과 루카스에게로 눈을 돌렸다. "조금 전에 누군가의 행동이 자신에게 이롭지 않다는 걸 깨달으면 차단봉을 내리면 된다고 이야기했지. 하지만 과거에 있었던 일 때문에 마음을 완전히 닫아버려서, 성배를 찾는 대단한 일이 애들 보물찾기 놀이처럼 시시하게 여겨지면 어떻게 해야 할까? 마음을 너무 닫은 나머지, 그 누구도 도달하거나 들어갈 수 없게 되면? 어쩌면 바깥세상의 누군가는 네 마음을 구하기 위해 상처 입는 것을 무릅쓰고 가시덤불을 헤치고 나아가고 있을지도 몰라." 폴이 다시 마리를 바라봤다. "이걸 다시 여는 것은 잠근 사람의 손에 달려 있어." 그는 다시 루카스와 아드리안을 쳐다봤다.

"다시 한번 말하지만, 나는 왜 내가 다른 사람들의 기대에 맞추기 위해 노력해야 하는지 모르겠어." 루카스가 말했다. 아드리안도 그렇게 생각하는 것 같았다. "내가 왜 굳이 다른 사람과 관계를 맺어야 하는지도 모르겠고. 왜 세상의 아름다운 부분만 보고, 자신을 묶고 있는 사슬이 선물 포장 리본이라고 생각하려 애써야 해? 그래봐야 그게 사슬이라는 건 변하지 않는데! 끊임없이 나를 가두고, 남을 배려하고, 책임을 지는 건 지긋지긋해! 이걸 왜 굳이 자의적으로 짊어져야 해? 결국에 남는 건 실망뿐일 텐데. 세상에 영원한 건 없으니까!"

"그래, 결국 그렇게 되는 거구나." 찰리가 말했다. "그럼 나도 이제부터 개… 아니 아드리안처럼 될까 봐!"

"방금 개자식이라고 말하려던 거 아냐?" 아드리안이 물었다. 그는 이걸 재미있게 여기는 걸 넘어서 약간은 자랑스럽기까지 한 것 같았다.

"내 말은, 나도 이제 마음을 닫아버릴 거야. 어떤 아드리안 같은 인간이 잔디 깎기를 들고 내 마음속에 침입해서 풀을 다 밀어버렸거든. 아무도 물을 줄 수 없었으니 필 수 있는 것도 없고 그대로 황무지가 되어버렸지."

"흙에 물을 주는 건 네가 해야 하는 일이지." 폴이 말했다. "안쪽에도 문은 존재해. 이건 네 심장이잖아. 언제 물을 주고, 언제 문을 열지도 너의 결정에 달려있어."

"알았어." 찰리는 생각하는 것 같았다. 그녀의 생각이 말 그대로 자라나는 게 눈에 보이는 듯했다. "생각해 보면, 필립은 내내 문 앞에 서서 물 주전자를 주기 위해 나를 기다리고 있었던 것 같아. 난 그것도 모르고 어쩌다 이곳이 이렇게 황폐해진 건지 생각만 하고 있었지." 찰리는 말을 이어갔다. "물론 자라난 건 아무것도 없었어. 언젠간 다시 폭풍이 몰아쳐 모든 것을 다 망가뜨릴 거라는 두려움에 사로잡혀서 그 자리에 얼어붙어 있었으니까. 그냥 잔해 앞에 서 있기만 했지. 하지만 더는 그러고 싶지 않아! 절대로!"

폴이 고개를 끄덕였다. "상처 입을 수도 있다는 두려움은 생각보다 위험해. 그러니 여기에서 해방되는 것은 그만한 가치가 있지. 일이 어떻게 끝날지는 아무도 알 수 없고, 폭풍이 우리를 덮치고 누군가를 앗아갈 가능성은 언제나 존재해. 하지만 그런 폭풍도 결국엔 지나가기 마련이야. 문제는 우리가 이걸 어떻게 대하는가야. 미래에 대한 두려움에 사로잡혀 시작조차 하지 못하면 모든 가능성을 놓칠 수밖에 없어. 상실에 대한 두려움에 사로잡히면 가능한 모든 행복을 포기하고 우리가 만든 감옥에 스스로를 가두는 것 외에는 아무것도 할 수 없게 돼. 감옥 안은 폭풍으로부터는 안전할지 몰라도, 무언가가 피어나는 일도 없지. 결국엔 갑옷을 입고 감옥에 앉아 왜 모든 게 이렇게 어둡고 불편한지 궁금해질 거야. 문을 열고 나가면 모든 것이 훨씬 밝아질 텐데." 폴이 격려의 눈빛으로 찰리를 바라보았다. "더 이상 두려움에 얼어붙어 있지 말고, 자신에게 물어봐. 너는 지난번 폭풍으로부터 살아남지 않았니? 그 이후에 더 나아진 게 있다면 뭘까? 답이 떠오르고 나면 그때의 상실이 너를 오히려 더 멀리 나아가게 했다는 걸 깨닫게 될 거야. 너는 그때 누군가를 잃었지만, 동시에 더 나은 너 자신을 얻었어. 너는 경험을 통해 성장했고, 믿을 수 없을 만큼 많은 것을 배웠고, 훨씬 더 강해졌지. 새로운 관점을 통해 세상을 보는 법도 알게 되었고, 새로운 길을 개척했고, 과거의 너에서 탈피해 자라날 수 있었어. 이게 모두 네가 이루어낸 것들이야. 그 사람이 없으면 절대 행복해질 수 없을 거로 생각했겠지만, 너는 그 사람 없이도 해냈어. 네가 얼마나 멀리 왔는지 봐! 스스로를 자랑스럽게 여겨." 폴은 말을 이어 나가기 전 찰리에게 고개를 끄덕였다. "우리가 물을 주는 곳은 점점 푸르러질 거야. 그러니 어느 쪽에 빛을 줄래? 과거와 상처에 대한 두려움이 있는 곳? 아니면 지금 네가 있고, 네가 진심으로 바라는 것들이 있는 곳?"

폴의 말은 나의 마음을 어루만졌다. 우리 모두 이 말을 계속해서 꺼내보게 되리라. 자신의 관심을 두려움이 아닌, 우리가 여태까지 해낸 것들과 앞으로 해낼 수 있는 가능성을 향해 돌리는 것은 괜찮은 방법인 것 같았다. 우리는 상실에 대한 두려움에 실린 힘을 다시 거둬들이고, 우리를 지금 이 자리로 이끌어준 모든 경험과 가고자 하는 곳에서 얻게 될 희망을 키우는 데 써야 할 것이다.

폴은 다시 루카스를 향해 돌아섰다. "누군가가 우리를 가지고 논다고 생각하니? 하지만 그러기 위해서는 우리가 이런 행동을 용인해야 하는 거 아닐까? 결국 주체는 우리잖아. 우리의 용인이 없으면, 그 누구도 우리를 조종할 수 없어. 우리가 이 장난을 그만두고, 음악을 꺼버리고, 자신이 부르고 싶은 노래를 부르면 되지 않을까? 다른 사람이 우리의 삶을 규정한다고 생각하면 오히려 이런 사람들에게 힘을 더 실어주는 거야. 우리가 이걸 더 이상 두려워하지 않으면, 우리는 다시 힘을 되찾을 수 있어. 아까 네가 신뢰에 대해 했던 이야기는 맞는 말이야. 신뢰는 시간이 지나면서 자라나고, 커지기 마련이지. 하지만 곰곰이 생각해 보면 신뢰는 결국 믿음인 거잖아. 스스로를 신뢰한다면, 마음을 여는 것도 믿을 수 있어야 해. 누군가가 우리를 해치려고 하면 언제든 차단봉을 내리거나 문을 닫아버리면 돼. 그래야만 하고. 하지만 얼어붙은 채로 갑옷에 숨어 모든 것을 잠그는 데만 급급해서는 안 돼. 아까 안드레아의 말로 돌아가서, 상처 입은 사람은 남에게 상처를 주기 마련이야. 그러니까 상처를 드러내고, 치유해야 하는 거 아닐까? 정말로 닫아야 하는 건 자기 자신도, 상처도 아니야. 우리는 더 강해져야 해. 반대로 말하면, 강해진 사람은 다른 사람들도 강하게 만들어 줘. 그렇게 되면 다른 사람들을 더 이상 위협으로 느끼지도 않고, 우리의 힘을 잃지 않으면서도 남들을 지지해 줄 수 있어. 이런 것들은 오히려 우리 자신도 더 강해지게 만들어."

상처 입은 사람이
다른 사람에게
상처를 주고
강해진 사람이
다른 사람을
더 강하게 만든다.

침입자들을 배 밖으로 던져라

"굉장히 도움이 되는 이야기였어, 루카스." 이사가 조용히 입을 열었다. 그녀의 눈은 물에 젖은 구슬처럼 반짝였다. "네 용기와 강인함 덕분에 나도 새로운 것을 볼 수 있게 된 것 같아." 이사의 이야기를 들은 루카스는 의아한 눈초리로 그녀를 바라보았다.

"정확히 뭘 봤는데?" 루카스가 물었다.

"나는 한평생을 완벽해지기 위해 노력하면서 살았어. 사랑받기 위해서는 응당 그래야 한다고 생각했으니까. 그런데 처음으로 이게 얼마나 잘못되었는지, 이런 생각이 나뿐만 아니라 내 주변의 다른 사람들에게 얼마나 나쁜 영향을 미쳤는지 깨닫게 되었어. 나는 늘 나 자신에게 과한 압박감을 주었어. 주변의 다른 사람들에게도 마찬가지였지. 이 사람들에게도 나처럼 해야 한다는 압박감을 주었으니까. 그런데 방금 그런 생각이 들었어. 완벽하다는 게 정확히 뭘까? 완벽한 사람이 존재하기는 할까? 확실히 나는 아니거든! 그런데 왜 다른 사람들에게 그런 걸 바랬을까? 왜 나는 나 자신과 다른 사람들에게 이렇게 높은 잣대를 들이댄 걸까? 그 무엇도, 그 누구도 완벽할 수는 없어. 내가 아무리 노력해도 마찬가지야. 찬장의 접시도, 다니엘의 와이셔츠 깃도, 엄마와의 관계도 완벽하게 똑바를 수는 없어."

"똑바른 게 더 나은 거라고 누가 그래?" 루카스가 말했다.

"내 말이! 난 늘 모든 게 더 나아질 거라는 소망을 좇으면서 살았어. 하지만 뭐가 좋은 건지를 내가 어떻게 알 수 있겠어? 결국 이게 의미한 건 내가 충분히 좋지 않았다는 것뿐이야. 맞아, 젠장. 엄마에게 나는 충분할 수 없었지! 하지만 더 끔찍한 건 나는 나 자신에게도 충분하지 못했다는 거야! 나에 대한 기준을 높이는 건 엄마와 나 사이의 마라톤 경쟁이 되어버렸어. 난 정말 지쳤어. 숨이 찬다고! 나는 나나 다른 사람, 모든 일들이 특정한 방향으로 이루어져야 한다는 생각을 좇아 한평생을 달리고 싶지 않아. 이것 때문에 지금도 얼마나 많은 걸 소모하고 있는데! 매일 스스로 나 자신이 내가 세운 기준 발끝에도 못 미친다고 생각했어. 네가 방금 말한 것처럼 완전 멍청한 짓이었지. 이런 생각은 멍청한 짓을 하게 만드니까! 오해하지는 마. 걔네들이 너에게 한 짓을 정당화하려는 건 절대 아니니까. 걔네들은 네게 부당하게 상처를 줬어. 근데 얘기를 듣다 보니, 어쩌면 나도 그 애들처럼 행동할 수도 있겠다는 믿을 수 없을 만큼 참담한 생각이 들었어. 난 항상 다른 사람들이 나를 어떻게 생각하는지 신경 쓰면서 살아왔고, 어쩌면 그것 때문에 다른 사람들에게 이미 상처를 줬을지도 몰라. 다른 사람에게 거절당하거나 나쁘게 평가되는 것이 두려워서. 내가 나에게 늘 그러는 것처럼 말이야. 나는 좋은 사람이 되기 위해 애쓰지만, 다른 사람들의 생각에 너무 신경 쓰느라 늘 함정에 빠져. 직장에서 왕따가 된 것도 마찬가지야. 애초에 내가 그러지 않았으면 오래전에 회사를 그만뒀거나 명확하게 선을 그었겠지! 하지만 내가 마음속으로는 늘 이 사람들의 말이 옳을 수도 있다고 생각했기 때문에, 나는 이걸 진심으로 받아들일 수밖에 없었어. 그리고 더 심각한 건, 내가 이런 짓을 멈추지 않는다는 거야. 저녁에 집에 오면, 모든 것이 완벽해야 해. 집은 깨끗하고, 집안일도 완전히 다 되어 있고, 음식도 마찬가지지… 심지어는 다니엘도 마찬가지야! 내가 나한테 하는 걸 다니엘에게 그대로 하고 있어서 너무 미안해. 나는 불평을 늘어놓고, 비판하고, 비난하지. 결국 나도 내 상사나 직장의 독사 같은 인간들, 네 옛날 친구들이랑 똑같아. 내가 지금 왜 이런 얘기를 하고 있냐고? 너한테 말해주고 싶은 게 있거든. 이 모든 건 네 잘못이 아니야! 잘못은 걔네한테 있지. 그 아이들은 자신들이 충분히 괜찮다는 걸 알고 있었기 때문에, 겉으로 보이고 싶어 하는 완벽한 상에 맞지 않을 것 같은 모든 것이 자신들에게 위협이 된다고 생각했을 거야. 걔네들도 나처럼 통제력을 잃는 것이 두려웠을지도 몰라. 이 거지 같은 완벽주의는 자신들이 살고 있는 불안한 세상에서 잠깐이나마 안전하다고 느끼게 해줬을 테니까. 물론 그렇다고 정말로 뭐가 나아지는 건 아냐. 그리고 네 말이 맞아. 모든 사람은 자신이 져야 하는 책임을 의식해야 해. 우리가 하는 모든 행동이 다른 사람에게도 영향을 미칠 수 있다는걸. 나는 걔네들이 네가 가진 강점을 두려워했을 거라고 말해주고 싶었어. 그 아이들의 마음속 깊은 곳에는 약해지는 것에 대한 두려움이 있었을 테니까."

루카스는 아무 말도 없이 이사를 바라봤다. 어느 순간부터 이 이야기는 더 이상 루카스만의 이야기가 아니게 되어버렸다. 루카스의 이야기는 이사의 마음속 무언가를 무너뜨렸고, 어쩌면 이를 통해 다시 온전해질 수도 있을 것 같았다. 그녀는 잠깐 멈춘 뒤 다시 이야기를 시작했다. "나도 다른 사람들에게 힘이 되어줄 수 있는 강한 사람이 되고 싶어. 하지만 슬프게도 나는 너무 약하고, 다른 사람들까지 약하게 만들어. 특히 다니엘, 너에게 가장 그래. 나도 알고 있어." 이사는 다니엘을 바라보았다. "친구 관계에서도 마찬가지야. 난 상대에게 너무 많은 것을 바라지… 나는 내가 마주치는 모든 사람에게 지나치게 큰 걸 바래. 가끔은 슈퍼마켓에서 장을 보다가도 다른 사람들의 발을 카트로 밟아버리고 싶어. 이 사람들이 하는 완벽하지 못한 행동이 내 공격성을 일깨우거든. 그냥 가만히 서 있는 것만 봐도 그래. 그래서 내가 다른 사람들에게 바라는 게 정확히 뭔지 알아? 엄마가 나에게 주입한 것들. 난 모든 일이 특정한 방식으로 굴러가야 한다고 굳게 믿고 있고, 다른 사람들도 이걸 따라야 한다고 생각해! 이 완벽주의 때문에 내 속은 분노로 요동치고, 심지어는 폭력성이 밖으로 터져 나오기도 해. 가끔은 정말로 소리를 지르고 싶어진다니까! 하지만 절대 그러지는 않지. 이런 걸 밖으로 드러내는 건 완벽하지 못한 행동이니까. 나는 스스로를 지나치게 통제하려고 하고, 결국 폭력성은 나를 향하게 돼. 나는 분노가 끓어오르다 못해 압력솥처럼 증기를 내뿜는 걸 느낄 수 있어. 가끔은 분노가 증기처럼 사이를 비집고 탈출하지만 나는 다시 이걸 빨아들여서 내 안에 가두지. 왜냐하면 나는… 너희들도 이미 알겠지만, 완벽하게 보이고 싶으니까! 하지만 나는 내가 완벽과는 거리가 멀다는 걸 너무 잘 알고 있어! 주변 모든 것을 완벽한 상태로 유지하려고 애쓰거나 다른 사람들에게도 이래야 한다고 압박감을 주는 건 잠깐이나마 나 자신에게서 주의를 돌리고 싶기 때문이야. 나는 다른 사람들이 내가 얼마나 결점투성이인지 알게 되는 게 두려워. 내 말은, 날 봐. 난 딱히 예쁘지도 않고, 특출난 재능이 있는 것도 아니고, 유머 감각이 좋지도 않아. 나한테는 특별한 부분이 단 하나도 없다고! 다니엘, 내가 너를 질책하는 건, 나뿐만 아니라 너도 완벽하지 않다는 걸 너에게, 그리고 나에게 상기시키고 싶어서 그러는 거야. 그게 나한테는 약간이나마 위안이 되거든. 그 순간에는 그래도 숨을 쉴 수 있는 것 같아. 통제권을 쥐고 있는 기분이 드는 건 안심 되니까. 하지만 나는 늘 네가 나를 언제든 떠날 수 있고, 내 진짜 모습은 네가 생각하는 것과 전혀 다르다는 걸 알아챌까 두려워. 나는 네가 나에게 뭘 바라고, 왜 나랑 같이 사는지 모르겠거든. 심지어는 나조차도 나랑 같이 있고 싶지 않은데 말이야!"

이사는 눈물을 뚝뚝 흘렸다. 하지만 지금 당장은 이것을 막고 싶지도, 이 감정에 굴복하고 싶지도 않은 것 같았다. 이사는 스스로를 진정시키기 위해 깊게 숨을 들이마셨다. 하지만 그녀는 예전만큼이나 동요하고 있는 것 같았다.

"나도 전혀 완벽하지 않아!" 다니엘이 대답했다. 다니엘의 목소리는 자기 자신과 이사에게 닿을 수 있을 만큼 명료했다. 그가 파도 앞의 방파제처럼 이사에게 서 있는 모습은 보는 것만으로도 마음이 따뜻해졌다. "아니, 오히려, 내게 너는 이미 너 자체만으로도 완벽해! 난 다른 걸 바라는 게 아냐. 네가 스스로 상처주는 걸 보는 것만으로도 내 마음이 아파! 오랫동안 어머니는 너 자신이 되는 것으로는 충분하지 않다고 말해왔지. 하지만 할 수만 있다면 내가 이 모든 걸 대신 가져가고 어머니가 옳지 않다는 걸 알려주고 싶어. 나는 네가 스스로를 믿어줬으면 좋겠어! 나는 네게 안정이 되는 사람이 되고 싶은데, 너는 이걸 받아주지 않잖아. 나는 어머니가 한 행동을 모두 바로잡고 싶다고…."

"그래서, 할 수 있었니?" 폴이 물었다.

"음…." 다니엘은 말하며 조심스럽게 이사를 쳐다봤다. 이사는 고개를 젓고 있었다.

"그건 네가 할 일이 아니기 때문이야."

이사는 폴에게로 눈을 돌렸다가 다시 다니엘을 바라봤다. "나는 그 누구도 믿지 못하는 것 같아. 심지어는 나 자신도!"

"하지만 믿음은 쌓으면 되는걸." 폴이 말했다. "너 자신을 그렇게 강하게 몰아붙이지만 않아도 그럴 수 있을 거야. 이건 네 어머니가 이미 충분히 했잖아. 이제는 이걸 끝내야 해. 그리고 다니엘, 너는 물론 이사 뒤에 서서 받쳐줄 수는 있지만, 이사가 스스로를 믿게 만들어줄 수는 없어. 이건 온전히 이사의 몫이니까."

"그러면 어떻게 해야 하는데?" 이사는 전혀 모르겠다는 듯한 눈으로 폴을 바라봤다. "어떻게 해야 내가 스스로를 믿을 수 있을까?"

"너는 의심을 굉장히 잘하는 것 같아. 그쪽으로는 경지에 오른 것처럼 보일 정도니까. 아마 네 어머니는 늘 네가 모든 것을 제대로 해냈는지, 공부는 제대로 했는지 늘 의심했고, 너도 자연스럽게 그런 걸 배우게 된 걸 거야. 맞니?"

"그런 것 같아." 이사는 폴이 하려는 이야기가 무엇인지 전혀 알지 못하는 게 분명했다.

"이건 네 강점이기도 해. 네가 숨기고 있는 수많은 강점 중 하나지. 너는 무언가를 의심하는 능력이 아주 뛰어나. 그러니까 그걸 이용해 봐! 네 마음속 목소리가 무슨 말을 하고 있는지 계속해서 의심해 봐. 정말 모든 이야기를 듣고 있는 게 맞을까? 거대한 굉음이 모든 걸 덮고 있는 게 아닐까? 여태까지 마음속에서 메아리치던 이야기는 뭐였니? 한번 맞춰볼게. 난 할 수 없어! 나는 아직 멀었어! 나는 충분히 잘하지 못하고 있어! 난 절대 해낼 수 없을 거야! 이런 말일 거 같은데."

"내 마음속 목소리를 잘 아는 거 같은데, 직접 만나보기라도 한 거야?"

폴이 웃었다. 『행복에 대한 헛소리』라는 책에 등장하는 에곤 쉴테가 생각났다. 그는 어깨너머로 계속해서 우리를 감시하고, 우리를 불안하게 만들기 위해 끔찍한 생각이 떠오르게 만드는 방해꾼이었다. 많은 사람을 괴롭히는 상실에 대한 두려움도 마찬가지였다. 그가 사라지는 것만으로도 사람들은 많은 것을 얻을 수 있었겠지만, 그는 늘 그 자리에 존재했다.

"이런 의심은 죽을 때까지 나를 괴롭힐 거야." 이사는 말을 이어갔다. "완벽주의는 내가 몇 년 동안이나 두르고 있던 갑옷이고, 이걸 입고 있는 동안에는 조금이나마 안심할 수 있을 것 같았으니까. 나는 통제권을 놓을 수가 없어. 그러면 의심이 나를 산산조각 낼 것 같거든. 하지만 갑옷 안은 춥고 외로워. 나는 더 이상 이곳에 얼어붙은 채로 갈 길을 잃은 것 같은 기분을 느끼고 싶지 않아… 더 이상 찢기는 기분이 들고 싶지는 않다고… 나는 다시 온전한 사람이 되고 싶어! 걱정도 없고, 안정적이고, 완벽해야 한다는 압박에서 자유로운 그런 사람이 되고 싶다고!" 이사는 다시 눈물을 흘렸다.

"그럼 무엇이 너를 막고 있니?"

"뭐라고?"

"네가 그런 사람이 되는 걸 막는 게 뭐야?" 폴이 다시 물었다.

"이게 그냥 그렇게 되고 싶다고 하면 될 수 있는 거야?"

"자신이 무엇을 원하는지 정확히 알고 있다면 그렇지. 너는 이미 잘 알고 있는 것 같고. 너는 네 안에 끓어오르는 분노와 완벽에 대한 압박에 대해 완벽하게 설명했어. 이제는 그 대신 완전히 다른 감정의 세계로 향하는 것이 어떨까? 걱정도 없고, 안정적이고, 자유로운 것이 어떤 기분일지 생각해 봐. 네가 그런 감정을 느꼈던 순간이 있었니?"

이사는 고민에 빠졌다. 갑자기 그녀의 눈이 번뜩였다.

"어, 맞아! 생각나는 게 하나 있어. 내가 잠깐이나마 모든 것을 내려놓고, 완전히 편안하고, 안전하고, 자유롭다고 느꼈던 마법 같은 순간이 있었어. 아마 내가 여덟 살인가 아홉 살 때였을 거야. 부모님하고 같이 사르데냐로 휴가를 갔는데, 바닷가에 큰 축제가 열렸어. 엄마는 오전 내내 가능한 모든 것에 큰 소리로 불평을 늘어놓았어. 호텔, 조식 뷔페, 리셉션 직원, 렌트카, 이탈리아의 도로 사정까지 모두. 그렇게 힘든 오전을 보내고, 다 같이 바닷가에 도착해 흔들리는 파라솔 아래에 손수건을 깔고 앉아있었지… 적어도 나랑 아빠는 그랬어. 엄마는 별의별 것에 트집을 잡고 불평하느라 쉴 새가 없었으니까. 나는 엄마한테 더 바다에 가까운 쪽으로 가서 놀아도 되냐고 물어봤어. 절대 엄마 시야 밖으로는 벗어나지 않을 거라고도 약속했지. 엄마는 허락했어. 그렇게 되면 어찌 되었든 엄마가 여전히 통제권을 쥐고 있는 거니까. 엄마는 내가 아빠를 닮아 늘 혼자 있으려고 한다면서 아빠에게 불평을 늘어놨어. 하지만 내가 혼자만의 시간을 좀 갖겠다는데 나쁠 게 뭐가 있겠어? 아빠도 그렇게 생각했던 것 같아. 뜨거운 모래밭을 헤치고 발걸음을 옮길수록 엄마의 목소리는 점점 더 작아졌고, 마침내 내 마음속 무언가가 풀어지는 것 같은 기분이 들었어. 나는 엉덩이와 발로 모래를 살짝 파고 그 자리에 앉아서 파도가 모래를 덮치고 일렁거리는 모습을 지켜봤어. 눈을 뗄 수가 없었지. 파도가 나를 바다 저 멀리에 데려다줄 것 같은 기분이었어. 나는 저 멀리 수평선에서 시작해서 부서져 거품이 될 때까지 파도가 움직이는 모습을 한참이나 바라봤어. 더 이상 내 뒤에 있는 것들은 신경 쓰이지 않았어. 마음이 가벼워지는 기분이었지. 그러다 갑자기 반짝이던 파도가 춤추듯 내게 다가와 나를 완전히 뒤덮었어. 숨통이 트이는 것 같았어. 가벼운 기분을 짭짤한 공기와 함께 들이마시면서 나를 짓누르는 모든 것들을 뱉어내 축축해진 모래 속에 던져 버린 것 같았지. 내 안의 모든 것이 가볍고 자유롭게 느껴졌어. 행복이 파도처럼 온몸으로 뻗어나갔고, 나는 바다 위에 둥둥 떠 있는 것처럼 느껴졌어. 지금도 이런 얘기를 하니까 다시 그 순간으로 돌아간 기분이야. 그냥 그사이에 아무 일도 일어나지 않은 것만 같고. 이 기억은 여전히 나의 일부야." 이사가 고개를 들었다. 정말로 그 해변에 앉아있는 것 같았다. "이상하게 들릴지도 몰라. 실제로도 그랬으니까. 정말 좋은 의미로 정말 이상한 순간이었어!"

"그 순간이 너를 편안함으로 이끌었기 때문일 거야. 넌 마음이 가볍고, 자유롭고, 걱정에서 해방된 느낌이 어떤지 정확히 알고 있구나. 누구나 다들 이런 경험이 있을 거야. 이런 기억은 떠올리고 꺼내보는 것만으로도 다시 그 순간을 경험하는 것 같이 느껴지게 만들어. 바다를 예시로 들어볼게. 네가 배를 한 척 가지고 있다고 생각해 보자. 그것도 아주 아름다운 배를. 왜 너는 네 어머니나 너를 괴롭히는 다른 사람들, 아니면 네가 가진 완벽주의 같은 해적들이 이 배를 점령하게 두니? 이런 사람들이 너를 멋대로 판단하는 것을 지켜보기만 한다면 선실 깊숙이 숨겨놓은 마음속 가벼움을 잊어버리기 마련이야. 하지만 우리는 이걸 다시 꺼낼 수 있어. 침입자들을 배 밖으로 던져 버리는 거야. 이런 사람들은 그런다 한들 잘못될 게 없어. 이건 네 배고, 항선지를 정하는 것도 너야! 완벽주의라는 코르셋을 너무 바짝 조이고 키를 잡으면 숨이 막히다 못해 균형을 잃고 바다에 떨어지고 말 거야. 그러면 네 어머니가 열쇠를 쥐고 배가 나아갈 방향마저도 마음대로 정해버리겠지. 아니면 네 상사나 직장 동료들이 파티를 한답시고 배를 난장판으로 만들어 놓은 다음에 왜 배가 이 모양 이 꼴이냐고 네게 책임을 돌릴지도 몰라. 이런 사람들은 네가 바다를 바라보고, 그 순간을 즐기지 못하게 방해할 뿐이야. 더 이상 이런 사람들이나 완벽주의 성향이 네 감정을 망치게 두지 마."

이사는 자신이 해적이라도 되는 양 폴을 바라봤다. "네 말이 맞아. 그거 알아? 아까 마리가 말했던 거 말이야. 나도 그렇게 생각해. 나는 내가 해로운 사람인 것처럼 느껴져. 특히 나 자신에게."

"블랙펄의 저주* 아니야?" 내가 농담을 던지자 모두가 웃었다. 이사나 나를 비웃은 것이 아니었다. 이건 깨달음에서 우러난 웃음이었다. 우리는 여태껏 삶에 펼쳐진 가능성의 바다와 넘실대는 행복의 파도는 보지 못하고, 스스로를 괴롭히고 다른 사람들이 자신을 망치는 걸 용인하고 있었다.

"바로 그거야. 하지만 블랙펄의 저주도 떨쳐 낼 수 있어. 애초에 우리에게 저주를 건 것도 자기 자신이었으니까." 폴이 덧붙였다. "다들 이사와 비슷한 경험을 한 적이 있을 거야. 바다나 해외에 대한 경험은 아닐지도 모르지.

* 영화 〈캐리비안의 해적〉에 등장하는 저주.

하지만 언제 어디에서 일어났던 일인지는 중요하지 않아. 너희는 이런 감정을 경험했고, 당장 그 순간이 너무 힘들게 느껴지면 이런 기억을 다시 떠올릴 수도 있어. 만약 앞으로 누군가가 배를 빼앗으려고 든다면, 당장은 친절하게 맞아주되 갑판에서 끌어 내려 버려. 그리곤 그때의 그 좋은 감정을 다시 꺼내보는 거야. 이건 너희의 배고, 규칙도 너희가 정하기 나름이야! 어떤 감정과 함께 살고 싶은지 정하는 건 너희의 몫이야. 이제는 이런 감정이 어디쯤 있고, 어떻게 다시 꺼내올 수 있는지 다들 알겠지."

폴은 말을 이어 나가기 전 잠깐 숨을 내쉬었다. "오늘은 이걸로 끝내자. 아주 좋은 마무리였어. 아직 다니엘이 벽돌에 무엇을 썼는지도 얘기해 봐야 하고, 아드리안의 벽돌에 대한 이야기는 시작하지 못했으니까 내일은 이 이야기를 해보도록 하자. 너희에게 이롭지 못한 사람들에 대한 '개자식 디톡스 프로그램'도 같이 진행할 거야. 어떻게 해로운 사람들과 감정들을 내려놓고, 무엇이 우리가 행복해지는 것을 막고 있는지에 대한 답을 찾아보는 거지. 그다음에는 내가 준비한 작은 이벤트가 있는데, 아까 얘기했던 배나 떨쳐내기 같은 얘기와 관련된 거야. 아마 다들 좋아할 거야. 더 자세한 이야기는 내일 하도록 하자! 지금은 일단 꿈같은 호수 풍경을 바라보면서 레스토랑에 가서 맛있게 저녁을 먹고, 남은 하루도 멋지게 마무리하길 바랄게. 다들 벽돌 잊지 말고!" 폴이 사악하게 웃었다. 루카스는 눈을 굴렸다. 벽돌을 가지고 다니는 부분이 그만큼 싫었던 것이 분명했다. 하지만 나는 폴이 벽돌을 통해 뭘 말하려고 하는지 약간은 알 것 같은 기분이 들었다.

분명 좋은 시간이었지만, 이 짜증 나는 벽돌을 계속 들고 다니면서 이를 온전히 즐기는 것은 쉽지 않았다. 벽돌은 무거웠다. 이미 살면서 모아온 마음속 짐만으로도 충분히 무겁지 않던가. 더 이상 덤으로 얻게 된 짐에 대해 불평하고 싶지는 않았지만, 이것이 짜증 나는 것은 분명했다. 빨리 벽돌을 던져버릴 수만 있으면 아무래도 좋았다. 문득, 이것도 폴이 의도했겠다는 생각이 머리를 스쳤다.

다른 사람에게 삶의 운전대를
넘겨주어서는 안 된다.
정작 그 사람도 옳은 길이 무엇인지
알지 못할지도 모른다.

더 이상 도망치고 싶지 않다는 생각이 들 때

저녁 시간은 정말로 아름다웠다. 우리는 함께 둘러앉아 맛있는 것을 먹고, 같이 와인을 마시면서 하루를 돌아보았다. 폴이 이미 얼마나 많은 것을 움직이고, 흔드는 것도 모자라 깔끔하게 정리 정돈까지 마쳤는지를 떠올리고 나니 나는 놀랄 수밖에 없었다. 처음에 폴과 찰리가 마음을 정리하는 것에 관해 이야기했을 때는 이것이 정확히 무엇을 의미하는지 알지 못했다. 하지만 지금은 생각들이 자리를 찾고, 쓸모없는 생각들은 서랍에서 꺼내놓은 것 같은 기분이었다.

아침 식사를 한 뒤 우리는 다 같이 호수실로 돌아왔다. 기분 탓일지도 모르지만, 이미 전체적인 분위기가 한결 가벼워진 것 같았다. 모두 벽돌을 착실하게 A에서 B로, C

로 그리고 다시 A로 가지고 왔지만, 여전히 이 모든 게 무의미해 보였다. 어쩌면 이런 점이 다른 사람들이나, 무거운 걱정, 생각이 우리를 짓누르고 괴롭히는 진짜 인생을 잘 나타내는 것일지도 몰랐다. 나는 이 짐을 빨리 떨쳐버리고 싶었다. 아마 폴은 우리가 이 벽돌을 진짜 빈까지 들고 가게 하지는 않을 것이다. 이건 그나마 마음에 들었다. 하지만 누가 알겠는가? 결국 우리는 쓸데없는 생각을 짐처럼 늘 챙겨 다니지 않았던가. 다른 나라를 가든, 어디를 가든 상관없이 우리를 괴롭히는 생각들과 사람들은 언제나 함께였다. 물리적으로 가까운 곳에 존재하지 않아도 말이다.

“어젯밤에 편하게 잘 쉬었길 바라. 너무 많은 생각에 잠겨 허우적거리지는 않았으면 좋겠어. 물론 많은 사람들이 곧잘 그러기는 하지. 우리는 전혀 일어나지 않을지도 모르는 일을 고민하고, 같이 있고 싶지 않은 사람과 침대를 나누기도 하잖아. 혹시 해당하는 사람이 있을까?”

“여기! 나!” 마리가 외쳤다. 마리는 꽤 피곤해 보이는 것이, 어젯밤에 전혀 쉬지 못한 게 분명했다. “나는 머리가 쪼개지는 줄 알았어. 왜 율리우스가 내가 마지막으로 보낸 메시지에 답장도 보내지 않았는지, 율리우스의 메시지가 의미하는 건 뭘지 밤새워 고민했거든.”

“뭐라고 보냈는데?” 나는 늘 그렇듯 흥미를 감추지 못했다.

“잘 자! 이게 다야. 정말 잘 자라고만 썼다고. 사랑한다거나 오늘은 어땠다거나 보고 싶다는 말 하나 없이.”

“세상에, 여자들은 대체 왜 그러는 거야?” 아드리안이 과격하게 눈을 굴렸다. “로맨스 소설처럼 장황한 러브레터라도 받길 원하는 거야, 뭐야? 그냥 피곤해서 일찍 자거나 쉬러 갔을 수도 있잖아!”

“하지만 이상하잖아! 물론 내가 계속 오늘 뭘 했는지, 누굴 만났는지 캐묻는 게 짜증 난다는 건 보기만 해도 알겠어. 그만큼 내가 율리우스를 잘 아니까! 이모티콘도 하나도 안 보내다니… 정말 단 하나도! 그냥 느낌표만 쓰고! 어쩌면 나랑 헤어지고 싶다는 걸 나타내는 걸지도 몰라! 이 느낌표로! 글로만 봐도 모든 게, 특히 내가 율리우스를 얼마나 성가시게 하는지 느껴져. 걘는 더 이상 나에게 메시지를 보내고 싶지 않은 거야. 계속 뭔가를 해명해야 하니까. 그게 싫은 거야. 더 이상 노력도 하고 싶지 않은 거라고! 더 이상 나를 사랑하지 않는 게 분명해!”

“잘 자! 두 글자에서 그렇게 많은 것을 읽어낼 수 있다니.” 나는 이 말을 하지 않을 수 없었다.

“이런 장황한 해석은 학교 다니던 시절부터 이해할 수가 없었다니까.” 아드리안이 덧붙였다. “메시지에 담긴 내용을 이렇게까지 세세하게 분석하다니. 대체 누가 거기까지 생각하고 문자를 보내는데? 상대가 무슨 생각을 하고 있었는지 어떻게 아냐고! 셰익스피어가 와도 그 순간 상대가 한 생각을 읽어낼 수 없을걸. 그냥 읽고 넘겼을 테니까. 율리우스가 그 메시지로 얼마나 대단한 거부를 표현한 건지 고민하기 위해 머리를 싸매고 싶지 않아. 내가 읽어낼 수 있는 건 딱 하나야. 잘 자! 그러니까 이제 진정 좀 해!"

"하지만 뭔가 잘못됐어. 나는 율리우스를 잘 안다고! 어떻게 생각하는지도 다 안단 말이야!"

"분명 그럴 거야." 폴이 말했다. "그게 바로 핵심이야. 네 세상은 네가 아니라 율리우스를 중심으로 돌아가. 너는 네 행복을 모두 율리우스에게 쥐여 줬는데, 이게 조금씩 멀어지고 있는 거지. 율리우스는 전리품을 가지고 달아나는데, 너는 아무것도 얻은 게 없어. 너는 율리우스가 손에 모든 카드를 쥐고 있다고 생각하지만, 정작 율리우스는 이걸 불편하게 여기고 있어. 네가 카드를 뽑거나 게임을 계속하는 대신, 계속해서 율리우스를 쫓거나 앞에 앉아 그의 행동을 염탐하려고 하니까. 율리우스는 이걸 책임지려 하지도 않고, 오히려 이게 짐으로 느껴질 거야. 너도 너의 행복이 다른 사람의 손에 달려 있어서 힘들어하고 있어. 너는 계속 주기만 하는데, 정작 네 손에는 아무것도 없으니까. 그래서 그 자리에 가만히 앉아서 상대가 쥐고 있는 카드를 훔쳐보려고 애쓰는 거야. 상대는 이미 그걸 알고, 네가 보지 못하게 카드를 지키느라 여념이 없지. 하지만 이제는 말 그대로 카드를 책상 위에 내려놓고, 네 기분에 관해 이야기할 때야. 네가 받은 상처를 드러내고, 율리우스가 떠나갈까 봐 두렵고, 그 두려움 때문에 스스로를 잃어가고 있다고 솔직하게 털어놓으면 오히려 기회가 생길지도 몰라. 그 전에 확실히 해야 하는 건, 네 마음을 안정시키는 건 율리우스가 아닌 네가 스스로 해야 하는 일이고, 너는 당장 너 자신과 너의 행복에 신경 써야 한다는 거야. 이걸 말뿐만 아니라 실천에 옮겨야 하고. 네 마음이 왜 불편하고, 두려움이 너를 어떻게 괴롭히는지 이해시키는 게 내 입장에서는 더 쉬운 일이야. 이런 두려움은 배경음악처럼 네 마음속에 몇 년씩이나 존재해 왔으니까. 하지만 이제는 끝내야 해! 이 음악은 너를 행복하게 만들어주지 않잖아. 이제는 레코드판에서 바늘을 들어 올리고 변화를 줄 시간이야. 변화는 네 시선이 닿는 곳 정반대 편에 존재해. 이건 율리우스가 아니라 네게 달린 일이거든."

"하지만…" 마리가 말하려고 하자 폴이 말을 끊었다. 평소에는 볼 수 없었던 모습이었다. "바로 그 점이 문제야. '하지만 율리우스가 그랬는걸….' '율리우스가 그렇게 생각하는걸….' '이미 율리우스에게 얘기해 봤지만….' 이게 네 가장 큰 적이야. '하지만 율리우스가…'라고 할 때마다 너는 행복을 빼앗기는 거야. 사랑은 게임이 아니지만, 여기에서 이기기 위해서는 네 행복을 다른 사람에게 넘겨주면 안 된다는 사실을 깨달아야 해. 네 행복은 네가 쥐고 있어야 하고, 그래야만 네 마음도 안정을 찾을 수 있어. 그러니까 율리우스와 헤어지지 않는 유일한 방법은 자기에게 집중하는 법을 깨닫는 거야."

"하지만 그러면 나보고 이기적인 사람이 되라는 거야?" 마리는 또다시 '하지만' 카드를 꺼냈다.

"너 자신을 챙기지 않고, 남이 너를 챙겨주길 바라는 게 이기적인 거야."

마리는 아무 말도 하지 않았다. 이번 판은 폴이 이긴 것 같았다.

"물론 율리우스가 아드리안 같은 사람이었다면, 나는 다른 조언을 해줬겠지."

아드리안이 고개를 들었다. "어떤 조언?" 본인에 대한 이야기니만큼 호기심이 생긴 게 분명했다.

"상대가 마리와는 반대로 스스로에게만 관심을 쏟고 있다고 말했겠지. 하지만 이건 자기애와는 전혀 다른 거라고. 이걸 깨달아야만 본인이 무언가로부터 도망치는 것을 멈출 수 있을 거라고도 덧붙였을 거야. 자신을 위해서도 멈춰야 하고. 그런 사람은 자유를 잃을까 봐 두려워 까

무러치는 대신, 적당한 선에서 거절하는 법을 배워야 해. 결국 두 사람 모두 스스로 솔직해져야 하는 거야. 마리, 너는 율리우스가 두려워하는 게 뭔지 고민하는 건 그만하고, 무언가를 잃는 것에 대한 너의 두려움에 주의를 좀 더 기울여 봐. 아드리안, 너는 네게 적당한 선이 어딘지를 깨닫고, 다른 사람과 멀찍이 거리를 두지 않고 소통하는 법을 배워야 해. 그러면 다른 사람의 감정에 대해서도 생각해 볼 수 있을 거야. 마리는 이걸 지나치리만큼 생각하지만, 너는 전혀 하지 않는 거나 다름없으니까. 결국 두려움의 원인은 같아. 스스로가 부족하다는 생각. 하지만 너희가 자신의 카드를 제대로 살펴보고 다른 사람에게 패를 보여주는 대신, 포커페이스를 하고 패를 꽉꽉 숨기기만 한다면 게임을 잘못 흘러갈 수밖에 없어. 그 누구도 이길 수가 없게 된다고. 그나저나 궁금한 게 있는데. 아드리안, 벽돌에 뭘 썼는지 얘기해 줄 수 있니?"

아드리안은 전혀 이야기하고 싶지 않았다. 눈빛만 봐도 확실히 알 수 있었다. 그는 반항기 넘치는 눈으로 폴을 보며, 자신의 카드를 보여주고 싶지 않다는 듯 머뭇거렸다. 지고 싶지 않은 것이 분명했다. 한참 뒤, 아드리안은 바닥에서 벽돌을 들어 올리더니 탁자 위에 올려놓았다. "그러니까 내가 적은 건 이거야. 이거, 저거, 그런 거." 이게 정확히 무엇을 의미하는지는 알 수 없었지만, 나는 웃을 수밖에 없었다.

"네가 놓아버리고 싶은 게 이거, 저거, 그런 거라는 거지?" 폴이 차분하게 물었다.

"맞아."

"이 이거, 저거, 그런 거가 정확히 뭔지 궁금하네. 특정한 무언가를 의미하는 거니?"

"어, 그래."

"그럼 그게 뭘 의미하는 건지 말해줄 수 있겠니?"

아드리안은 머뭇거렸다. "모두가 나에게 하는 기대… 딱 이거, 저거, 그런 거! 부연 설명을 하려고 다른 면에 좀 더 적어놨어. 그러니까 이건 정확히 사회와 부모님, 모든 여자가 가진 기대를 말하는 거야. 난 특정한 사람을 떨쳐 버리고 싶지는 않아. 그건 이미 충분히 잘하고 있거든. 하지만 사람들의 이런 기대는 정말 피곤하다고! 그 누구도 이런 걸 원하지 않아! 특히 나는 더!"

"너에게 떨쳐내고 싶은 사람이 없다는 건 알고 있었어. 그러려면 일단 누군가가 붙어있어야 하잖아." 찰리가 끼어들었다.

"그럴 수도 있어. 오히려 사람들이 늘 가지고 있는 이런 기대 때문에 누군가와 함께하고 싶지 않은 걸지도 모르지!"

"정확히 뭘 기대하는데?"

"그냥 전부 다! 말하자면 끝도 없어. '아드리안, 네가 이쪽에 관심이 있다는 건 알아. 하지만 언제까지 공부만 할 거니? 이제는 가족을 꾸리기 위해 안정적으로 일할 수 있는 뭔가를 배워야지! 옷은 그게 또 뭐니, 그런 옷을 입고 다니기에는 이제 나이가 너무 많지 않니? 이제는 결혼할 만한 착한 여자를 만나야지! 다른 사람들은 네 나이에 이미 아이도 낳고 가족을 이루고 있다고! 제대로 된 우선순위를 좀 세워 봐! 왜 그렇게 연락이 없니? 다른 사람에게도 그러니?' 이거, 저거, 이런 거! 그거 알아? 이 중에서 내가 원하는 건 단 하나도 없어! 그러니까 아까 그 질문에 대답하자면, 이 사람들이 기대하는 건 바로 내가 자기들 입맛에 맞게 변하는 거야!"

"이런 사람들에게 네 진짜 모습을 보여주고, 네가 정말로 원하는 게 뭔지 말해본 적 있니?"

"아니."

"왜?"

"그건 이 사람들이 원하는 게 아니고, 결국엔 실망만 할 테니까!"

"그러니까, 너의 진짜 모습이 이 사람들을 실망하게 할 거라고 생각하는 거니?"

"으음… 맞아! 나는 이 사람들이 생각하는 모습에 부합하지 않으니까. 그래서 모든 수단을 동원해서라도 거기에 나를 끼워 맞추려고 하고."

"어쩌면 이런 사람들이 너와 네 인생에 대해 충고하는 건 그게 너에게 최선이라고 생각하기 때문일지도 몰라. 네가 이걸 원하지 않고, 그렇기 때문에 네게 최선이 될 수 없다는 사실은 알지 못하는 거지. 그러니 네가 원하는 게 정확히 뭔지 말하는 게 더 좋지 않을까? 명확하고 직설적으로. 이건 네 인생이고, 네가 만들어 나가야 하는 거잖아. 안 그래?" 아드리안은 놀란 눈으로 폴을 바라봤지만, 아무 말도 하지 않았다. 폴은 평온하게 말을 이어 나갔다. "중요한 건 반항아라는 역할에 갇히지 않고, 네가 정말로 원하는 게 뭔지 찾아내는 거야. 반항에만 초점을 맞추다 보면 다른 사람들이 바라는 것과 반대로 행동하는 데만 치중하면서 도망치기에 급급할 수밖에 없으니까."

"솔직히, 나도 내가 뭘 원하는지 모르겠어. 한 번도 생각해 본 적 없다고!"

"그게 바로 이 문제의 핵심이야. 너는 끊임없이 반항하고, 스스로를 지키기 위해 장갑을 끼고 있지만, 그것 때문에 더 이상 아무것도 느끼지 못하게 되어버린 건 아닐까? 가죽 장갑이 의미하는 건 바로 그것일지도 몰라. 장갑을 낀 손으로 너나 다른 사람을 만지면, 네가 뭘 느낄 수 있겠니?"

"아무것도 느낄 수 없겠지. 내가 바로 그래. 맞아. 그 말이 정말로 맞는 것 같아. 난 이 가죽 장갑이 온갖 기대로 내 목을 조여 오는 냉혈한들을 상징한다고 생각했었어. 근데 생각해 보면, 내가 바로 모든 사람이 놓아버리고 싶어 하는 개자식인 걸지도 몰라. 그러니까, 장기적으로 봤을 때. 단기적으로는 사람들은 곧잘 내 옆에 있고 싶어 하거든. 특히 여자들이. 나는 이런 사람들이랑 자기 위해 당장 듣고 싶어 하는 말을 해주니까… 그리고 여자들은 이걸 정말로 믿고 싶어 하고. 자신이 특별하고, 아름답다는, 마음속 깊은 곳에서는 본인도 그렇게 생각하지 않는 그런 공허한 말들 말이야. 애초에 그렇게 자신감 넘치는 사람들이었다면 나한테 넘어가지 않았겠지! 그리고 맞아. 내가 그러는 건, 이 사람들이 나를 떠받들어 주는 순간에는 기분이 나아지기 때문이야. 근데 이게 그렇게 잘못된 거야? 원래 다시 공허함을 느끼기 전에는 잠깐이나마 기분이 좋아도 되는 거잖아."

"기분이 좋다는 게 정확히 어떤 건데?"

"꾸며내지 않고도 있는 그대로 충분하다고 느끼는 거."

아드리안은 침을 삼켰다. 머리로는 거부하고 있을지 몰라도, 마음속으로는 마침내 인정한 것 같았다. 오랫동안 열심히 무언가를 꾸며냈지만, 그게 자신을 행복하게 만들어주지는 못했다는 것이 마침내 명확해졌다.

"일단 한 가지 짚고 넘어갈게." 폴이 말했다. "아드리안이 한 행동의 잘잘못을 따지는 건 완전히 길을 잘못 드는 거야. 정확히는 여자들이 아드리안과 함께 있으면서 정말 행복한지, 아드리안이 멀어졌다 가까워지기를 수없이 반복하는 동안, 저 멀리서 하염없이 기다리는 게 과연 본인들에게 좋은 건지 따져보는 것 말이야. 이미 본인이 말했듯, 아드리안은 잠깐 가까이 다가왔다가, 자기가 생각하기에 모든 게 너무 벅차다 싶으면 다시 저 멀리 도망가고 거리를 두지. 다른 사람과 친밀한 거리를 유지하고 싶다면, 스스로를 꾸며내는 대신 눈 안에 담긴 진실을 보는 것이 중요해. 물론 이런 진실이 고통스러울 수도 있어. 하지만 몇 달 동안, 심지어는 몇 년 동안 자신을 감추고 무언가가 변하길 바라는 게 더 고통스럽지 않을까? 여태까지 아무 일도 일어나지 않았는데, 기다린다고 무슨 일이 일어나기는 할까? 이런 사람은 타인이 구하려고 아무리 애를 써도…" 폴은 잠시 말을 멈추고 마리를 바라보았다. "아무 소용도 없을 거야." 그는 잠시 말을 멈췄다. "이 사람에게 필요한 건 구원이 아니거든. 그 누구도 아드리안에게 무엇이 최선인지, 언제 다른 사람에게 마음의 문을 열지 결정하거나 밀어붙일 수 없어. 이건 본인이 준비되어야만 할 수 있는 거니까. 일단 더 이상 도망치고 싶지 않다는 생각이 들면, 마침내 어딘가에 다다르게 될 거야. 그다음에야 자기 자신이나 다른 사람에게 마음의 문을 열 수 있을 거고. 물론 이건 아드리안뿐만 아니라 모든 사람에게 해당하는 이야기야. 다른 사람에게 무언가를 설득하거나 요구하는 건 중간에 멈추는 법이 프로그래밍되지 않은 무인 기차에 몸을 던지면서 기차가 서기를 바라는 거나 마찬가지야. 운전사가 없는 기차는 멈추지 않을 거고, 몸을 던진 사람은 눈을 크게 뜬 채로 치인 다음에 굉장한 부상을 얻게 되겠지. 굳이 이 사람을 죽여 버려서 이 비유를 대단한 드라마로 만들고 싶지는 않지만, 어쨌거나 굉장히 고통스럽기는 할 거야. 보통 달리는 기차에 스스로 뛰어드는 사람은 자신을 많이 사랑하지 않지.

아무리 사랑을 주어도,
상대가 당신을 사랑하게 만들 수는 없다.
그 과정에서 스스로를 사랑하는 법을
잊게 될 뿐이다.

버려진 기차역을 떠나기

"달리는 기차에 그런 식으로 뛰어드는 사람을 하나 알아. 바로 내 여동생이야. 차마 눈 뜨고 볼 수가 없다니까!" 갑자기 다니엘이 터져 나왔다. 전혀 예상치 못한 일이었다. "벽돌에 뭘 썼냐고 했지." 그는 폴을 바라봤다. "난 괴물 같은 장모, 쿵쾅대는 인간들, 개자식이라고 썼어. 난 그 인간을 괴물이라고 부르거든. 동생 앞에서도 마찬가지야. 그래봐야 동생이 이런 인간하고 사귀는 건 막을 수 없지만 말이야. 걔는 항상 고속 열차에 제 발로 뛰어들어 놓고는 아프다고 징징거린다니까. 가장 끔찍한 건, 그 인간은 자신이 무슨 짓을 하고, 내 동생이 그것 때문에 얼마나 힘든지 아주 잘 알고 있다는 거야. 자기가 알 바 아니라 이거지! 잠깐 정차해서 필요한 걸 다 얻고 나면 다시 휑하고 떠나버려. 내 동생이 이렇게 스스로를 내어주는 걸 그냥 지켜만 보고 있을 수 없다고!"

"동생도 그렇게 생각하니? 그 관계가 네 동생에게 좋지 않다는 걸 두 사람 모두 동의하는 거야?"

"좋은 질문이야… 나도 확신은 못하겠거든! 솔직히, 나는 걔가 자기가 얼마나 사랑에 눈이 멀었는지도 모를까 봐 무서워. 하지만 마음으로는 알고 있을 거라고 생각해. 이 고통이 그만큼 크니까. 하지만 걔는 그 인간이 언젠가는 바뀔 거라고만 해. 검은 벽 앞에 서서 자기가 보고 있는 게 문이 달린 노란 벽이라고 스스로를 세뇌하는 것 같다니까. 문 같은 건 있지도 않은데! 걔는 자기가 이겨낼 수 있다고 하지만, 얼마나 가슴을 치고 머리를 싸매는 일이 많은지 몰라. 본인도 고통스럽겠지! 너희에게 물어볼게. 왜 걔는 끊임없이 본인으로부터 도망치려고 하는 남자 대신 괜찮은 사람을 찾으려고 하지 않는 걸까? 문을 잠가버려서 차가운 벽 앞에 자기를 세워두는 사람 말고, 활짝 열린 일등석 문에, 환영 팻말까지 걸어놓을 그런 사람을? 물론 걔한테도 수없이 얘기했지. 이 제대로 된 관계라고 할 수도 없는 관계를 이제는 끝내야 한다고. 결국 다치는 건 걔니까. 걔는 늘 울지만, 바뀌는 건 아무것도 없어. 걔도 그 '하지만' 병에 걸린 중증 환자거든. '하지만'으로 시작하는 말을 골백번은 들은 거 같아. 하는 얘기도 늘 똑같아. 자기는 그 남자를 너무 사랑하고, 그 남자에게는 정말 특별한 무언가가 있고, 나는 절대 이해하지 못할 거라고! 심지어 자기들은 서로를 향한 운명으로 맺어져 있대. 가끔 걔가 화조차도 내지 못하는 순간이 올 때도 있는데, 나는 그때마다 얘가 아무것도 변하지 않을 거라는 걸 마침내 깨닫고 이 운명인지 뭔지에 의구심을 품게 되는 건 아닐까 하는 희망을 품게 돼. 하지만 결국 변하는 건 없지! 가만히 그 자리에 앉아서 언제까지고 기다리다가, 그 인간이 휘파람을 불면 객실로 뛰어 들어가고, 그냥 지나치려고 하면 열차로 몸을 던져. 물론 비유적인 의미로. 걔가 얼마나 더 마음고생해야 이 개자식이 모는 열차에서 완전히 벗어나야 한다는 걸 깨닫게 될지 모르겠어!"

"네 동생이 그렇게 매달리는데 정말 개자식이 맞아?"

이 의견을 탁상에 꺼낸 사람은 당연했다. 아드리안도 빠르게 역을 통과해 버리는 부류의 사람이지 않던가.

"당연하지! 그 인간은 동시에 두 여자에게 상처를 주고 있다고. 결혼 서약을 한 여자와 꽃을 주면서 절대 지키지 않을 공허한 약속을 하는 상대인 내 동생 안야."

"꽃을 주면서 한다는 그 약속이 뭐니?" 폴은 로맨티스트와는 거리가 멀었다. 그는 결국 상담가였고, 아름답게 꾸며낸 표현보다는 해결책과 명확한 소통에 더 관심이 있었다.

“그 인간은 지금 당장은 이혼할 수가 없다고 말해. 안야는 이 말을 정말 말 그대로 받아들이면서 나한테 지금 당장 이혼할 수 없다고 했지, 이혼하지 않을 거라고는 한 번도 하지 않았다고 말해. 이게 법적인 효력을 갖는 서류라도 되는 것처럼 군다니까. 심지어 그 인간은 서류상으로만 결혼을 유지하고 있는 것도 아니야. 아직도 아내랑 침대를 같이 쓰고 있다고. 내 동생은 그 둘이 침대에서 뭘 한다고 생각하는 걸까? 같이 십자말풀이를 하거나 성경을 읽고, 서로 손만 잡고 잘 거로 생각하는 걸까?”

손을 잡고 잔다는 것은 그렇다 치더라도, 성경 읽기나 십자말풀이에 대한 이야기는 정말 엉뚱하게 느껴졌다. 나는 다니엘이 어쩌다 그런 생각을 한 것인지 궁금해졌다. 옆에 앉은 이사는 눈빛을 통해 자신은 이것과 관련이 없다고 부인하고 있었다.

“그러니까 내 말은, 그 인간은 거짓말을 하면서 동생 앞길을 막고 있다는 거야! 그리고 맞아. 내가 보기에 그 인간은 개자식이야. 업보를 착실하게 쌓고 있는 거지. 완전히 부정적인 쪽으로!”

“솔직히 사람들이 하는 짓을 보면 가끔 궁금할 때가 있어!” 찰리가 맞은편에서 갑자기 튀어나왔다. “그 업보라는 시스템은 딱히 믿음직스럽지 않단 말이지. 트립어드바이저면 차라리 ‘서비스가 불친절함. 컴플레인을 무시함. 뷰가 나쁘고 사진과는 완전히 다름!'이라고 후기라도 남길 수라고 있지. 애초에 업보라는 건 존재하지 않는 것 같아. 좋은 사람이 되려고 노력하는 사람만 똥물을 뒤집어쓰는데 정작 개자식들은 잘 먹고 잘산다고. 그렇잖아! 직업적인 부분에서도, 개인적인 부분에서도. 그런 인간들은 자기가 쓰러뜨린 사람들의 시체를 밟고 제일 멀리까지 나아간다니까." 찰리는 삶에 대한 새로운 시나리오에 대해 설명해 주듯 말했다. 장르는 업보에 대한 범죄 스릴러가 분명했다.

"방금 네가 이런 사람들은 멀리 나아간다고 얘기했잖아. 그게 정확히 뭘 말하는 건지 말해줬으면 해." 폴이 말했다.

"글쎄, 이런 사람들은 직업적으로 성공하고, 사적인 부분에서도 잘 나가잖아. 남의 머리 위에 올라가서 노래를 흥얼거리면서 브레이크 댄스를 추는 것처럼. 간단히 말해서, 이 인간들은 늘 꼭대기에 있어! 그 누구도 이 사람들에게 상처를 줄 수 없어. 상처받은 개자식은 본 적이 없거든! 기껏해야 자존심에 살짝 흠집이 나는 정도겠지… 이런 걸로는 그런 사람들을 넘어뜨릴 수가 없다고! 우리처럼 예민한 사람들은 저 끝에서 늘 고통만 받고 말이야."

"네 말이 사실이라면, 이 일의 시작점에 대해 고민해 보는 게 좋을 것 같아. 그러니까, 우리가 내리는 결정에 대해서 말이야. 우리는 절망적인 상황에 발을 들여놓고, 왜 상처받게 되었는지에 대해 고민하곤 하잖아. 이건 업보와는 별 관련이 없어. 오히려 이건 자존감이나 책임에 대한 문제지. 직업적인 부분도 사적인 부분과 마찬가지야. 우리는 자신이 잘한다고 생각하는 분야의 직업을 갖기 마련이잖아. 개자식이라고 불리는 사람들은 자신이 뭘 원하는지 늘 정확하게 알고 있어. 이를 바라는 것을 넘어 심지어는 당당하게 요구하기도 하지. 다른 사람들을 배려하지 않는 것은 물론 바람직하지 않지만, 명확한 목표를 가지는 건 좋은 거고, 우리가 배울 만한 부분이기도 해. 우리는 스스로를 믿고, 더 많은 것을 받아들일 수 있어야 해. 스스로를 행복하게 만들어주고, 자신이 가진 모든 가능성을 펼칠 수 있는 직업이든, 소중한 친구와의 관계든, 받아 마땅한 사랑을 주는 사람이든 상관없이. 어떤 사람들은 자신이 이런 것을 받을 자격이 없다고 생각하고 스스로를 고통과 불행으로 몰아넣어. 우리는 자신이 받아 마땅하다고 여기는 것들만을 받아들이기 마련이니까. 이건 사랑뿐만 아니라 모든 것에 해당해. 자신이 대단한 것을 받아야 하는 사람이라고 생각하는 사람들은 그렇지 않은 사람들을 자기 삶에 끌고 오지 않아. 자신의 가치와 장점을 정확히 아는 사람들은 준비된 사람에게는 활짝 열려 있고, 그렇지 않은 사람들은 거부하지. 여기에는 단순히 쓸모없는 사람뿐만 아니라 관계를 맺을 준비가 되지 않은 사람들, 받아들여지는 것을 원하지 않거나, 그럴 수 없는 사람들, 상대가 조금만 가까이와도 멀찍이 도망가 버리는 그런 사람들도 포함돼. 스스로를 대기자 명단에 올리는 사람들은 언젠간 무언가가 변할 거라는 막연한 기대만 가지고 있어. 실제로는 아무 일도 일어나지 않을 텐데 말이야. 이런 사람들은 언젠가는 기차를 타고 저 멀리 떠나 행복해질 거라는 환상에 젖어있는 거야. 이들의 행복은 미래에 존재하지만, 그 미래는 불투명하고 실제로 일어날 확률도 매우 낮지. 아무리 외롭게 역에 앉아 기차를 기다려도, 기차는 이 사람들을 내버려두고 그대로 역을 통과해 버려. 기차역은 황량하고, 외롭지만, 언젠가 더 나은 미래가 올 것이라는 생각은 희박한 확률에도 불구하고 이들의 희망에 불을 붙이지. 결국에는 당첨될 확률이 낮지만 복권을 사는 사람들의 심리와 마찬가지야. 그러니까 스스로 행복을 잡기 위해 외로운 기다림만이 존재하는 기차역을 떠나 '믿음'이라는 도시의 '새 시작'으로 향하는 버스를 타고, 인생에 남아있는 가능성을 둘러봐야 해. 버려진 기차역에서 기다리는 것을 거절한 다음에야 여행 계획을 바꾸고, 행복으로 향하는 열차에 오를 수 있어."

"결국 개자식에게도 배울 점이 있다는 말이군! 이런 사람들은 절대 언제까지고 그 자리에 가만히 앉아 기차를 기다리지 않을 테니까." 아드리안이 말했다.

"바로 그거야. 혼자 기차를 기다리는 건 외롭기 마련이야. 다른 사람에게 열린 마음을 갖는다면 다른 사람들과 함께 즐거운 마음으로 살아갈 수 있겠지." 폴은 단념하지 않고 말하고자 하는 것을 이어 나갔다. "이제는 네 상징물과 벽돌의 이름들에 대한 이야기로 돌아가 보자, 다니엘." 폴이 말했다. "네 옆에 배의 키가 놓여 있는 것 같은데." 폴이 다니엘 옆에 놓인 장난감 키를 가리켰다.

"맞아. 왠지 나에게 잘 맞는 것 같았어. 키를 손에 쥐고 있는 건 중요하니까. 특히 다른 사람들이 계속해서 끼어들거나, 이걸 빼어가려고 한다면 말이지. 이사의 어머님이나 자신의 것을 계속 내어주기만 하는 내 동생처럼."

"혹시 동생의 키를 네가 쥐고 싶지는 않니?"

다니엘은 머뭇거리며 어깨를 으쓱했다. "글쎄, 그런 것 같아. 그게 더 낫다면 말이야!"

"그 부분은 이따가 더 자세히 얘기해 보도록 하자. 일단은 벽돌 이야기부터. 아까 장모님을 벽돌에 썼다고 했지. 지난번에 이사가 그분에 대해 많은 이야기를 해주긴 했지만, 너의 관점과 네가 벽돌에 그분의 이름을 쓴 이유에 대해 듣는 것도 분명 흥미로울 것 같아."

"여기 괴물 같은 장모님 말이지? 맞아! 여기 그렇게 썼지. 장모님은 이 벽돌에게도 좋은 벽돌이 되기는 아직 멀었고, 벽돌 구실이라도 하려면 한참 애써야 한다고 말할 사람이야. 그분이 얼마나 남 위에 서려고 하는 사람인지에 대해서는 이미 이사를 통해 다들 알게 됐을 거야. 꼬아서 남을 공격하는 데는 일가견이 있지. 정말 그분에 대한 거라면 모든 참을 수가 없어. 갑자기 나타나는 것도, 날 선 말로 사람을 찌르는 것도, '그거보단 더 나아야지'라는 이야기를 듣는 것도! 장모님은 사람을 지치게 만들어. 이사를 바닥으로 끌어 내려 죄책감을 심어놓고는 '이게 다 널 사랑해서 그러는 거야.'라고 말하면서 형벌을 내리지. 이걸 지켜보는 게 얼마나 고통스러운지 몰라. 장모님은 이사가 살아야 하는 방식과 해내야 하는 과업을 정해놓고 끊임없이 압박감을 불어넣어. 이사에게 숨 쉴 틈도 주지 않고 마음대로 조종하려고 한다고! 장모님은 내 이야기도 전혀 듣지 않아. 심지어는 내 의견을 진지하게 받아들여 줘야 하는 순간에도 마찬가지야. 그분은 내가 사는 동안 그 무엇도 제대로 해낼 수 없다고 생각하는 것 같아. 그분한테 남자는 무언가를 이루는 데 사용되는 하찮은 도구에 불과하거든. 이사의 아버님은 늘 침묵해 왔고, 장모님은 나에게도 똑같은 걸 바래. 물론 나도 대개는 가만히 있으려고 해. 뭘 한다고 변하는 건 없으니까. 하지만 언제까지고 그럴 수는 없는 거잖아. 이사가 그 누구도 믿지 못하는 건 모두 장모님 때문이야. 자기 자신도, 다른 사람도, 심지어는 나도! 우리 둘도 이것 때문에 너무 힘들다고. 이사가 장모님 때문에 힘들어하는 걸 볼 때마다 나도 마음이 아파! 이사를 도와주고 싶지만, 할 수 있는 건 없었어. 끔찍했지. 무력하게 그 광경을 지켜보는 것 말고는 할 수 있는 게 없었으니까."

"그러니까, 네가 떨쳐내고 싶다고 적은 사람들은 실제로 너에게 피해를 주는 이웃을 제외하면 이사의 엄마와 여동생의 남자 친구인 거네. 이 사람들이 주변 사람들에게 하는 행동을 지켜만 보고, 도움은 주지 못한다는 점이 힘든 거고. 맞니?"

"어, 맞아."

"그러면 조금 과격한 질문을 하나 해볼게. 그게 너랑 무슨 상관이니?"

"이게 나랑 무슨 상관이냐고? 당연하잖아! 이건 내 아내의 문제고, 내 동생에 대한 일이라고. 난 주변 사람들이 상처받는 걸 원하지 않는단 말이야!"

기차역에 서 있는데
기차가 그냥 떠나버린다면
계획을 바꾸고
다른 기차를 타야 한다.

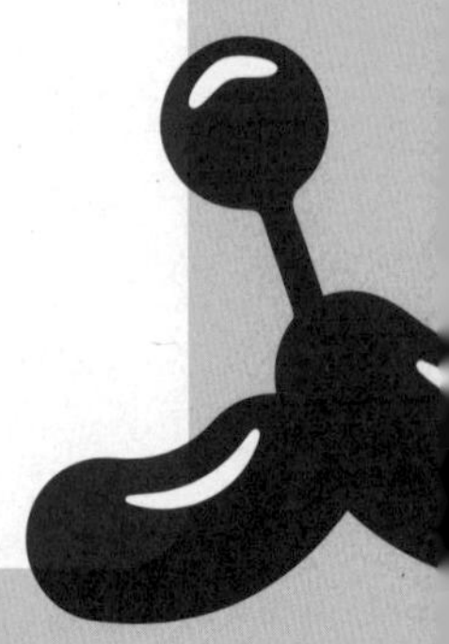

우리가 구원할 수 있는 사람은 자기 자신뿐이야

"내가 보니까, 네 소망은 늘 다른 사람을 향해있고, 너는 어떻게든 이들을 돕고 싶어 하는 것 같아. 그렇지?"

"맞아. 하지만 이건 좋은 거잖아. 안 그래?"

"어느 정도는 그렇지. 우리 사회는 남을 기꺼이 돕는 행동을 미덕으로 여기니까. 다른 사람들의 뒤를 받쳐주고, 미처 생각지 못했던 대안을 볼 수 있게 도와주는 건 물론 훌륭한 일이야."

"그렇잖아!"

"하지만 네 이야기를 들어보니, 너는 다른 사람의 문제에만 초점을 맞추고, 이걸 해결해 주기 위해 너무 애쓰는 것 같아. 내가 물어보고 싶은 건 이거야, 이게 과연 가능하기는 한 걸까? 이것 때문에 너 자신은 뒷전에 두고,

스스로를 잊어버리고 있는 건 아닐까? 때로는 다른 사람을 구원하려고 하는 행동 뒤에는 스스로가 무가치하다는 생각이 숨어있기도 해. 그렇기 때문에 다른 사람을 돕고자 하는 소망 뒤에 숨어있는 동기를 자세히 살펴봐야 하는 거야. 이 모든 게 스스로가 가치가 없고, 사랑받으려면 다른 사람을 위해줘야 한다는 생각에서 비롯된 일일지도 모르니까. 모순적으로 느껴질지 모르지만, 어쩌면 네 동생의 행동과 네 행동에는 공통점이 존재할지도 몰라. 그래서 동생의 행동이 너를 그렇게 자극하는 걸지도 모르지. 네가 어떻게든 동생을 복잡한 연애사에서 구해내고 싶어 하거나 이사를 장모님의 덫에서 꺼내려고 애쓰는 것처럼, 동생도 어떻게든 그 남자를 구원하고, 자기가 손을 대면 모든 게 나아질 거라고 그 남자에게 증명하고 싶은 걸지도 몰라. 그렇게만 되면 그 남자에게 꼭 필요한 사람이 되고, 두 사람의 관계도 더 끈끈해질 수 있다고 생각하는 거지. 사랑받기 위해서는 노력해야 하고, 다른 사람을 도와줘야 하고, 누군가를 구원해야 한다는 생각은 오히려 자신의 욕구를 잊게 만들어. 그렇게 비롯된 도움은 오히려 전혀 다른 효과를 불러오지. 바로 강력한 좌절이야. 네 책임이 아니고, 그렇기 때문에 대신 해결해 줄 수도 없는 문제에만 집중하는 것은 장기적으로 보면 절망적일 수밖에 없으니까. 상대방에게도 마찬가지야. 상대는 자신이 충분하지 못하다고 생각하게 돼. 너는 네 동생을 복잡한 연애 갈등에서 구원하려고 하지만, 동생은 네 도움을 받고도 문제를 해결할 수 없다는 생각에 더 부정적인 감정을 느끼게 될 거야. 너도 마찬가지겠지. 네 동생은 이 일을 끊어내지 못한다는 죄책감에 너와 거리를 두려고 할 테니까."

"그러면 이걸 그냥 가만히 보고만 있으라고? 그럼 이사 일은? 우리는 부부라고. 이사를 돕고 싶은 생각이 드는 건 당연하잖아!"

"물론 그럴 수 있지. 하지만 어떻게? 네가 도움을 주려고 애쓰는 모습을 보고 이사가 스스로가 무능하고 나약하다고 느끼는 것과, 이사의 말을 경청해 주고, 뒤를 보살펴주고, 이사가 스스로 이 문제를 해결할 수 있을 거로 믿어주는 것은 전혀 다른 일이야. 후자는 이사의 자존감을 높여주고, 책임감을 심어주고, 문제를 해결할 수 있을 만큼 강하게 만들어 줘. 너 자신도 마찬가지야. 도움을 주기 위해 급급해야만 사랑받을 수 있다는 믿음에서 해방될 수 있을 테니까. 그래서 자율권을 가지는 것이 중요해. 자율권이라는 단어에는 말 그대로 힘이 있어. 한 사람의 몫을 해낼 능력이 있다고 다른 사람과 자기 자신을 믿어주는 것만큼 강력한 건 없거든. 이건 상대방에게 무의식적으로 자신이 부족하고, 도움이 없으면 안 된다는 감정을 심어주는 전형적인 구원자 신드롬과는 반대되는 개념이야. 물론 실제로 누군가가 위험에 처해있거나, 위급한 상황에 놓여있어서 정말로 도움이 필요한 것과 자율권으로 해결할 수 있는 문제는 별개야. 그러니 다음번에 생명이 위험하지 않은 누군가에게 도움을 주고 싶다는 생각이 들면, 그 사람에게 '너는 내 도움 없이도 해낼 수 있을 거야. 나는 네 뒤에서 응원해 줄게. 나는 너를 믿어!'라고 말해주는 것에 대해 생각해 봐. 그렇게 되면 상대방은 강해질 수 있을 거고, 자신의 문제를 해결할 힘을 끌어내게 될 거야. 너도 사랑받기 위해 애써 남의 문제를 해결해 줘야 한다는 강박에서 벗어날 수 있게 될 거고, 네 것이 아닌 문제와 씨름하느라 얻게 된 절망을 놓을 수 있게 될 거야. 이걸 안고 있는 것만으로도 굉장한 에너지가 필요했을 테니 이제는 그 힘을 너 자신을 위해 사용할 수 있게 되겠지. 전에 말했다시피, 우리가 구원할 수 있는 사람은 자기 자신뿐이야." 폴은 잠시 말을 멈췄다. "상대에게 자율권을 줘서 문제를 해결한다는 발상은 피그말리온 효과로 이어져. 이것에 대해서도 말해볼까 하는데." 폴은 말을 이어갔다. "다들 이 효과에 대해 들어본 적 있니?"

폴은 주변을 둘러보았다. 어렴풋이 기억날 것도 같았지만, 몇몇 사람들의 얼굴에서는 확실히 물음표가 떠오르고 있었다. 폴은 설명을 덧붙였다. "피그말리온 효과라는 말은 독일 태생의 심리학 교수인 로버트 로젠탈의 실험에서 비롯되었어. 그는 1960년대에 피실험자에 대한 기대가 실험실에서 수행하는 실험 결과에 영향을 미친다는 사실을 증명했지. 이후에는 미국의 심리학자인 레노어 제이콥슨과 함께 초등학교에서 이에 대한 실험을 진행하면서 개념을 확장시키기도 했어. 교사가 가진 기대가 학생의 성적에도 영향을 미친 거야. 누군가의 생각과 기대가 결과를 바꾼 거지. 다시 다니엘의 여동생에 대한 이야기로 돌아가 보자. 다니엘이 동생을 도와주고 싶어 하는 이유는 동생이 이 관계를 스스로 끊어낼 수 없다고 생각하기 때문일 수도 있어. 아니면 내심 동생이 해낼 수 있을 거라고 믿고 있을 수도 있지. 이런 생각과 행동은 여동생의 행동에 영향을 미칠 테고, 결국에는 결과를 바꾸게 될지도 몰라. 피그말리온 효과의 좋은 점은 다른 사람뿐만 아니라 자기 자신에게도 적용된다는 거야. 스스로를 믿고 자신에게 필요한 부분을 발전시키는 데도 활용할 수 있다는 거지. 예컨대 직장에서 동료들과 적절한 선을 그을 수도 있을 거야. 상대방에게도 마찬가지지. 상대를 믿어줄 때와 모든 것을 의심할 때, 둘 중 언제 긍정적인 변화가 일어날 수 있겠어?"

"하지만 다니엘의 동생은 그 남자가 조만간 이혼할 거라고 믿고 있잖아. 여기에도 똑같이 적용되어야 하는 거 아냐?" 루카스가 물었다.

"정말로 그렇게 생각했다면, 이미 뭔가 바뀌지 않았을까?" 폴은 물음으로 답했다.

"하지만 우리는 다른 사람의 선택에 영향을 미칠 수 없다고 했잖아!"

"맞아. 하지만 다른 사람을 대할 때 특정한 기대를 하고 행동할 수는 있지. 자신이 좋은 사람을 만날 만큼 가치 있는 사람이라는 것을 알고 있다면, 그에 맞춰 행동할 거야. 남자가 이혼하지 않기로 한다고 하더라도, 다니엘의 여동생은 지금과는 전혀 다른 상황에 놓이게 되겠지. 결국 결정은 그녀의 몫이고."

"하지만 우리 엄마나, 사악한 상사나, 직장에 있는 불량배들은?" 이사는 흥미로워하며 물었다.

"네가 너를 전혀 의심하지 않고 완벽하게 믿고 있다고 치자, 너는 네 모습 그 자체만으로 이미 옳고, 다른 사람이 뭐라 하든 상관없이 스스로가 내는 성과에 굉장히 만족할 수 있다고. 그러면 너는 스스로에 대한 확신도 가지게 되겠지. 그러면 어떻게 될까?"

"나에게 그렇게 행동하는 걸 더 이상 용납하지 않겠지."

"맞아. 그것만으로도 이미 뭔가가 달라진 거지. 이미 말한 것처럼, 너희가 과녁이 되는 것을 거부한다면 상대도 너희에게 화살을 쏠 수 없어. 너희가 받으려 하지 않는다면, 누군가 벽돌을 던질 수 없지. 결국 상대는 다른 희생양을 찾아 떠나버릴 거야. 원하는 반응을 얻어내지 못하면 흥미를 잃어버리기 마련이니까. 만약에, 아주 만약에 그럼에도 불구하고 상대가 너희를 공격하는 걸 멈추지 않는다고 생각해 보자. 그러면 어떻게 될까?"

"그러거나 말거나 나는 더 이상 이 일을 마음속에 담아두지 않게 될 거야. 네가 말한 것처럼 차단봉을 내려 버리고, 내 시간을 나를 무시하는 사람들에게 허비하는 대신 나를 더 강하게 만들어주는 사람들에게 쏟게 되겠지." 이사는 다니엘을 바라보며 말했다. "그러니까 나는 직장을 그만두고, 다른 사람들과 일하기 위해 떠나게 될 거야. 그렇게 되면 그 독사 같은 인간들도 떨쳐낼 수 있겠지. 엄마도 마찬가지야. 새로운 엄마를 구할 수는 없겠지만, 얼마나 많은 시간과 관심을 엄마에게 할애할지를 결정할 때 조금 더 신중하게 생각하게 될 거야."

"바로 그거야. 아니면 너 자신이 사랑을 듬뿍 줄 수 있는 엄마가 되겠다고 할 수도 있어. 네가 너희 엄마에게 받고 싶었던 것을 네 아이에게 주는 거지. 만약 네가 그런 결정을 내린다면, 여기에서 너는 어떤 사람일까?"

"주도자?"

"맞아. 결국 그 누구도 아닌 너만이 네 행복을 결정할 수 있으니까."

인생에서 가장 중요한 사람은
바로 자기 자신이다.
그렇기 때문에 자신을 위한
결정을 내려야 한다.

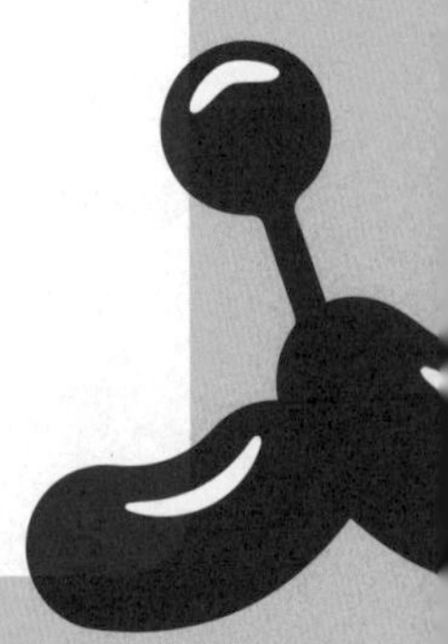

개자식 디톡스

“이제 우리는 개자식 디톡스의 중간 지점에 다다른 것 같아. 안 그래? 그러니까, 떨쳐내는 것에 대한 이야기 말이야.” 아드리안은 큰 손으로 곱슬곱슬한 금발 머리를 넘겼다. 개자식에 대해 이야기할 때는 특히 잘 보여야 한다고 생각하는 것 같았다. 본인은 스스로를 개자식이라고 생각하고 있을까?

“맞아. 아주 좋아. 적어도 나는 그런 거 같아!” 찰리는 아드리안의 말에 동의했다. “하지만 어떤 사람들에게는 애정 어린 조언이나 선을 긋는 게 통하지 않아. 아무리 벽을 치고 차단봉을 내려도 어떤 사람들을 신나게 이걸 뚫고 들어오거나 넘어 버리거든.”

“네가 차단봉을 내린 적이 있기는 해?” 아드리안이 물었다.

"음… 그래, 이건 다른 이야기이긴 한데… 아무튼, 그것만으로는 이런 사람들을 막아버릴 수 없을 거 같아!"

"어쩌면 네가 너무 남을 신경 쓰고 있는 건 아닐까?" 폴이 물었다. "피그말리온 효과를 너 자신에게 적용해 보는 건 어떨까? 너 자신을 애정 어린 시선으로 걱정해 주면서 네가 친구 관계에서도, 직장에서도, 애인과의 삶에서도 행복할 자격이 있고, 그렇기 때문에 변화를 일으킬 수 있다고 스스로를 믿어보는 거야. 이미 말했지만, 적용하는 방법은 다양해. 엉킨 곳을 풀어볼 수도 있고, 자신의 생각을 바꿀 수도 있고, 차단봉을 내리거나, 구덩이에서 나오거나, 독이 든 잔을 거부할 수도 있어. 남이 던진 벽돌을 지나치거나, 과녁이 되는 것을 그만둘 수도 있지… 너는 충분히 가치 있는 사람이고, 언제든 희생양 역할을 벗어버릴 수 있어. 자신을 위한 결정을 내리고, 의견을 말하고, 상대방의 수작과 비판을 무시할 수도 있지. 네 배를 되찾거나 게임판을 나오거나, 어떤 곳을 벗어나거나 아예 상대와 절연해 버릴 수도 있어. 중요한 건 네가 결정을 내리는 거야. 이건 결국 네 인생이니까." 폴은 다시 우리 모두를 향해 말했다. "이 외에도 몇 가지 방법을 더 소개해 줄 수 있지만, 일단은 다시 개자식 디톡스로 돌아가 보자." 폴은 잠시 멈췄다가 말을 이어 나갔다. "너희를 힘들게 하고, 너희의 행복을 응원하기 보다는 방해하려고 애쓰는 사람들에게서 벗어나기 위해서는 자기애를 가지는 것이 중요해. 이미 언급했지만, 거대한 가방을 매고 비틀거리면서 다른 사람을 치거나, 도움이 필요한 순간에 외면해 버리는 사람들도 정말로 있어. 하지만 대게는 이런 사람들이 스스로 균형을 잡기는커녕 제대로 설 수조차 없기 때문이야. 이런 사람들은 불평을 늘어놓고, 다른 사람을 평가하고, 악담하고, 깎아내리고, 괴롭혀. 오랜 시간 이런 사람들과 시간을 보내는 건 결국 자기에게 반하는 결정이 되겠지. 그 누구도 너희에게 이런 사람들과 시간을 보내라고 강요하지 않아. 같은 감방에 갇혀있는 신세가 아니라고. 너희는 언제든지 떠날 수 있어. 이런 사람들을 떨쳐내는 것은 결국 자유를 의미하게 되겠지. 어쩌면 개자식 디톡스는 너희가 자유를 되찾게 도와주는 프로그램인지도 몰라. 무거운 짐을 놓아버리고, 가벼움을 위한 공간을 남길 수 있도록 만들어 주는 거지. 나는 이 이야기가 다이어트와는 거리가 멀다고 생각하지만, 다른 사람의 평가를 받아들이지 않고, 중독에서 벗어나는 건 충분히 의미 있는 일이지. 사실 이건 중독에 대한 이야기거든. 정확히는 사랑과 인정에 대한 중독. 해로운 사람들의 행동을 받아들이는 것 뒤에 숨어있는 게 바로 이거야. 스스로를 사랑하고, 인정하는 법을 잊었기 때문에 남에게서 이런 걸 얻으려고 하니까. 하지만 아무리 노력해도 공허함은 커질 뿐이고, 자기 자신 이외에는 그 누구도 이걸 채워줄 수 없어. 다른 사람의 마음에 들어야 한다는 생각에서 벗어나면 이런 사람들에게 매달리는 것도 그만두게 될 거고, 블랙홀처럼 느껴지는 공허함에 빠져버리는 대신, 자기 자신에 대한 사랑과 인정의 씨앗을 뿌릴 수 있게 될 거야. 더 이상 이곳에 무언가를 내던질 필요는 없어. 블랙홀은 무언가를 삼키기만 할 뿐이니까. 외투를 벗어 그 위를 대충 덮어놓고, 다른 사람이 문제를 해결해 주기를 바랄 필요도 없어. 이 모든 건 노력할 가치가 없는 일들이야. 착하고, 똑똑하고, 유머 있고, 예쁘고, 재능 있는 사람으로 비치기 위해서, 성공하고 싶어서, 사랑받기 위해서는 더더욱 아니야. 너희는 이미 그런 사람들이거든. 언제나 그래왔고, 언제까지나 그럴 거야. 너희 모두는 이미 자신만의 방식으로 특별하고, 가치 있어. 그리고 자존감에 대한 이야기 말인데, 이건 시작점이지 목표가 아니야. 너희의 가치는 이미 처음 그 순간부터 존재해 왔어. 그저 너희가 이걸 잊었을 뿐이야. 그래서 무언가를 해내거나 어떤 사람이 되어야만 다른 사람들의 마음에도 들 수 있고, 그다음에야 자존감을 얻게 될 수 있을 거로 생각하는 거지. 하지만 너희가 가진 가치는 단 한 순간도 너희를 떠난 적이 없어. 지금도 마찬가지야. 너희는 다른 사람을 설득하거나, 대단한 일을 해내거나, 동의를 구할 필요가 없어. 너희는 언제까지나 너희일 거고, 다른 사람에게 사랑과 인정을 받든 아니든 늘 가치가 있는 사람이야. 다른 사람이 너희를 평가절하하고, 너희의 성과를 깎아내리고, 너희가 돈이나 성공, 주변 사람들을 잃는다 해도 마찬가지야. 너희는 앞으로도 거절을 겪을 거고, 사랑에 보답받지 못하는 일도 있을 거야. 하지만 그런다고 변하는 건 없어. 너희는 가치 있는 사람이고, 그건 늘 너희 안에 존재할 테니까. 어쩌면 너희를 괴롭히는 사람은 다른 그 누구도 아닌 너희 자신일지도 몰라."

폴의 눈은 이사를 향하고 있었지만, 그가 한 말은 모두를 향하고 있음을 알 수 있었다. 이건 우리 모두에게 적용되는 이야기였다.

"다른 사람들은 단순히 방아쇠를 당기는 사람일 뿐, 최대의 적은 너희 안에 도사리고 있는 감정일지도 몰라. 그 중에서도 특히 자기 자신을 향하고 있는 분노나 걱정, 두려움, 슬픔, 무력감, 의심 같은 감정들. 네 무엇을 해야 하고 어떤 사람이 되어야 하는지 스스로 알지 못해서 생겨난 것들이지. 어쩌면 너는 오래전에 이 모든 걸 그만두고, 자기 자신의 편이 되는 것을 포기해 버린 걸지도 몰라. 그래서 다른 사람들의 말에 귀를 기울이고, 이들의 생각을 그대로 받아들이고 믿게 된 걸지도 모르지. 너는 이 사람들의 말이 옳고, 너 자신은 부족한 사람이라고 생각해. 너는 다른 사람의 평가를 두려워하지만, 사실 너를 가장 혹독하게 평가하는 사람은 너 자신이야. 너는 네가 사람들의 기대를 충족할 수 없고, 이들이 생각하는 것들에 부합하는 것이 불가능하다고 스스로를 평가하고 있잖아. 너 자신에게 누구보다 많은 것을 바라지만 스스로를 사랑하는 법은 잊어버린 거지. 언젠가부터 너는 다른 그 누구보다도 매몰차게 너 자신을 거부해 왔을 거야. 남을 함부로 판단하는 것은 개자식이나 하는 행동이지만, 가장 나쁜 건 스스로를 재단하는 거야. 이건 다른 사람을 판단하는 시발점이 될 수도 있어. 절대 좋은 감정은 아니겠지. 이건 애정과는 전혀 상관이 없는 일이니까. 우리는 스스로를 그 누구보다도 엄하게 판결하고, 자신이 저지른 일을 범죄 기록처럼 써 내려가면서 가장 큰 형벌을 내려. 그것도 한평생을. 스스로 멈추지 않으면, 한평생을 감옥 속에 살면서 다른 사람들의 시선을 신경 쓰며 두려움에 떨 수밖에 없어. 타인의 평가를 피해 어떻게든 구석으로 숨으면서 스스로를 끊임없이 검열하겠지. 하지만 다른 사람을 납득시키려고 애쓰는 것을 멈추고 다른 사람의 생각으로부터 자유로워진다면 우리는 그 개자식들을 이긴 거나 다름없어. 다른 모든 중독과 마찬가지로, 여기에서 벗어나기 위해서는 이런 것들이 없이 자신이 얼마나 자유로워질 수 있는지를 느껴봐야 해. 사랑이나 인정에 대한 강박과 거절에 대한 두려움을 떨쳐내면 우리의 눈앞에는 새로운 세상이 펼쳐질 거야. 바로 자유로운 세상이지. 누군가가 금연을 시작하면, 우리는 등을 토닥이면서 응원해 주잖아. 하지만 인생의 개자식들을 떨쳐내는 것도 최소한 그만큼 대단한 일이야! 이 개자식이 우리에게 정말로 해를 주는 사람인지 아니면 스스로를 의심하는 목소리인지는 상관없어. 물론 개자식을 떨쳐내는 일은 쉽지 않아. 하지만 필요한 일이지. 그러니까 나는 이렇게 말할게. 다른 사람들의 생각에 너희를 끼워 맞추려고 하지 말고, 너희를 행복하게 만들어주지 않는 역할을 떠맡는 건 그만두도록 해. 자기 자신을 사랑할 수 있어야 해… 사랑받아 마땅한 너희의 성격, 강점, 약점 이외의 모든 사소한 부분까지도. 자신이 어떤 사람인지를 기억해 내고 자기 편에 서게 되면 외부의 다른 사람들이나 마음속에서 울려 퍼지는 개자식의 비판적인 목소리도 더 이상 너희를 흔들 수 없게 될 거야. 마침내 개자식의 생각이나 의견, 행동으로부터 자유로워지는 거지. 더 이상 그 무엇도 너희를 흔들 수 없어. 너희는 자신의 중심에 잘 고정되어 있을 테니까. 어떻게 한낱 우박이 큰 나무의 뿌리를 뽑아낼 수 있겠니?”

개자식 디톡스를 위해 떨쳐낼 5가지

- 당신에게 개자식처럼 구는 사람들
- 다른 사람에게 잘 보이기 위해 애쓰기
- 당신을 말려 죽이는 파괴적인 생각
- 사랑과 인정 갈구하기
(이것을 줄 수 있는 사람은 자기 자신뿐이다)
- 당신과 당신의 인생에 대한 타인의 평가와 의심(당신 외에는 모두 관련 없는 사람들이다)

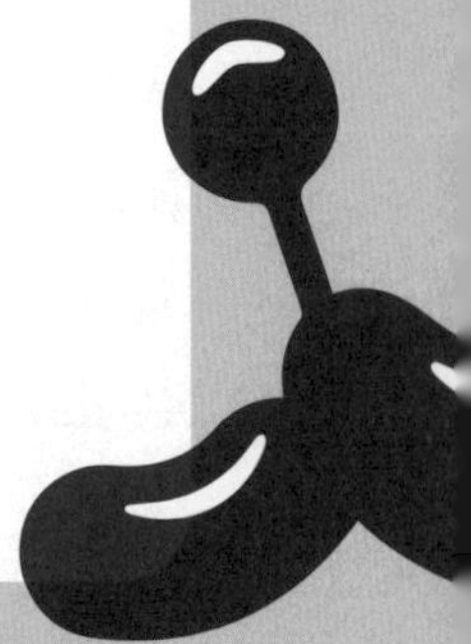

마침내 자유로워지다

“모든 좋은 일은 세 번째에 일어난다는 말* 알지?” 폴은 흥미로 반짝이는 눈으로 주변을 바라봤다. 모두가 대답하듯 고개를 끄덕였다. “이 유명한 격언은 자기에게 너무 엄격해지지 말고, 당장 일이 잘 풀리지 않는다고 해서 포기해 버리는 것은 좋지 않다고 말해줘. 첫 번째나 두 번째에는 성공하지 않았을지 몰라도, 실망하지 않고 계속해서 노력한다면 세 번째에는 성공할 수 있다고. 이때 느끼는 행복은 분명 더 크겠지. 아직 성공하지 못했다고 해서 앞으로도 할 수 없을 거로 생각하고 너무 일찍 포기해 버린다면 정말 슬플 거야. 무언가를 이루기 위해서는 시간과 성장이 필요할 수도 있어. 그건 좋은 거지. 처음은 실

* 독일의 속담.

패하더라도 그 경험을 통해 해결 방법으로 한 발짝 더 나아갈 수 있게 될 거고, 해로운 사람에게서 벗어나는 법도 배울 수 있을 거야. 그 후에 맛보는 자유는 더욱 달콤하겠지. 그러니까 이 격언을 내 방식으로 조금 비틀어볼게. 모든 좋은 일은 자유롭기 마련이다. 이건 우리가 해로운 사람들이나 생각들을 떨쳐낼 때 느끼게 되는 감정이기도 해. 그렇게 되면 새로운 가능성도 우리의 앞에 피어날 거야. 그러니까 한 가지 물어볼게. 너희가 지금 완벽하게 자유롭다고 생각해 보자. 너희가 느끼는 감정은 뭘까?"

"어디에도 종속되지 않은 기분!" 아드리안이 처음으로 말했다. 자유에 대한 두려움이 그대로 묻어나는 대답이었다.

"해방감?" 이사가 소심하게 말했다. 역시나 고르디우스의 매듭 이야기에 잘 어울리는 단어 선택이었다.

"자신감!" 마리가 말했다. 찰리는 거기에 "가벼움"을 덧붙였다.

흥미로운 대답들이었다. 이 모든 답은 '자유'라는 단어에 대한 각자의 해석과 자신의 상황을 그대로 보여주고 있었다. 나는 자유가 내게 의미하는 것에 대해 곰곰이 생각하다 '무한함'이라고 답했다. 폴은 루카스와 다니엘의 대답을 기다렸지만, 둘은 아무 말도 하지 않았다. 이 침묵은 루카스가 자기 갑옷에서 빠져나오지 못했고, 다니엘이 자신의 자유보다 다른 사람의 것을 더 중요하게 여기는 것과 관련이 있을까?

"아주 좋아." 둘의 침묵을 깨고 폴이 말했다. "너희들의 대답은 모두 옳아. 자유의 의미는 자신이 정의하기 나름이니까. 다른 사람의 생각이나 평가, 인정으로부터 자유로워지면 너희도 자신이 말한 것 같은 감정을 느끼게 될 거야. 해방감, 자신감, 가벼움, 무한함… 이 모든 것들이. 이 앞에 33개의 색깔 카드가 준비되어 있어. 몇 개는 우리가 이미 얘기한 것들이고, 나머지는 너희가 해로운 사람들이나 생각을 떨쳐내고 자신의 행복을 추구하기 위해 필요한 것들을 떠올릴 수 있게 해줄 거야. 여기에서 다섯 명은 각자 다섯 장씩, 두 명은 네 장씩 뽑으면 딱 33장이 되겠네. 다들 집어가. 어차피 여기 있는 것보다 더 가져갈 수는 없으니까!" 폴은 웃으며 일어나더니 카드 뭉치를 책상 가운데에 놓았다. 그러고는 손으로 모든 카드를 책상 위에 펼쳐놓았다. "카드를 다 집은 뒤에는 시계방향으로 돌아가면서 차례대로 한 명씩 카드에 쓰인 내용을 소리 내서 읽어보자."

나무 탁상 위에 펼쳐진 형형색색의 카드는 예쁘게 보였을 뿐만 아니라 흥미진진하게 느껴졌다. 카드의 메시지는 바닥 면을 향하고 있었기 때문에 우리는 무엇을 뽑게 될지 전혀 알 수 없었다. 찰리와 이사는 일어서 다섯 장의 카드를 뽑았다. 그다음에는 마리가 더 좋은 카드를 찾아내기라도 하려는 듯 카드 더미를 뒤져가며 다섯 장을 가져갔다. 아드리안도 다섯 장의 카드를 골랐다. 뭐든지 다른 사람보다 적게 가지는 것을 원하지 않기 때문이었을 것이다. 루카스도 아드리안과 마찬가지로 카드를 가져갔고, 나와 다니엘을 각각 네 장의 카드를 집어 갔다. 사실 소리 내 읽으면서 카드의 내용을 다 같이 밝힐 것을 생각하면 누가 무슨 카드를 집어 가는지는 별로 중요한 문제가 아니었다.

"그럼 찰리, 먼저 시작해 줄래?"

"그래. 한번 해보자고! 모든 좋은 일은 자유롭다!"

찰리가 처음으로 카드를 읽었다. 그다음에는 이사, 다니엘, 아드리안이 뒤따랐다. 나 다음에는 루카스와 마리가 카드를 읽었고, 그 후에는 찰리에게로 다시 돌아갔다.* 이렇게 다섯 바퀴를 돌고 난 뒤, 우리는 카드에 담긴 메시지를 모두 읽을 수 있었다. 우리는 모두 말이 없었다. 방금 읽고 들은 내용을 곰곰이 생각해 보고 싶었기 때문이리라. 이 카드는 진짜 우리의 인생을 반영하는 것 같았다. 최소한 나는 누군가 카드에 적힌 글을 읽는 모든 순간 이 메시지가 우리의 삶과 얼마나 밀접하게 관련되어 있는지를 느낄 수 있었다. 사실 언제든 마찬가지였다. 사실 마음

* 카드에 쓰인 내용은 이 책의 마지막 페이지를 참고하라.

깊은 곳에서는 언제나 자신을 위한 최선이 무엇인지 알고 있었는데도 여태까지 인생에 나타나는 신호들을 애써 지나쳐 왔을지도 모른다. 결국 살아감에 있어 가장 중요한 것은 이 모든 신호를 구분하고, 행동에 나서는 것이었다. 우리는 주말 동안 폴의 도움으로 다양한 생각과 예시를 살펴보고 새로운 해답과 관점을 갖게 되었다. 우리의 마음이 더 강해진 것 같은 기분이었다.

폴은 조만간 이 카드에 적힌 메시지를 목록으로 만들어 우리에게 메일로 보내준다고 약속했다. 나는 기뻤다. 나는 앞으로도 종종 이 목록을 다시 읽어보면서, 내가 괜찮지 않다고 느껴지는 순간에 떠올리게 될 것이라는 걸 알 수 있었다. 이것만으로도 어쩐지 자유를 얻은 것 같이 느껴졌다.

아직도 삶이 바뀌는 순간을 기다리고 있는가?
당신이 바로 해결 방법 바로 그 자체다.

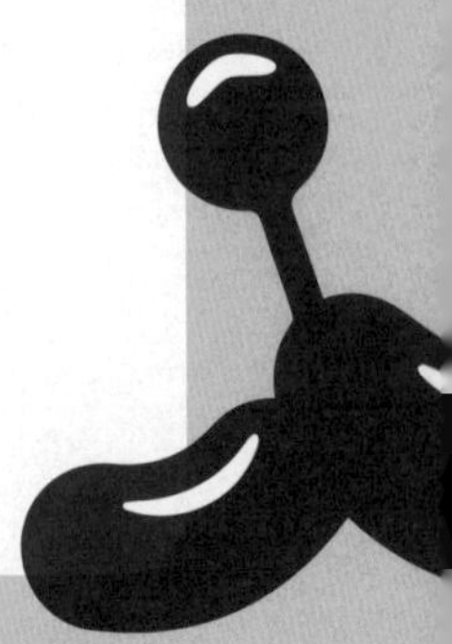

호수로 가는 길

"아까도 말했지만, 너희를 위한 깜짝선물이 있어." 폴은 우리 모두를 뿌듯한 눈으로 바라보며 긴장감을 조성했다. "기껏 여기까지 왔는데, 여기에 있는 동안 방 안에서 이야기만 하고 창 너머로 호수를 보기만 하기에는 아깝더라고. 그래서 작은 나무배를 타고 같이 호수를 누비는 시간을 가져볼까 해. 그러니까, 다 같이 노를 저을 시간이야. 마침 네 상징물하고도 잘 어울리네, 다니엘."

"오오, 영화 노트북에 나오는 것처럼 말이지! 내가 제일 좋아하는 영화야!" 마리가 신이 나서 말했다.

"비록 이 호수에는 백조가 그렇게 많지 않지만 말이야." 아드리안이 다시 끼어들었다. "확실히 약간 비가 오기는 하네. 그나저나 네가 그 영화를 좋아하는 게 참 놀랍지 않다. 왜 여자들은 로맨스 영화를 그렇게 좋아하는 거야? 분명 영화에서는 너희가 꿈꿔오던 해피엔딩이 기다리니까 그런 거겠지!" 아드리안은 다시 혓바닥에서 망치를 꺼내 마리의 로맨틱한 상상에 휘둘렀다.

"확실히 끝까지 보지는 않았구나. 그냥 좀 내버려둬, 라이언 씨!" 찰리가 아드리안을 라이언 고슬링에게 빗대며 벌컥 화를 냈다. 라이언 고슬링에 대한 모욕이었다.

"당연히 안 봤지. 보다 중간에 잠들었거든." 아드리안은 하품하는 시늉을 했다.

"백조는 내가 어떻게 해줄 수가 없네. 어쨌든 다들 신발하고 외투는 가지고 왔지?" 폴이 두 사람의 말다툼을 중간에서 끊었다. "지금 당장 입고 있지 않아도 괜찮아. 이따가 갈아입을 시간을 줄 테니까. 바깥 날씨가 따뜻하지는 않고, 심지어 약간 안개도 끼어있지만 11월이 항상 그렇지 뭐. 찰리가 편지에 우비를 가져오라고 썼었을 거야. 혹시 몰라서 내가 옷 위에 걸칠 수 있는 비닐 우비를 몇 개 챙겨오기는 했어. 다들 물에 빠진 생쥐 꼴로 집에 돌아가지 않을 수 있도록 말이야. 자기 우비를 가져왔는데 방에 두고 왔다거나, 조금 더 따뜻한 옷으로 갈아입고 싶다면 그래도 돼. 물론 여기 있는 걸 걸쳐도 되고." 그는 비닐 우비를 탁상 위에 올려놓았다. 아까 카드처럼 형형색색의 우비였다. 이런 색깔은 우리에게 어울렸고, 이걸 입고 있으면 일행을 놓칠 걱정은 하지 않아도 됐다.

"그러니 지금부터 점심시간을 갖도록 하자. 힘을 조금 보충하고, 옷을 갈아입는 거지. 두 시에 다 같이 데크에서 보자. 우비는 여기에 둘 테니까 나중에 필요하면 가져가도 돼. 아, 벽돌 잊지 말고!"

폴이 말하며 씩 웃었다. 그렇지 않았다면 섭섭할 뻔했다. 폴도 우리가 짜증 내며 눈을 굴리는 모습에 이미 익숙해진 것 같았다.

우리는 오후 두 시에 다 같이 데크에 모였다. 지각한 사람은 아무도 없었다. 모두 우비를 입고 있었다. 루카스와 이사, 나는 폴이 가져온 밝은색의 비닐 우비를 입고 있었다. 아드리안은 이 중에서도 특히 눈에 띄는 차림이었다. 이 와중에 회색 후드로 패션을 챙기고 싶어 하는 게 분명했다. 어쩌면 이것도 반항의 일부일지도 몰랐다. 하지만 그 누구도 확실하게 단언할 수는 없었다. 늘 이렇게 행동하는 것도 특히 본인을 지치게 만드는 일일 것이다. 다른 사람들은 커다란 콘돔이나 대형 텔레토비처럼 보였는데, 어쨌거나 우비를 입은 보람은 있었다. 하늘에서는 빗방울이 흩날리고 있었다. 장마와는 전혀 다른 느낌이었다. 빗방울은 상당히 악의적인 방식으로 우리 얼굴에 꽂히고 있었다. 이게 평범한 물이라는 것만 제외하면 에비앙 미스트 같은 느낌이었다. 이마에 조준해서 뿌려도 물이 코와 턱을 지나 가슴까지 뚝뚝 떨어진다는 점이 특히 그랬다. 굳이 이런 것을 원하는 것은 비와 인간이 전부일 것이다. 우비는 돈 한 푼 지불하지 않았건만 얼굴을 향해 인정사정없이 뿌려대는 비를 막아줄 수 없었다. 모두가 마찬가지였다. 심지어는 아드리안마저도 벽돌을 손에 쥐고 있었다. 오로지 폴만이 예외였다. 이것이 의미하는 것은 분명했다. 폴은 두 손이 자유로웠고, 덕분에 어렵지 않게 방향을 제시해 줄 수 있었다. 아마 그는 우리보다 더 적은 짐을 지고 있을 것이다. 결국 그는 이미 직업적으로도 더 많은 것을 알고 있지 않은가.

"왜 넌 벽돌이 없어, 폴?" 찰리가 물었다. 찰리는 벽돌을 두 개나 들고 있었다. 자신이 그렇게 결정했기 때문이었다. "불공평하잖아, 안 그래?"

"질투나?" 아드리안이 물었다.

"아마도!"

"불공평하다는 감정은 다른 사람과 비교할 때 느끼곤 하지." 폴이 설명했다. "질투라는 감정도 마찬가지야… 어쨌든 충분히 그럴 수 있어. 이건 인간적인 반응이고, 옳다 아니다를 판단할 것도 아니야. 하지만 질투라는 감정을 느끼게 되면 자기에게 물어봐. 지금 내가 나에게 집중하고 있는 게 맞나? 내가 스스로 이룰 수 없는 소망을 가지고 있는 걸까? 가벼운 마음을 가지기 위해서는 뭘 떨쳐내야 할까? 이 질문을 통해 우리는 무언가를 깨달을 수 있을 거야."

"예를 들면 이 벽돌을 떨쳐낼 수 있겠지?" 찰리가 웃으며 말했다.

"맞아. 일단 처음에는 온전히 모든 것을 받아들여야 해. 그렇지 않으면 다른 사람 앞에 놓인 길과 이들이 지고 있는 짐에만 관심을 기울이느라 자신의 벽돌에 걸려 넘어지게 될 거야."

"무슨 얘기인지 알겠어!" 찰리가 대답했다. "항상 다른 사람들이 나보다 더 잘 사는 것 같고, 더 가벼운 마음을 가지고 있는 것 같거든. 이거에 대해서 생각하면 할수록 내가 처해있는 상황이 나를 더 무겁게 끌어내리는 것 같아." 찰리가 자신의 두 벽돌을 내려다봤다.

"너만 그렇게 느끼는 게 아냐. 하지만 네가 이미 인지했듯, 다른 사람과 자신을 비교하는 건 절대 좋은 일이 아냐. 우리는 다른 사람이 처해있는 상황과 가지고 있는 배경에 대해 완전히 알지 못하니까. 어쩌면 이 사람들은 예전에 더 무거운 짐을 지고 살았는지도 몰라. 혹은 지금도 그럴지도 모르지. 어쨌거나… 이 사람들의 이야기는 우리와 전혀 상관이 없어. 모든 사람은 다른 삶을 살아. 다른 지점에서 시작하고, 그렇기 때문에 다르게 흘러가지. 다른 사람을 보고 의욕을 얻는 건 좋지만, 직접적인 비교는 보통 우리를 어딘가로 데려다주지 않아. 만약에 그렇다 하더라도, 부정적인 감정의 블랙홀이나 복잡한 생각의 잔해로만 이끌 뿐이지. 두 가지 다 우리에게 짐이 될 뿐이야. 우리가 바꾸고자 하는 것도 정확히 이 지점이고. 이제는 출발해 볼까 하는데, 다들 준비됐어? 시작해도 될까?" 폴이 강아지의 목줄을 잡듯 나무배와 이어진 노끈을 잡고는 둑에 묶여있던 매듭을 풀었다.

"좋아!" 아드리안이 벽돌을 쥔 채로 배로 뛰어 들어갔다. 착지자세는 그가 바랐던 것처럼 멋지지 않았다. 배는 심하게 흔들리다 못해 뒤집힐 뻔했다. 아드리안은 흔들리는 배 안에서 균형을 잃고 뱃머리부터 꼬리로 이어진 나무판자 위에 벽돌과 함께 주저앉았다. 아드리안은 애써 그런 일이 없었던 것처럼 행동했다. 다음으로는 다니엘이 벽돌과 함께 조심스럽게 배에 올라탔다. 그러고는 바닥에 벽돌을 내려놓더니 몸을 돌려 데크에 서 있는 이사에게 손을 내밀어 배에 올라타는 것을 도와주었다. 두 남자 중 누구와 함께하는 것이 좋을지는 너무나도 자명했다. 그렇지 않은가?

뒤이어 다니엘은 찰리가 배에 타는 것을 도와주려는 듯 손을 내밀었지만, 찰리는 미처 보지 못하고 혼자 배에 올라탔다. 마리는 기꺼이 다니엘의 도움을 받았다. 다음으로 루카스가 배 쪽으로 몸을 굽혀 벽돌을 올려놓고는 자신도 배에 몸을 실었다. 그러고는 신사적으로 다소 삐걱거리며 벽돌과 함께 배에 올라타는 나를 도와주었다. 나는 폴이 한 손에 검은 비닐봉지를 들고 있다는 것을 알아차렸다. 폴은 노끈과 비닐봉지를 뱃머리 쪽에 내려놓았다.

"이제 노를 저으면 되는 거야?" 아드리안이 물었다. 그는 이미 자기 쪽에 있는 노를 가지고 놀고 있었다.

"빨리 집에 가고 싶어?" 찰리가 알고 싶다는 듯 웃으며 물었다.

"목표가 있다는 건 좋은 거잖아, 안 그래?"

"맞아. 아까도 말했지만, 일단 노를 저어 호수를 돌아볼까 해. 누가 노를 저을래?"

"음, 일단 내가 노 옆에 앉아있기는 한데."

그의 옆자리에 앉은 다니엘은 아드리안을 쳐다보더니 폴에게로 눈을 돌렸다. "그럼 나도 같이할게! 키 모형을 가지고 노는 것보다는 이게 우리를 더 멀리 나아가겠지." 그는 키 옆에 앉은 이사를 바라보며 말했다. 이사는 폴과 자리를 바꿨다. 루카스와 나는 서로를 쳐다봤다. 우리와 마리는 노와는 먼 곳에 앉아있었기 때문에 굳이 나서야 할 이유가 없었다. 혼자서 배꼬리에 위치한 좌석에 앉아 폴을 마주 보고 있는 찰리도 마찬가지였다. 폴은 뱃머리에 앉아 우리를 바라봤다. "내가 해도 되는 일이긴 했는데, 뭐 그렇다면야.” 그가 웃으며 말했다.

“난 내가 혼자 노를 젓는 줄 알았는데!” 아드리안은 누군과와 함께하는 것에 대해서는 전혀 생각해 보지 않은 것 같았다. “운동 되고 좋잖아. 며칠 동안 앉아있기만 하기도 했고.”

“혼자서는 힘들걸. 일단 그럼 둘은 어디 앉을래?” 폴이 이사와 다니엘을 바라보며 말했다. “함께 노를 저으면 훨씬 덜 힘들 거야. 굳이 혼자서 해내지 않아도 돼. 분명 금방 지쳐버릴걸.”

아드리안은 이 말을 이해하지 못한 것 같았다. 그는 다니엘이 노를 붙잡기도 전에 노를 젓기 시작했다. 배는 곧장 부두에 부딪혔다. 다니엘은 곧장 노를 잡았다. 둘은 우리를 호수 중앙까지 데려가기 위해 열심히 노를 저었다. 둘이 합을 맞추는 데는 시간이 걸리긴 했지만, 얼마 지나지 않아 배는 쭉쭉 나아갔다. 폴은 갑자기 다니엘에게 노를 놓으라고 말했다. 다니엘은 군말 없이 폴의 말을 따랐다. 아드리안은 눈치채지 못하고 계속해서 노를 저었지만, 배는 원을 그릴 뿐이었다.

“저기, 친구!” 아드리안이 다니엘을 불렀다. “안 저어?”

다니엘은 아무 말도 하지 않았다.

“내가 그만하라고 했어.” 폴이 설명했다.

“왜?” 아드리안이 손을 멈추고 물었다.

"너는 이미 혼자 노를 젓는 데 익숙하잖아."

"하지만 배가 나아가지를 않잖아!"

"그렇지."

"그거랑 비교하면 안 되지! 당연히 다니엘이 손 놓고 있으면 앞으로 나갈 수가 없다고. 그래서 가운데에 누구 한 명이 앉아서 혼자서 노를 두 개 다 잡아야 하는 거야. 내가 하려고 했던 것도 바로 그거고!"

"하지만 다니엘 덕분에 조금 덜 힘들지 않았어? 같이 해서 더 재미있지 않았어? 함께 하니까 훨씬 쉬웠잖아."

"그렇지, 누구 한 명이 손을 놓아버리기 전까지는!"

"적어도 그전에는 좋았잖아."

아드리안은 폴을 쳐다봤지만 입은 꾹 다물고 있었다. 그는 무언가를 깨닫기보다는 짜증 난 것 같았다.

"옆에 앉은 사람이 훈수만 두고 정작 본인은 손잡이를 만지려고도 하지 않으려고 한다면, 그러면서 내내 차라리 자기는 혼자 있고 싶고, 자기는 여기에 탈 생각이 없었는데 너희 때문에 어쩔 수 없이 탄 거라고 불평만 늘어놓는다면, 이 사람과 한배를 타는 게 정말로 현명할지 생각해 봐야 해." 폴이 마리를 바라봤다. "이 경우에는 아무리 열심히 노를 저어도 바뀌는 건 없어. 지금처럼 원을 그리며 돌 뿐이지." 마리도 아무 말도 하지 않았다. 하지만 마리의 표정을 보아하니, 마음속으로는 고개를 끄덕이는 것이 틀림없었다.

"어떤 사람은 다른 사람을 보트 밖으로 내던지기도 해. 혼자 있고 싶거나, 다른 사람과 배를 타고 싶다는 이유로." 폴의 눈은 찰리를 향했다. "내던져지고 나서 익사의 위험을 무릅쓰고 배에 매달리는 건 절대 좋은 생각이 아니야. 배 아래에 생기는 소용돌이는 큰 압력을 만들어내거든. 소용돌이에 휘말리는 건 불편한 일이야. 물 위에 뜨기 위해서 아무리 용쓴다고 하더라도 너희를 던져버린 사람이 마음을 바꾸지 않을 건 자명한 일이고."

상대방이 당신과 한배를 타는 것을 거부한다면,
당신이 아무리 열심히 노를 저어도
바뀌는 것은 없다.
상대가 당신을 배 밖으로 내던진다면,
당신이 아무리 배에 매달린다 한들
배를 멈출 수는 없다.

시체를 던져라

"그래, 그래. 내가 했던 일이네. 콘스탄틴의 배에 매달리느라 소용돌이에 휘말려야 했지. 맞는 말이야!" 찰리가 말했다. "너무 오래 물속에 있느라 숨을 쉴 수가 없었어. 문제는 내가 이런 일을 반복한다는 거야. 지금은 내가 필립을 배 밖으로 던지기 위해 용쓰고 있거든."

"어쩌면 필립이 언젠간 너를 떠날까 봐 두려워하는 걸지도 몰라." 폴이 대답했다. "그런 일이 닥치기 전에 네가 먼저 던져버리고 싶은 거지. 하지만 필립보다는 너의 두려움을 떨쳐내는 편이 더 좋지 않을까?"

"알았어… 그래, 그런 이야기구나!"

"던져버리는 이야기가 나와서 말인데, 내가 여기에서 하려고 생각해 놓은 게 있어…"

"이 노력이 마침내 보상받는구나, 그렇지?" 찰리가 기대에 차서 물었다.

"그 이야기를 해보자. 너희 모두 벽돌을 꽤 오랫동안 성실하게 들고 다녔었잖아. 그럼 이제 너희는 어떤 보상을 얻게 될까?"

찰리는 크리스마스트리에 놓인 선물을 뜯기 직전의 아이처럼 반짝거리는 눈으로 폴을 바라봤다.

"그런 건 없어." 폴이 건조하게 말했다.

찰리의 눈은 실망으로 생기를 잃었다.

"벽돌을 들고 다니는 건 어땠니? 좋고, 보상처럼 느껴졌니? 아마 아니었을 거야." 폴이 빗줄기 너머로 우리 모두를 바라봤다. "우리 인생도 마찬가지야. 실망스러울 수 있지만, 너희가 다른 사람을 위해 희생하고, 자신의 욕구를 뒷전으로 밀어 넣고, 스스로를 챙기지 않으면서 다른 사람이 너희를 돌봐주기를 바라더라도 돌아오는 건 없어. 너희는 한평생 보상을 기대하며 살아가지만, 그런 건 돌아오지 않아." 나는 이걸로 하루가 끝나고, 이 현실적이고 씁쓸한 깨달음과 함께 부두로 돌아갈 것으로 생각했다. 하지만 폴은 구석 한편에서 긍정적인 부분을 끄집어냈다.

"물론 보상이 존재하는 것도 있어." 폴은 동요하지 않고 말했다. "정확히는 우리가 벽돌을 떨쳐냈을 때 얻게 되는 거지. 보통 우리는 짐을 질 때 힘을 소모하지만, 짐이 그럴 만큼 가치 있지는 않거든. 물로 여기에는 너희를 힘들게 하는 사람들뿐만 아니라 여기에 따라오면서 너희를 괴롭히는 무거운 생각들도 포함돼. 너희가 이걸 놓으면, 더 이상 여기에 힘을 들이지도 않을 거고, 그곳에서 새로운 무언가가 피어오르게 될 거야. 가벼움을 되찾고, 여태껏 불가능하다고 생각했던 것들이 가능해지겠지. 버거움에만 집중하면 꿈과 목표를 시야에 둘 수 없게 돼. 그보다는 너희를 힘들게 하는 사람들과 이에 따른 고통만 눈에 들어오기 마련이지. 이사가 집었던 카드대로야. 부정적인 생각을 가지고 긍정적인 감정을 느끼는 건 불가능해. 너희가 이런 사람들과 부정적인 감정으로부터 해방되고 평온함을 되찾는다면, 가벼움도 다시 가질 수 있게 될 거야. 그다음에는 뭐가 따라올까? 맞아, 더 큰 가벼움이겠지. 그리고 더 있어. 무언가에 짓눌린다는 생각이 들면 문제도 더 많이 생기는 것 같고, 마음이 가벼우면 모든 일이 가볍게 느껴지고, 이에 따라 마음이 더 가벼워지는 것 같다고 다들 생각해 본 적 있을 거야. 두려움이나 감정도 마찬가지야. 누군가가 너희의 인생을 지옥으로 만들 수 있을 것 같다는 두려움에 사로잡혀 있으면, 정확히 그렇게 될 거야. 누군가가 너희를 떠날까 봐 걱정된다면, 주변에는 언제든지 너희로부터 도망칠 사람들만 존재하게 될 거야. 실패할까 봐 부들부들 떤다면 실패하게 되겠지. 하지만 다시 가벼움으로 돌아가 스스로를 믿기 시작하면, 너희의 인생도 다시 믿을 수 있게 될 거야. 가벼운 마음을 가지면, 인생도 더 쉬워질 거고. 무거움은 사라지고 더 많은 가능성이 펼쳐지겠지."

우리는 거대 콘돔과 회색 후드티를 입은 상태 그대로, 추리영화를 보듯 이야기에 빠져들었다. 이어질 내용이 궁금해 손에 땀을 쥘 지경이었다.

"다시 벽돌과 너희의 삶을 무겁게 만드는 것들로 돌아가 보자. 완전히 떨쳐버리기 전에 조금 더 자세히 살펴보는 거야." 폴은 말을 계속했다. "여기 매직이 준비되어 있고, 너희에게 줄 작고 반짝이고, 무엇보다 가벼운 돌들도 가져왔어. 설명은 이따가 할게." 폴이 매직을 꺼냈다. "마침 유성 매직을 가져와서 다행이지!" 폴은 매직을 치켜들었다.

"이것만 이야기할게. 다들 각자의 이야기가 있고, 벽돌 위에 쓴 사람을 설명하는 상징물도 가지고 있지. 하지만 결국 그건 너희의 길을 막아서는 두려움과 결핍, 절망에 대한 것들이야. 이것들이 정확히 무엇인지에 대해서는 같이 차차 알아보자. 지금은 벽돌 반대편에 호수에 던져버리고 완전히 떨쳐내고 싶은 것에 대해 적어볼 거야. 혹시나 해서 말하는데, 이 벽돌은 모두 특수 공법으로 제작

되어서 친환경적이고 지속 가능해. 색소나 독성 물질은 전혀 포함되지 않았고, 호수에 던져도 환경에 무해해."

"우리의 의심과 두려움만큼이나 자연적인 벽돌이구나." 나는 웃으며 말했다. "어떻게 보면 우리는 지하실의 숨겨놓은 자기 자신의 시체를 호수에 던지는 거나 마찬가지네." 나는 덧붙였다. 으스스함과 스릴이 동시에 느껴졌다. "이게 진짜 스릴러지!"

"실제로도 우리 인생이 그렇게 흘러가니까." 찰리가 고개를 끄덕이며 말했다.

"각자 크고, 무겁고, 절대 만만치 않은 벽돌을 마침내 내던지고 나면 내가 너희에게 작고 예쁜 조약돌을 하나씩 줄 거야." 폴은 비닐봉지에서 조약돌 하나를 꺼내 안개 너머로 치켜들었다. 5센티미터 정도 크기의 예쁜 마블링이 있는 돌이었다. "펜도 몇 개 더 가져왔어. 심도 훨씬 얇고, 빨리 마르고, 쉽게 벗겨지지도 않으면서 물에 지워지지도 않지." 그러고는 펜을 꺼내 들었다. 봉투에 마법이 걸린 게 틀림없었다. "이제 다 같이 이 돌에 적을 수 있으면서도 너희에게 도움이 될 만한 문장에 대해서 생각해볼까 해. 이 조약돌은 벽돌과는 달리 바지 주머니에 들어갈 만큼 작고, 무겁지도 않으면서 너희에게 필요한 문장을 언제든지 떠올릴 수 있게 도와줄 거야. 아니면 침대맡에 두고 잠들기 직전이나 일어난 직후에 한 번씩 읽어봐도 좋고. 분명 두고두고 기억에 남는 기념품이 될 거야."

"자기 자신에게 주는 선물 같은 거네." 아드리안이 말했다.

"맞아. 그렇다고 볼 수 있지. 그럼 다시 찰리부터 시작해 보자. 괜찮지? 어쨌거나 너는 이번 주말에 이 자리를 마련해준 주최자나 다름없으니까."

"이 날씨도 네가 마련한 건 아니지?" 아드리안이 자동차 창문을 와이퍼로 닦아내듯 손으로 얼굴의 빗물을 닦아내며 농담했다.

"네가 설탕이야, 물에 녹게? 그렇게 달달한 사람도 아니면서… 암튼 좋아, 내가 먼저 시작할게. 난 버려야 하는 벽돌도 두 개나 있으니까, 사실 다른 사람보다 두려움이나 절망감을 더 많이 가지고 있다고 할 수 있지."

"하지만 그 뒤에 숨어있는 문제는 결국 같을지도 몰라."

"아무튼."

"그러면 벽돌에 썼던 내용을 다시 한번 말해주겠니?"

"요나와 마르크… 그러니까 내 전 절친한 친구와 나르시시스트 상사… 이 둘에 대해서는 이미 충분히 이야기한 것 같아. 그리고 전 남자 친구인 콘스탄틴에게는 특별히 벽돌 하나를 통째로 할당해 줬어. 몇 달 동안 겪어야 했던 고난과 잠수로 끝나버린 이별을 생각하면 충분히 그럴만하잖아!"

"이 사람들과 있었던 일을 떠올려 봐. 그때 네가 가장 두려워했던 건 뭘까?"

찰리는 고민했다. "상대가 나를 떠날 수도 있다는 두려움? 나 자신도 그렇고, 직장 상사도, 친구도, 남자 친구도. 마지막 사람은 실제로 떠나버리긴 했지만."

"무슨 일이 있었는데?"

"그냥 갑자기 사라져 버렸다니까!"

"맞아. 결국 네가 가진 가장 큰 두려움, 버려질지 모른다는 공포가 현실이 된 거야. 너는 이런 두려움 때문에 모든 것을 받아들이기만 해. 네 친구가 선을 넘는 행동을 해도, 너를 소중하게 여길 줄 몰라도 그러려니 하지. 네 상사의 행동은 말할 것도 없고. 남자 친구도 마찬가지야. 필요할 때만 너를 찾았고, 너는 이걸 당연하게 받아들였잖아. 왜 그랬을까? 혹시 설명해 줄 수 있니?"

"내가 더 나은 대접을 받을 자격이 없다고 생각하기 때문에?"

찰리의 얼굴은 흠뻑 젖어있었다. 나는 그게 어쩌면 온전히 빗물 때문만은 아닐 수 있겠다는 생각이 들었다.

"봐. 다시 너 자신에 대한 잘못된 믿음으로 돌아보자. 이제 여기 이 조약돌에 너 자신을 위한 문장을 써볼 거야. 하지만 그 전에, 벽돌 빈구석에 각각 버려지는 것에 대한 두려움과 더 나은 대접을 받을 자격이 없다는 생각이라고 적어줬으면 해." 폴은 찰리에게 두꺼운 마커를 건넸고, 찰리는 그대로 받아 적기 시작했다.

"좋아. 됐어." 폴은 차분하게 이어갔다. "그 모든 건 작년에 네가 정말로 겪었던 일이고, 이걸 받아들이는 것도 중요해. 하지만 이제는 놓아줄 시간이야. 이제 네 벽돌을 들고 두려움과 함께 호수에 던져버려. 너는 두려움을 인지했고, 받아들였지만, 네게는 더 이상 이게 필요하지 않아. 알겠니?"

"알았어." 찰리가 말했다. 그녀의 눈에서 분노의 불꽃이 반짝였다. 거대한 힘이 솟아난 것 같았다. "그럼 다 같이!"

"다 같이 말고, 너 혼자서!" 폴이 말하며 찰리에게 고개를 끄덕여보았다.

"알았어, 그럼…" 찰리가 더듬거렸다. "자!" 그녀는 갑자기 크게 소리치며 과격한 몸놀림과 함께 자리에서 번쩍 일어났다. "이 젠장맞을 것들은 이제 필요하지 않아! 이 거지 같은 두려움은 꺼지라고 해! 당연히 나는 더 좋은 대접을 받을 가치가 있는 사람이야!" 찰리는 일단 벽돌 하나를 집더니 온 힘을 다해 호수에 내던졌다. "그리고 너도!" 찰리는 다시 한번 소리치더니 콘스탄틴과 버려지는 것에 대한 두려움이라고 쓰여 있는 벽돌을 던져 버렸다. 그러고는 곧장 다시 앉아 방금 마라톤을 완주한 듯 크게 심호흡했다.

"기분이 어때?" 폴이 물었다.

"해방된 것 같아. 진짜로, 훨씬 자유로워진 기분이야." 찰리가 조용히 말했다.

"그럼 이제 조약돌 위에 문장을 써볼 시간이야. 뭐라고 쓰고 싶니?"

찰리는 곤란하다는 듯한 눈빛으로 폴을 바라봤다. "잘 모르겠어…."

"이전에는 너 자신에 대해 어떻게 생각했니?"

찰리는 고민했다. "난 내가 무가치한 사람이라고 생각했어."

"그럼 스스로를 무가치한 사람이라는 생각이나 네가 더 좋은 대접을 받을 자격이 없다고 느끼게 만드는 두려움이 없다면 어떤 생각이 들 것 같아?"

찰리는 잠시 고민하며 호수 너머를 바라보다 마침내 입을 열었다. "나는 가치 있는 사람이다."

"멋져. 조약돌에 그렇게 쓰면 되겠네." 폴은 찰리에게 펜과 조약돌을 건네며 말했다. 찰리는 자신이 쓴 문장을 보고는 활짝 웃었다.

"내 가장 큰 두려움은, 내가 부족할 수밖에 없다는 생각인 거 같아." 이사가 갑자기 말했다. "그리고 다른 사람이 내게 거는 기대를 충족시킬 수 없을 것 같다는 생각도."

폴이 고개를 끄덕였다. "그런 생각이 네 삶에 문제가 되니?"

"물론이지. 나는 나 자신도, 다른 그 어떤 사람도, 그 무엇도 믿을 수가 없는걸! 난 늘 최악을 가정하며 살아간다고."

"그럼 그건 네가 발전하는 데 도움이 되니?"

"아니. 오히려 이건 나를 그 자리에 묶어버려. 난 지금 이 자리가 지긋지긋해. 정말 그 무엇도 변하지 않는다고. 내가 느끼는 감정도 마찬가지야. 항상 내가 생각하는 최악의 상황이 벌어지니까! 이런 건 더 이상 원하지 않아. 여기에서 빠져나와서 좀 행복해지고 싶다고!"

"그럼 네 두려움은 그거네. 벽돌 빈 부분에 스스로가 부족하다는 생각이라고 적어줘. 어쩌면 그럴 수밖에 없었을 거야. 어머님이나 직장 동료들, 혹은 상사는 항상 네가 더 완벽해지기 위해 노력해야 한다고 말했을 테니까. 어릴 때부터 이런 말을 주입했으니, 언제나 더 나은 성과를 내어야 하고, 최고가 되어야 한다는 생각을 갖게 된 것도 당연해. 하지만 정말로 그래야 할 필요는 없어. 이제는 놓아줘야 할 때야."

"맞아." 이사가 조용히 말했다. 그녀는 벽돌을 집어 들더니 자신이 가진 두려움을 쓰고는 자리에서 천천히 일어났다. 그러고는 배의 모서리에 벽돌을 올려놓더니 눈을 감고 천천히 밀어냈다. 이 두려움이 자신에게서 멀어지기를 바란다는 듯. 벽돌은 떨어졌고, 이사는 약간 흔들리더니 다시 눈을 떴다.

"오랜 시간 품고 있었던 믿음이나 사람들을 내던지는 건 물론 두려울 수 있어." 폴이 이사를 바라보며 말했다. "결국 너는 이 짐을 너무 오랜 시간 지고 있었으니까. 여기에서 해방되는 건 아주 큰 변화고, 처음에는 균형을 잃고 약간 휘청일지도 몰라. 온전히 네 다리로 일어서는 법을 배울 때까지는 시간이 조금 걸릴 수 있어. 하지만 너는 금방 익숙해질 거야. 더 많은 기회가 네 앞에 펼쳐질 거라는 걸 믿어봐." 다니엘은 이사의 손을 맞잡았다. 폴은 그 모습을 바라보며 웃었다. "어쩌지, 다니엘 너도 이제 두 손을 모두 써야 할 텐데." 폴이 이사에게 조약돌을 건네주며 말했다. "여기에는 뭐라고 쓰고 싶니?" 그는 이사에게 물었다.

"이제부터는 다 잘될 거라고 믿고 싶어." 이사가 말했다. 약간 감정이 북받친 것 같았다. "그러니까 이렇게 쓸래. 나는 나 자신과 내 길을 믿는다." 이사는 고개를 결연하게 끄덕이고는 조약돌에 문장을 써 내려갔다.

"이제 네 차례야, 다니엘. 네가 내던지고 싶은 두려움은 뭐니? 벽돌에 썼던 사람들을 생각하면 어떤 감정이 떠올라? 장모님과 이웃, 여동생의 남자 친구였던 것 같은데."

"맞아. 그리고… 개자식도." 다니엘이 웃으며 대답했다.

"전에 네가 했던 말이 모두 맞아. 난 늘 주변 사람들을 구하기 위해 애쓰고, 주도권을 잡고 싶어 해.

"맞아. 그 사람들하고… 개자식도." 다니엘이 대답하며 웃었다. "네가 설명한 대로야. 나는 항상 모든 사람을 구하고, 방향키를 손에 쥐려고 해. 근데 생각해 보면 결국 그 뒤에 숨어있는 진짜 나의 두려움은 다른 사람을 실망하게 만들고 싶지 않다는 생각인 것 같아. 일단 이사는 절대 안 돼. 이사는 지금도 충분히 힘드니까. 그리고 나는 항상 다른 사람을 위해 무언가를 해줘야 할 것 같다는 기분이 들어. 다른 사람에게 도움을 주지 못하면 아무것도 아닌 존재가 될까 봐 그런 것 같아. 이웃에 관한 문제도 마찬가지야. 그 사람들은 나를 투명 인간 취급하면서 전혀 배려해 주지 않잖아."

"다른 사람이 네가 가장 두려워하는 행동을 해서 화가 난 거구나." 폴이 설명했다.

다니엘은 폴이 건넨 펜을 집어 들었다. "맞아. 진짜 내가 두려워하는 건 나 자신이 중요하지 않다는… 작게 느껴지는 것일지도 몰라. 그러니까 이렇게 쓸게…." 다니엘은 문장을 쓰고 나서 소리 내어 읽었다. "내가 중요하지 않은 사람이라는 생각"

"네가 항상 다른 사람을 도와야 한다고 생각하는 것도 그것 때문일 거야. 네가 중요한 존재라는 것을 증명하고 싶은 거지. 정작 그건 너 자신에게도 도움이 되지 않고 있는데도."

다니엘이 고개를 끄덕였다. 그러고는 자리에 앉은 채로 자신의 벽돌을 들고 호수에 내던졌다.

"한결 가벼워진 기분이니?"

"확실히."

"앞으로는 누구를 더 챙겨야 할까?"

"나 자신을?"

"바로 그거야." 폴은 다니엘에게 조약돌과 얇은 펜을 건넸다. "그럼 여기에는 뭐라고 쓰는 게 좋을까?"

"나 자신을 돌보자."

폴과 다니엘은 만족스러운 웃음을 지었다.

삶이 바뀌기를 원한다면
자기 생각부터 바꾸어야 한다.

두려움이 가라앉다

"이제 루카스로 넘어가 볼까?" 폴이 루카스를 가리키며 말했다. 루카스는 애써 못 들은 척 먼 곳을 응시했다. 하지만 세차게 내리는 비와 자욱한 안개 때문에 보이는 것은 없었다.

"그래, 알았어." 루카스가 벽돌을 집어 들며 말했다. "내가 말했나? 내가 벽돌에 쓴 건 잘못되고, 부당하고, 완벽한 사람들이야."

"아니, 말한 적 없어. 하지만 그런 내용일 거라고는 생각했지. 너는 그 당시에 스스로를 지키기 위해 갑옷을 입기 시작했을 거야. 어떤 두려움과 공포가 스스로를 가두고 마음을 닫게 했을까?"

"글쎄, 뻔하잖아! 난 다시는 그런 일을 겪고 싶지 않고,

조심성이 생겼을 뿐이야."

"그럼 그 뒤에 숨어있는 두려움은 상처받을지도 모른다는 생각이겠네?"

"그럴 수도 있지. 맞아, 그 애들은 잘못되고 부당한 행동을 저질렀잖아. 자기들도 절대 완벽하지 않으면서. 이미 얘기했잖아!"

"맞아, 그랬었지. 네가 갑옷 뒤에 숨어있으면 다른 사람들이 더 이상 너를 평가하거나 판단하는 게 불가능할 거라고 여겼으니까. 맞니?"

"무슨 말이야?"

"다른 사람들이 내리는 너에 대한 평가 말이야. 나도 이미 말했었고, 너도 비슷한 얘기를 했던 것 같은데, 완벽은 허상에 불과해. 완벽은 결국 그런 상태에 도달해 머무르는 것을 의미하거든. 그게 어떤 모습인지, 다른 사람이 그걸 어떻게 정의하는지는 중요하지 않아. 자기 자신이 아닌 외부의 다른 사람들이 끼어들 일도 아니고. 만약 정말로 완벽한 사람이 되는 게 가능하다면, 모든 사람이 완벽할 수밖에 없어. 나다운 매 순간이 완벽인 거야. 너희는 언제나 완벽했고, 앞으로도 그럴 거야. 다른 사람들이 뭐라고 하는지는 상관없어.

"그럴까…?" 루카스는 폴이 하고자 하는 말을 짐작조차 하지 못하는 것 같았다.

"일단 벽돌에 네 두려움에 대해 써보자. 뭐라고 쓰고 싶니?"

"상처받는 것?" 루카스가 말했다.

"좋아."

나는 루카스가 내켜 하지 않는다는 사실을 알 수 있었다. 하지만 폴이 마커를 건네자, 루카스는 묵묵히 자신의 두려움을 써냈다. 이미 배 가장자리에 앉아있었던 루카스는 벽돌을 집어 배에 가장자리에 세워두었다. 손가락으로 밀자, 벽돌은 퐁당 하고 호수로 떨어졌다. "잘 가라." 루카스는 건조하게 말했다. 나는 웃음이 나왔다.

폴은 루카스에게 조약돌과 얇은 펜을 내밀었다.

"이제 여기에 새로운 문장을 쓰라는 뜻이겠지?"

폴은 고개를 끄덕였다. "정확해. 그럼 상처받는 것에 대한 두려움의 반대는 무엇일까?"

"상처받지 않는 것?"

폴은 미소 지었다. "그래, 그럴 수 있지. 하지만 좀 더 생각해 봐. 네 두려움은 호수 바닥에 가라앉았고, 앞으로도 그럴 거야. 이건 더 이상 너를 어떻게 할 수 없어. 갑옷은 더 이상 필요하지 않아. 그러니까 벗어버려. 그렇게 되면 너는 삶을 사는 데 있어서 어떻게 행동하게 될까?"

"좀 더 열린 사람이 되겠지?"

"맞아. 너는 마음을 열 수 있게 될 거야. 네가 있는 그대로 완벽하다는 것을 알고, 다른 사람들은 더 이상 너를 해칠 수 없을 테니까. 그러니까 이런 문장은 어떨까? 나는 내 모습 그대로 완벽하다."

"괜찮은 것 같아." 루카스는 그렇게 말하고는 폴의 말을 옮겨 적었다. "이제 네 차례야!" 루카스는 나를 바라보며 말했다.

"시작한 일은 끝내라 뭐 그런 거야?" 내가 웃으며 말했다.

"그런 거지." 폴과 루카스는 한마음인 게 분명했다.

"알았어… 내가 두려워하는 건… 그러니까 내가 생각을 해봤는데, 그날 그 교실에서 있었던 일 이후로 내 마음에 자물쇠가 채워진 것 같아. 아마 가장 연약하고, 심하게 난도질당한 부분을 숨기기 위해서였겠지. 결국 루카스와 비슷한 이야기야. 그래서 우리가 서로를 그렇게 잘 이해하고 친해지게 된 걸지도 몰라. 물론 이 일이 있기 전에도 이미 친하긴 했지만… 아무튼, 내용은 비슷해. 내가 갑옷을 껴입지 않았다는 것만 빼면. 하지만 그 이후로 나는 움츠러들었고, 더 이상 다른 사람 눈에 띄는 행동을 안 하려고 했던 것 같아. 그때 받았던 상처가 너무 컸거든. 거부당하고, 비난받고, 소외당한 경험은 나에게 너무 크게 다가왔고, 그만큼 큰 흉터를 남겼어."

"네가 벽돌에 썼던 건 아마…?"

"시끄러운 사람들."

"그럼 이 시끄러운 사람들이 네게 불어넣은 두려움이 정확히 뭘까?"

"나서는 것에 대한 두려움. 이 애들은 내게 돌을 던졌고, 지금도 내가 앞에 나서면 그런 일을 당할 것 같은 기분이 들어. 물론 비유적인 의미로."

"그러니까 사람들의 거부와 비난인 거네."

나는 고개를 끄덕이고 내가 가진 두려움을 벽돌 위에 썼다. 그러고는 자리에서 일어나 눈을 감았다. 그때의 감정이 다시 북받쳐 올랐다. 폴이 말했던 것처럼 균형을 잡는 일은 쉽지 않았다. 나는 그때의 감정으로 되돌아갔다. 하지만 이 감정은 나를 더 먼 곳으로 이끌어 줄 수 없었다. 오히려 나의 앞길을 막아설 뿐이었다. 나는 숨을 고르고, 눈을 뜨고, 나의 두려움을 벽돌에 실어 떨어뜨렸다. 멀리 던지려고 애쓰지도 않았고, 그럴 필요도 없었다. 중요한 것은 두려움을 떨쳐내고, 과거가 미래를 결정하게 두지 않는 것이었다. 폴의 말이 맞았다. 자유로워진 기분이었다. 이 간단한 의식이 이런 효과를 낼 수 있다는 것이 놀라울 따름이었다. 나는 한결 가벼워진 마음으로 다시 자리에 앉았다. 입가에는 다른 사람들이 지었던 것과 같은 미소가 피어올랐다. "조약돌에 뭐라고 써야 할지 알 것 같아." 내가 말했다.

"뭐라고 쓰고 싶은데?"

"나 자신을 보여주자."

"좋은 말이야." 마리가 말했다. 나와 같은 부분을 자기 자신에게서도 찾은 것이 분명했다. 우리는 모두 상처받고 연약하지만, 이러한 모습을 통해 서로에게서 더 큰 힘을 끌어낼 수 있었다. 애써 강한 척하는 대신 자신의 상처를 기꺼이 보여주고 다른 사람을 치유해 주는 것은 더 아름답게 느껴졌다.

"나도 마찬가지야." 마리가 말을 이어갔다. "찰리가 말했던 버려질 수 있다는 생각 말이야. 아마 가족력인가 봐. 이유는 뭐 말할 것도 없지. 아빠가 우리를 버리고 난 후로 다른 사람이 옆에 머물 거란 믿음을 품을 수 없었으니까. 언젠가부터는 나조차도 나 자신을 버렸어. 그러면서 내 곁에 있어 줄 다른 사람을 찾기 시작했지. 나도 알아. 사실 내가 찾아야 하는 건 나 자신이라는 거. 율리우스나 나와 함께 해줄 다른 사람을 찾는 건 그냥 나 자신을 속이는 행동일 뿐이라는 거! 나는 이제 언제까지나 나 자신의 편이 되어줄 사람이 되고 싶어. 나 자신을 사랑하고 싶다고! 하지만 아빠가 그렇게 떠난 후로, 나는 내가 그런 걸 바랄 자격이 없고, 아무도 나를 원하지 않을 거라는 두려움을 느껴."

"그런 두려움을 갖는 게 네게 도움이 되었니?"

"아니, 나 자신만 잃었을 뿐이야."

"그러면 이제는 놓아버리는 게 어떨까?" 폴은 마리가 자신의 두려움을 벽돌 위에 쓸 수 있도록 펜을 건넸다. 마리는 다 쓰고 나서 벽돌을 두 손으로 잡고 머리 위로 번쩍 들었다. 뒤로 넘어질까 봐 걱정되기도 했지만, 결국 마리는 중심을 잡고 벽돌을 저 멀리에 던져 버렸다. 벽돌은 풍덩 소리와 함께 파도를 일으키고는 호수 바닥으로 가라앉았다.

"훨씬 나아졌어." 마리가 말했다. 그러고는 생각에 잠긴 듯, 그렇지만 조금은 만족이 섞인 한숨을 쉬었다. "이제는 다른 사람이 아닌 나 자신을 찾고 싶어…."

"그건 이제 네 손에 달려있어. 여태까지 너를 행복하게 만들어줄 수 있을 사람을 찾기 위해 애썼지만, 이제라도 돌아가면 돼. 이와 관련해서 혹시 머릿속에 떠오른 문장이 있니?"

"어! 나 자신과 행복한 관계를 가꾸자." 마리는 폴의 대답을 기다리지도 않고 내 펜을 가져가 조약돌 위에 문장을 옮겼다. 자신이 무엇을 하고 있는지, 어떻게 해야 이것을 얻을 수 있을지 그 어느때 보다도 확실히 알고 있는 것 같았다.

"역시 주인공은 맨 마지막을 장식하는 법이지." 아드리안이 갑자기 말을 꺼내며 모두의 관심을 끌었다. 자기 순서가 돌아오지 않아 심통이 난 게 분명했다. 정말 본인이 최고라고 생각한다면, 이렇게까지 자기 자신을 증명하기 위해 애쓰지 않아도 되는 것 아닐까?

"네가 벽돌에 쓴 건 이거, 저거, 그런 거. 그러니까, 다른 사람의 기대였지. 그 뒤에 숨어있는 진짜 너의 두려움은 뭘까?" 폴은 빙빙 돌리지 않고 곧장 본론으로 파고들었다.

아드리안은 안개 속을 바라보았다.

"기대만큼 잘하지 못할 것 같다는 생각?" 폴은 아드리안 대신 답을 내놓았다. "이사와 마찬가지로, 결국 그 뒤에 깔린 건 충분하지 않다는 두려움일 거야."

"당연히 나는 충분히 훌륭하지! 아주 굉장하다고!" 아드리안은 히죽거리며 총알처럼 대답했다.

"네가 정말로 그렇게 생각한다면, 다른 사람의 기대가 너를 그렇게 괴롭히지 않을 거야. 자신의 가치를 아는 사람은 다른 사람의 기대를 두려워하지 않아. 자신을 증명할 필요가 없다는 걸 아니까." 아드리안은 침묵을 유지했다. 받아칠 말이 떠오르지 않는 것 같았다.

"그래, 알았어. 그렇게 쓰면 되잖아." 한참 뒤 아드리안이 말했다. 폴은 그에게 마커를 전해줬고, 아드리안은 영 마음에 들지 않는다는 듯 벽돌 위에 글을 끼적였다. 맞은편에 앉은 나는 뒤집힌 글자를 읽을 수 있었다. 벽돌에는 충분하지 않음이라고 쓰여 있었다. 아드리안은 투포환 선수처럼 벽돌을 들어 올려 오른쪽 어깨 위에 걸치더니, 큰 동작과 함께 호수 속에 벽돌을 내던졌다. 이런 동작마저도 자신의 쿨함을 강조하기 위한 연출처럼 느껴졌다. 아드리안은 아무렇지 않다는 듯 행동했다.

"이젠 인정해. 너는 네 행동만큼 거친 사람이 아니야, 아드리안!" 찰리가 갑자기 말했다. "그렇게 행동해서 얻고 싶은 게 대체 뭔데?"

"내가 뭘 얻고 싶어 해야 하는데? 너희들이 바라는 것들? 사랑으로 가득한 관계나 행복? 어쩌면… 그래, 어쩌면 나는 그런 걸 영원히 그런 걸 느낄 수 없을지도 몰라!!" 아드리안이 갑자기 소리를 질렀다. 그는 흔들리고 있었다.

"왜 안 된다고 생각해?" 찰리가 조심스럽게 물었다. 찰리의 부드러운 목소리는 연민으로 가득 차 있었다.

"맞아! 당연히 너도 느낄 수 있을 거야!" 마리가 단호하게 말했다. 하지만 아드리안은 고개를 저을 뿐이었다.

"그래, 그렇게 믿고 싶으면 그러던가! 사랑, 행복! 어디 한번 잘 찾아봐! 하지만 진실은 이거야. 나는 한 번도 그런 걸 느껴본 적이 없어. 너희와는 달리 단 한 번도 없었다고. 난 아무것도 느낄 수가 없어. 그냥 충동을 따를 뿐이지. 이것도 쉽지 않지만, 적어도 잠깐은 만족감이 드니까. 하지만 행복? 그게 대체 뭔데? 온 세상 사람들이 행복을 찾아 움직이는데 나만 멀뚱히 서 있는 것 같아 그런 게 진짜로 존재 하긴 하는지도 모르겠다고! 가끔은 나라는 사람이 잘못된 것 같아. 나만 행복도, 사랑도 느낄 수 없는 것 같아! 내가 비꼬는 건 다 이걸 숨기기 위해서야. 하지만 확실히 말하는데, 그런다고 내가 행복해지는 건 아니라고! 나도 내가 그러지 않았으면 좋겠어. 한밤중에 눈을 뜨고 공허함에 몸부림치는 게 좋을 리가 없잖아! 나도 마음속으로는 알고 있어. 그 누구도 내 곁에 남고 싶어 하지 않는다는 걸. 내가 원해서 그러는 게 아니야! 상대가 더 이상 원하지 않으면, 나를 원하지 않으면 그냥 그대로 나를 떠나버려. 나도 상대를 원한 적이 없었으니 계속해서 떠돌아다니지. 맞아. 문제는 결국 나겠지. 나도 알아. 내가 문제라고! 나는 다른 사람들이 틀린 거라고, 그러니까 함부로 대해도 된다고 생각하려고 애쓰지만, 내가 제일 개자식이고, 애초부터 글러 먹은 사람이라는 걸 누구보다 잘 알아. 안 되는데 어떡하겠어? 젠장, 그냥 못 해 먹겠다고!"

"그건 틀렸어." 폴이 즉시 대답했다.

"뭐가 어떻게 틀렸다는 건데?" 아드리안은 화를 냈다.

"네가 틀렸다는 게 아냐. 너 자신을 문제로 여기는 바로 그 생각이 틀렸다는 거지."

"복잡하네… 그리고 솔직히… 난 잘 모르겠어. 아무튼

뭔가가 글러 먹은 건 맞잖아! 난 사실만 말했다고!"

"맞아. 하지만 그건 네가 사실이라고 여길 때만 사실이 되는 거야. 우리는 특정 행동을 반복하면서 어쩔 수 없는 일이었다고 말하지. 하지만 다른 가능성을 깨닫고 나면 우리는 변할 수 있어. 진실이라고 생각하는 게 정말로 진실이란 법은 없어. 그러니까 너 자신 대신, 진실을 의심해 봐."

"그렇겠지!" 아드리안은 늘 그렇듯 비꼬았다. 마음속에서 일어나고 있는 변화를 애써 무시하기에는 조소가 제격일 수밖에 없었다.

"네가 문제라고 말한 사람이 있었어?"

"그런 말을 안 한 사람을 찾는 게 빠르지 않겠어? 내가 생각이라는 것을 할 수 있게 된 시기부터 내가 들은 건 이런 말밖에 없어. '아드리안, 그만해! 그렇게 행동하면 어떡하니! 왜 그러는 거야, 대체?' 주로 다른 사람에 눈 밖에 났다는 이유 하나 때문이었지. 사람들이 나한테 바란 건 전혀 다른 누군가였어. 그래서 나는 거리를 두기 시작했고, 한결 괜찮아졌지. 언젠가부터는 다른 사람을 전혀 신경 쓰지 않게 되었고."

"너는 정말 그게 진실이라고 생각해? 네가 반항아가 된 건 전부 반항아도 충분히 가치 있는 사람이라는 걸 증명하고 싶어서였잖아, 아냐?"

사람들이 너를 의심하고,
평가하게 두어라.
이들은 너를 통제할 수 없다.
이들이 의심할수록 용기를 내고,
평가할수록 웃어라.
이것을 너만을 위한 거름으로 만들어라.
이건 너의 인생이다.
결과를 바꾸는 것은 너의 몫이다.

나는 나다워도 된다

"그럼 진실은 대체 뭔데?"

"진실은, 네가 다른 사람의 기대와 시선에서 벗어나기 위해 한평생 거꾸로 살아왔다는 거야. 정작 네 시선은 다른 사람들의 생각에만 향해있고, 너를 행복하게 만드는 건 쳐다보지도 않으면서."

"하지만 말했잖아. 뭐가 나를 행복하게 만들어주는지 나는 모르겠다고!"

"그러니까 이제라도 알아봐야 하지 않겠어? 다른 사람에게 증명하려고 애쓰는 건 그만두고, 가면을 벗어봐. 강한 척은 접어두고 너 자신이 되라고. 네가 여태까지 도망친 건, 스스로 자기다운 사람이 되면 안 된다고 생각하고, 다른 사람의 기대에 맞춰야 한다고 믿었기 때문이야. 네가 정말로 원하는 게 뭔지를 알면, 더 이상 도망칠 이유도 없어. 그게 다야! 너 자신을 찾기 위한 여정에서 바라보는 광경은 어떨 것 같아? 어떤 식이든 영원히 도망자의 삶을 사는 거나 24시간 내내 자신을 꾸며내는 것보다는 덜 힘들걸. 네가 다른 사람을 받아들이지 못하는 것도 결국 그것 때문이야. 상대가 가면 뒤에 숨겨진 진짜 너를, 상처받을 수도 있고, 다른 사람들만큼이나 불확실한 네 진짜 모습을 발견할까 봐 거리를 두는 거지. 다른 사람들은 모두 멀쩡한데, 너는 그럴 수가 없다고 생각하면서. 하지만 그런 생각은 바꿀 수 있어. 그러니까 조약돌에는 이렇게 써 보는 건 어때? 나는 나다워도 된다."

"내가 내가 아니면 대체 누군데? 내가 조커라도 돼?" 아드리안은 이렇게 말하고는 자신의 농담에 큰 소리로 웃었다. 이것마저도 그가 의도한 것이었는지 왠지 궁금해졌다.

"자기가 죽은 거나 다름없다고 생각하는 불안정한 엄마 밑에서 자라 나중에 자기 엄마처럼 정신병원에 갇히는 그 캐릭터?" 찰리는 진지하게 말하며 아드리안의 내면을 꿰뚫어 보듯 바라봤다.

부둣가에서 놀고 있던 백조가 갑자기 눈에 띄었다. 백조는 거칠게 날개를 퍼덕이며 돌아다녔다.

"만약 네가 정말 조커라면 나는 쏘지 말아줬으면 좋겠

어." 폴은 아드리안의 말을 평가하지 않았다.

우리는 비에 젖었지만 한결 가벼워진 마음을 가지고 다시 데크를 향해 노를 저었다. 살아가면서 모두 한 번쯤은 불안에 떨며 가면을 쓰고, 울음을 감춘 채 세상에 미소를 내보이곤 한다. 두려움과 불안감을 내려놓고 자신의 진짜 모습을 보여주는 것은 해방감을 가져다주었다. 우리는 모두 지금의 자신을 만든 이야기를, 뛰어넘은 장애물을, 배움을 주었던 실수를 안고 있었다. 하지만 우리가 꼭 이루어야 하는 기대나 목표는 존재하지 않는다. 삶은 살아간다는 것은 성장하고, 과거의 자신을 뛰어넘는 것이었고, 이것을 깨닫고 나면 진정한 자신을 찾을 수 있을 것이었다. 때로 우리는 무거운 의심의 짐을 지기도 하고, 다른 사람이 짐을 내려놓고 싶어 한다는 이유만으로 돌을 던지기도 한다. 하지만 자신이 충분히 가치 있는 사람이라는 것을 알고 나면, 누군가가 우리를 괴롭힌다고 하더라도 우리를 끌어내릴 수 없다. 물론 개자식 디톡스도 여기에 큰 도움을 줄 것이다. 누군가가 우리와 함께 길을 걷는 대신, 자신만의 길을 떠나고자 한다면 우리는 스스로를 의심하고, 상대를 설득하기 위해 노력하는 대신, 기꺼이 이들을 떠나보내야 한다. 정말로 좋은 사람이라면 우리가 애쓰지 않아도 우리의 가치를 알아봐 줄 것이고, 언제까지나 곁에 머무를 것이다. 이런 사람들은 우리를 의심하지 않는다. 우리가 용기를 잃으면 북돋아 줄 것이고, 우리 안에 숨은 잠재력을 일깨워주고, 지치면 우리를 부축해 줄 것이다. 하지만 정말 중요한 것은, 우리가 자신을 위해 이런 좋은 사람이 되어주는 것이다.

세상에는 통제할 수 없는 것투성이다. 하지만 누구와 시간을 보낼지, 어떤 사람들을 떨쳐낼지 결정하는 것은 우리의 몫이다. 자신의 가치를 알아보고, 자기 자신이 있는 그대로 훌륭하고 옳다는 것을 알면, 다른 사람은 우리를 더 이상 해칠 수 없다. 이들의 행동이 두려움에 기반하고 있다는 것을 알면, 이들이 던진 돌은 우리를 맞출 수 없다. 이 사람들의 문제는 우리의 문제가 아니다. 그러니 다른 사람들이, 특히 스스로가 우리를 잘못된 길로 이끌게 두어서는 안 된다. 우리는 있는 그대로 이미 옳고, 모든 것은 우리가 자기에게 허락하는 만큼만 행복하기 마련이다.

"이제 네가 얻게 된 보상이 뭔지 알 것 같니, 찰리?" 폴이 물었다. 찰리는 꿈 꾸는 듯한 표정으로 배 가장자리 너머 펼쳐진 호수를 바라봤다.

"그런 것 같아. 앞으로 좋은 일이 우리를 기다릴 것 같은 느낌이야!"

"분명 그럴 거야." 폴이 말했다.

"그 좋은 일이 뭔데?"

"아마 자유가 아닐까? 우리 앞에 놓인 기회와 가능성도. 이제는 다른 사람의 눈은 더 이상 신경 쓰지 않고 우리가 바라왔던 대로 인생을 사는 거지."

"바로 그거야." 폴이 답했다. "네 인생에서 가장 중요한 건 바로 너 자신이야. 그걸 알면, 다른 사람들이 너를 어떻게 생각하는지는 더 이상 신경 쓸 필요가 없다는 것도 깨닫게 될 거야."

부둣가를 헤엄치던 백조가 날아올랐다. 백조는 우리의 머리 위를 지나 저 높은 곳을 비상했다. 뒤이어 다른 백조들도 이를 따라갔다. 날개를 펴고 날아오르는 것을 막을 수 있는 것은 없다는 것을 깨달은 게 틀림없었다.

마음의 자유를 위한 33개의 메시지

1. 집중하는 것에 끌리기 마련이다. 부정적인 사람에게도 마찬가지이다.
2. 부정적인 생각의 고리에 묶여있는 한 행복할 수 없다.
3. 다른 사람의 고통과 증오를 자신의 것으로 만들어서는 안 된다.
4. 다른 사람의 동의를 아무리 구해도 자신이 동의하지 않으면 절대 충분할 수 없다.
5. 세상에는 당신에게 용기를 불어넣어 주는 사람과 에너지를 훔쳐가는 사람이 존재한다. 그러니 현명하게 선택해라.
6. 다른 사람의 생각에 신경을 꺼라. 이것은 당신의 길이고, 당신의 삶이다.
7. 스스로를 칭찬해 주는 법을 배워라. 당신은 그 자체만으로도 옳다.
8. 스스로를 하찮게 여기는 것은 당신뿐만 아니라 그 누구에게도 도움이 되지 않는다.

9. 다른 사람만을 위해 애쓰다 보면 결국 스스로를 잃기 마련이다.

10. 다른 사람의 행동은 바꿀 수 없다. 하지만 어떻게 반응할지를 결정하는 것은 온전히 당신의 몫이다.

11. 당신은 자신 이외의 그 누구에게도 무언가를 납득 시킬 필요가 없다.

12. 당신은 타인의 행복에 대한 어떠한 책임도 없다.

13. 다른 사람으로부터 인정받고자 하는 강박에서 벗어나고, 다른 사람의 평가로부터 자유로워져라.

14. 사랑은 방종이 아니다.

15. 다른 사람이 마음에 들어 하지 않는 불편한 결정을 내릴 줄 알아야 한다.

16. 자신에게 관심을 쏟아라. 그 누구도 이를 대신해 주지 않는다.

17. 누군가를 구하려고 애쓰지 마라. 당신이 구할 수 있는 상대는 자기 자신뿐이다.

18. 용기를 내고, 생각을 말하고 당당히 요구하는 법을 배워라.

19. 과거에 묶이지 마라. 이는 현재의 당신을 무겁게 만들 뿐이다.

20. 미래에 대해 걱정하지 마라. 일어나지 않은 일을 두려워하는 것은 도움이 되지 않는다.

21. 다른 사람을 걱정하는 것보다 중요한 것은 스스로를 잃지 않는 것이다.

22. 이유를 묻지 말고, 당장 할 수 있는 일을 생각하라.

23. 거절하고 선을 긋는 법을 배워라.

24. 책임 소재에 집착하지 마라. 이는 당신에게 피해자의 굴레를 씌우고, 당신을 약하게 만들 뿐이다.

25. 다른 사람과 자신을 비교하지 말고, 자신이 아닌 다른 역할에 스스로를 끼워 넣지 마라.

26. 매 순간 스스로에게 물어야 한다. 이것이 옳은가? 지금의 결정은 장기적으로 어떠한 결과를 가져오게 될 것인가?

27. 당신에 대한 다른 사람의 이야기에 신경 쓰지 마라. 이는 당신이 아닌 그 말을 하는 사람을 보여줄 뿐이다.

28. 스스로를 믿어야만 다른 사람도 믿을 수 있다.

29. 문제가 아닌 해결법에 집중하라.

30. 거절에 대한 두려움은 당신을 옭아맬 뿐이다. 당신이 아닌 그 누구도 당신을 가둘 수 없다. 어떤 공간에 발을 들이고, 누구와 시간을 보낼지 결정하는 것은 당신이다.

31. 모든 사람의 마음에 들어야 할 이유는 없다. 많은 사람은 자기 자신조차 좋아하지 않는다.

32. 거부당한다는 생각이 들면, 스스로를 거부하고 있는 것은 아닌지 살펴보아라.

33. 당신은 사랑받을 가치가 있다. 언제까지나!

옮긴이 김지현

2019년부터 독일어 번역가로 활동하고 있으며, 현재 독일에 위치한 브라운슈바이크 공과대학교에서 공부 중이다. 옮긴 책으로는 『사계절 천체 관측』, 『수학을 배워서 어디에 써먹지?』가 있다.

지긋지긋한 사람을 죽이지 않고 없애는 법

초판 1쇄 발행 2024년 1월 10일
초판 2쇄 발행 2024년 5월 31일

지은이 안드레아 바이드리히
옮긴이 김지현

발행인 이정훈
콘텐츠개발총괄 김남연
편집 김남혁
마케팅 최준혁
디자인 this-cover

브랜드 온워드
주소 경기도 파주시 문발로77

발행처 (주)웅진북센
출판신고 2019년 9월 4일 제406-2019-000097호
문의전화 031-955-6758
팩스 031-955-6663
이메일 booxen3wjbooxen.com

ISBN 979-11-6997-040-2(03180)

* 온워드는 (주)웅진북센의 단행본 브랜드입니다.
* 책값은 뒤표지에 있습니다.
* 잘못된 책은 구입하신 곳에서 바꾸어 드립니다.